네트워크 마케팅 사업을

쉽고 빠르게

성장시키는 방법

네트워크 마케팅 사업을
쉽고 빠르게 성장시키는 방법

초판 인쇄 ▮ 2017년 3월 5일
초판 2쇄 ▮ 2018년 11월 22일

지은이 ▮ 랜디 게이지
옮긴이 ▮ 이승희
펴낸곳 ▮ 유니크 커뮤니케이션
펴낸이 ▮ 김성민
북디자인 ▮ 김민정
영업 마케팅 ▮ 김명자, 이호연

출판등록 ▮ 2013년 7월 26일 (제2014-21호)
주소 ▮ 대전광역시 서구 대덕대로 249번길 30(둔산동, 베스트피엘씨빌딩)
전화 ▮ 070-7426-4000
팩스 ▮ 042-622-1140
전자우편 ▮ ucs114@naver.com

ISBN ▮ 979-11-954450-4-2(93320)

HOW TO BUILD A MULTI-LEVEL MONEY MACHINE, FOURTH EDITION
by Randy Gage

네트워크 마케팅 사업을
쉽고 빠르게
성장시키는 방법

랜디 게이지 지음   **이승희** 옮김

지금도 꿈을 향해 도전하는 여러분에게 이 책을 바칩니다.
여러분이 없었다면 이 사업은 존재하지 않았을 것이며,
수백만 명의 사람이 이 일을 통해
희망과 존엄과 자유를 얻을 수 없었을 것입니다.
여러분은 '매우' 중요한 일을 하고 있다는 사실을 잊지 마십시오.

유니크 커뮤니케이션

| 감사의 말 |

　나는 네트워크 마케팅 덕분에 꿈 같은 삶을 누리는 복 받은 사람이다. 수년간 지칠 줄 모르는 열정으로 이 일을 지지하고 육성하고 개발해온 사람들 덕분이다. 존 밀튼 포그와 존 데이빗 만은 그 옛날 잡지 〈업라인 Upline〉을 발간해 네트워크 마케팅에 대한 신뢰를 구축했다. 마크 얀넬은 잡지 〈석세스 SUCCESS〉를 통해 이 일의 가치를 높이고 메시지를 전파했다. 톰 슈라이터는 20년 넘게 네트워크 마케팅을 위해 싸워왔다. 렌 클레멘츠는 진지한 직업으로서 이 일을 옹호해왔다. 최근에는 〈네트워킹 타임스 Networking Times〉의 크리스, 조세핀 그로스와 그의 팀이, 그리고 〈네트워크 마케팅 매거진 The Network Marketing Magazine〉의 조지 마디우와 그의 팀이 이런 작업을 계속해오고 있다. 앞으로는 아트 조나크와 또 다른 제다이 기사(평화와 정의를 지키는 기사들, 자신의 능력을 이타적으로 사회에 공헌하는 방향으로 사용하는 사람들 - 역주) 세대가 이 새로운 직업에 뛰어든 무리를 선도할 것이다. 모두에게 감사를 표한다.

│ 4차 개정판 서문 │

이 책의 이전 판본들을 다시 읽으면서 무엇이 바뀌었고 무엇이 그대로인지 확인해 보니 매우 흥미로웠다. 예상대로 이 사업이 토대로 하는 전반적인 원칙들은 전혀 바뀌지 않았다. 그 원칙들은 영원하다.

마케팅의 무대에서 어떤 접근법들은 진화했고 일부는 완전히 개조되었다.

대중이 대거 수용한 기술과 인터넷은 리크루팅, 교육, 상호 의사소통에 큰 몫을 담당하고 있다. 웹 2.0과 소셜 미디어 사이트(SNS)의 등장은 웜 마켓(지인을 통한 판매시장)을 확장할 수 있는 개인의 능력을 극대화하였다. 정보는 어마어마하게 확장되고 최신의 것으로 갱신될 것이다.

이번 개정판에서는 현재 전세계적으로 직면한 경제적 어려움들을 고려했고 『다단계 혁명』(이 책은 우리 일에 대해 무엇이 옳고 무엇이 그른지를 명백히 밝힌 나의 선언문이다.)의 자료들을 많이 인용했다.

또 다른 큰 변화는 리크루팅 과정에 있다. 라인 발굴의 일환으로 1대1이나 2대1 프레젠테이션을 권하는 대신 제3자 툴 활용을 훨씬 강조하고 있다. 이는 새로운 사업자의 학습 시간은 줄이고 장기적인 복제는 증가시키기 위한 것이다. 지난 몇 년간 이런 접근법으로 놀라운 성과를 거둔 경험이 바탕이 되었다.

두 가지 요인을 고려했는데 이 요인들은 서로 충돌한다.

첫째 요인은 네트워크 마케팅이 그동안 대중의 의식 속에 쌓아온

광범위한 수용과 신뢰다. 우리는 10억 달러 이상의 수익을 내는 회사들을 갖고 있다. 또한 공개적으로 사업을 진행해 왔고 유명 인사들을 발굴해 왔다. 이제는 누구나 네트워크 마케팅을 통해 엄청난 수익을 올리는 누군가를 알고 있다. 우리 사업에 대해 경멸하거나 회의적인 태도를 취했던 주류 금융 관련 매체들과 벤처 투자가들, 일반 대중도 이제는 매우 흥미로워하며 관심을 보이고 있다.

이는 좋은 소식이다. 이에 반하는 다른 요인은 틈만 나면 우리를 공격하는 마케팅 메시지의 폭발적인 증가다. 웹사이트, 대중 교통, 식당의 식탁 깔개, 공중 화장실에서까지 광고를 통해 우리에게 폭격을 퍼붓고 있다. 이러한 광고를 통한 맹공격은 프로스펙트들을 충격에 빠지게 하고 더욱 더 방어적으로 만들었다.

그러나 지금 세계에는 우리가 제공해야 하는 것이 가장 필요하다.

따라서 이런 집중적인 공격의 소용돌이 속에서 나는 실제 효과가 있는 최고의 실행 방법들을 통해 독자들을 인도하고자 했다. 이번 4차 개정판은 오늘날 우리가 직면한 문제들을 어떻게 효과적으로 다룰 것인지를 다루고, 여러분이 추구하는 성공을 창출하고 꿈을 이루는 데 도움을 주기 위한 내용을 담고 있다.

이전의 판본들처럼 이번 개정판에서도 나는 추상적인 이론이나 실험을 제안하지 않았다. 이 책에서 독자들은 내가 20년 넘게 개발해 왔고, 나의 팀과 후배들에게 말 그대로 수십억 달러의 수익을 가져다 준 전 세계적인 거대한 사업자 네트워크를 구축하기 위해 직접 활용했던 실제적인 시스템을 발견할 수 있을 것이다.

이 책이 여러분에게 줄 수 있는 것

나의 성공을 기반으로 여러분은 성장 곡선에서 수년을 단축시키고 자신의 네트워크를 그 어느 때보다 빨리 구축할 수 있을 것이다. 프로스펙트들을 끌어들이고 그들에게 효과적으로 프레젠테이션하는 방법을 배울 수 있을 것이다. 스폰서하고 싶은 사람과 초기 단계에서 차단하는 편이 나은 사람들을 구분할 수 있게 될 것이다.

스폰서링(프로스펙트를 네트워크 마케팅 사업으로 인도하는 것) 과정에서 교육을 잘 받는다면 큰 규모의 네트워크를 운영하고 키워나가는 방법을 배우게 될 것이다.

시간을 효율적으로 관리하고 리더를 발굴하고 그들에게 적절한 조언을 하는 방법을 알게 될 것이다. 무엇보다도 리더가 새로운 리더를 키울 수 있게 만드는 방법을 알게 될 것이다. 그렇게 되면 여러분은 네트워크 마케팅의 기초와 심오한 진리를 확실히 이해하게 된다.

"사람을 키우면 그 사람들이 그룹을 키운다."

여러분은 내가 동기를 부여하기 위한 상투적이고 진부한 말들을 사용하지 않는다는 사실을 발견하게 될 것이다. 목표를 성취할 수 있는 방법을 명확하게 보여줄 수만 있다면 사람들은 스스로 열심히 하게 된다.

이 책을 다 읽고 나면 여러분은

- 이 사업에서 부가 어떻게 창출되는지 현실적인 견해를 갖게 될 것이다.
- 진정한 복제를 만들어 내기 위한 중요한 요소들을 알게 될 것이다.
- 상위 고소득자들의 효과적인 네트워크 구축 방법을 이해하고 이를 실현하기 위한 게임 플랜을 갖게 될 것이다.

나는 여러분이 네트워크 마케팅을 전문적인 직업으로 바라보고, 개인에게 권한을 주는 이 사업의 수준을 높이는 일에 나와 함께 하길 바란다.

점점 축소되어 가고 서로 물고 뜯는 경쟁이 지배하는 일반 기업과 달리, 네트워크 마케팅은 여러분이 후원하는 사람들을 육성하고 그들의 타고난 재능에 날개를 달아줄 수 있게 한다. 이 사업에서 성공은 다른 사람들에게 긍정적인 영향을 미치면서, 정신적·지적·정서적·재정적으로 발전하는 기회를 의미한다.

이 책에서 기술적으로 활용할 대본이나 마무리 기술, 교묘한 판매 전략 같은 것은 찾을 수 없다. 그런 방법들을 가르치는 사람들도 많지만, 그들은 제대로 된 복제를 창출할 수 없고 따라서 진정한 성공을 제공하지 못한다. 네트워크 마케팅은 가르치는 사업이다. 이 책은 오로지 여러분이 자신의 사람들을 가르치는 방법을 가르치고 있다.

이 도전과 모험, 성장의 과정을 거치는 동안 여러분은 함께 비전을 나누고 자신의 본을 따르는 사람들을 끌어당길 것이다. 단시일에 그들을 이끌고, 리더로 성장한 그들을 내보낸 뒤 다시 같은 과정을 시작할 것이다. 다른 사람들이 느낄 수 없는 자부심, 기쁨, 성취감을 만끽할 것이다. 여러분이 하는 일이 얼마나 중요한지 알게 되고 여러분의 헌신으로 여러분의 지역 사회는 더 나은 곳이 될 것이다.

거대한 기하급수적으로 성장하는 네트워크를 구축하는 것은 쉬운 일이 아니다. 저절로 되는 일이 아니다. 그러나 간단하다. 열린 마음으로 지도 내용을 받아들이고 시스템을 따르고 처음 부딪히는 어려움 앞에 포기하지 않는다면 네트워크 마케팅에서 풍성하고 지속적인 성공을 이룰 수 있다.

이 책의 내용은 포괄적이기 때문에 빠른 리크루팅과 강력한 복제를 원하는 팀원들 누구에게나 권할 수 있다. 먼저 처음부터 끝까지 읽은 뒤 필요한 장을 찾아 읽으면서 기억을 되살리거나 특정 분야에 대한 기술 수준을 향상시키기 바란다.

나를 네트워크 마케팅이라는 이 놀라운 사업 안에서 여러분의 꿈을 펼쳐나가는 데 도움을 주는 여러분의 스폰서를 돕는 대리 스폰서로 생각해 주길 바란다.

네트워크마케팅타임즈닷컴(NetworkMarketingTimes.com)에서 다단계 성공 블로그(MLM Success Blog)를 팔로우하고 다단계 리더십 보고서(MLM Leadership Report)에 가입 신청을 하면 최신의 정보를 얻을 수 있다. 나는 여러분의 성공을 열정적으로 도울 것이다!

2009년 2월
플로리다 주 키웨스트에서

랜디 게이지

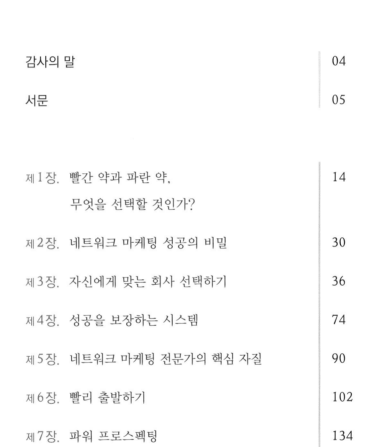

| 목차 |

1

How to Build
a Multi-Level
Money Machine

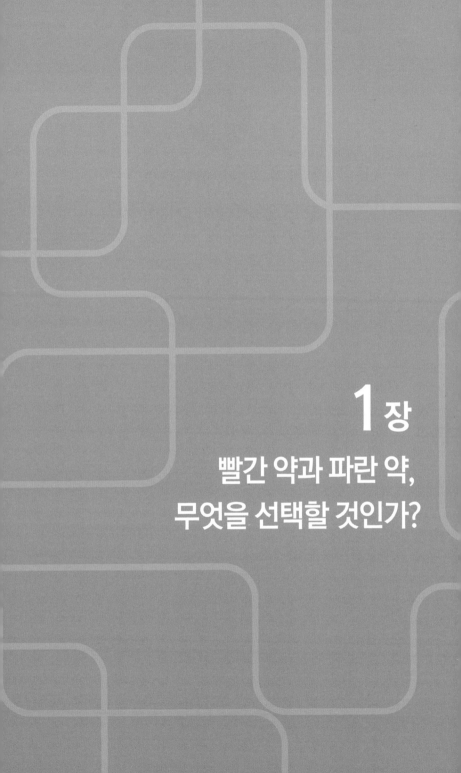

1장

빨간 약과 파란 약,
무엇을 선택할 것인가?

빨간 약과 파란 약,
무엇을 선택할 것인가?

사람들의 의식이 어느 순간 바뀌었다. 세계 각국의 정부들이 시민들로부터 강제적으로 세금을 거둬들여 경영을 잘못하는 월스트리트 중개인이나 보험 회사, 자동차 제조업체와 개인 사업체들을 지원하는 데 사용한다는 사실이 드러났을 때부터 바뀌었는지 모른다. 아니면 은행 시스템이 파산했음을 깨달았을 때부터였을까?

항공사 경영진이 슬쩍 파산을 선언한 뒤 퇴직연금의 부담금을 대폭 낮추고 다시 빠져 나오는 모습을 보면서 사람들은 분명하게 깨달았는지도 모른다. 또는 분식회계를 하면서 투자자들과 근로자들의 돈을 빼돌리고 부도덕한 간부들의 주머니만 불린 기업들이 줄줄이 드러나면서였을 수도 있다.

한 가지는 분명하다.

전 세계적으로 사람들의 의식은 깨어나기 시작했고, 기업에 안주하는 삶이 전부라는 혼수 상태에서 벗어나 다시 생각하기 시작했다. 사람들은 일반적인 비즈니스 모델의 도덕성에 질문을 던지고, 자신의 삶에서 무엇이 더 중요한지 다시 생각하기 시작했고, 정부가 과연 노후를 보장해 줄 수 있는지 의문을 갖기 시작했다.

그중에서도 매우 상식적인 한 무리의 사람들은 한발 더 나아가, 자신의 경제적 미래를 책임질 수 있는 사람은 자기 자신뿐이며, 고용주나 정부에게 자신의 미래를 맡기지는 않겠다고 다짐했다.

뿐만 아니라 이들은 일의 의미도 중요하게 생각했다. 생계를 위해 하는 일이 희망을 줄 수 있어야 하고, 원칙을 중요시하고, 원칙을 지키는 일이어야 한다는 믿음을 가지고 있었다.

수십 년 간 심각한 경제 침체기를 겪으면서도 그들은 다시 꿈을 꾸기 시작했다.

어릴 때 꾸었던 꿈을 다시 떠올렸고 어른이 되었다고 해서 그것을 포기할 필요가 없다는 사실을 알게 됐다.

그들은 자신들이 꿈꾸던 직업이 무엇인지 스스로에게 물었다. 그답은 다음과 같은 것은 아니었다.

- 버거킹의 교대 근무 감독자
- 운전면허 시험 관리 기관의 관료
- 자동차 조립 공장의 생산라인 감독
- 대기업의 중간관리자 혹은 보험 업계의 사무 직원

놀랍지는 않다. 하지만 완벽한 직업이 무엇이라고 생각하는지에 대한 답 또한 다음과 같은 직업들은 아니었다.

- 의사, 변호사, 회계사
- 기업의 부사장 혹은 임원
- 전통적 사업을 운영하는 기업의 사장

왜냐하면 이 무리의 사람들은 이번만은 꿈꾸던 직업이 아니라 꿈꾸던 삶에 대해서 고민하기 시작했기 때문이다. 사실 이 두 가지는 불가분의 관계에 있다.

깨달은 사람들

돈을 벌 수는 있지만 만약 아이들이나 사람들과의 관계에 금이 가거나 건강을 희생해가면서까지 돈을 벌어야 한다면 무슨 소용이 있겠는가? 돈을 벌어 원하는 물건들을 마음껏 살 수 있다고 해도 함께 누릴 사람이 없다면 과연 행복할까?

이런 문제들에 대해 제대로 깨달음을 얻은, 점점 커져가는 그룹의 사람들이 있다.

이들과는 반대로, 주당 40시간만 일하면 된다는 이유만으로 단조로운 그 일을 선택한 다른 그룹의 사람들은 진정한 행복을 얻을 수 없을 것이다. 이 사람들은 아무 의미 없고 단조롭고 힘들기만 한 일을 하면서 만족스러운 삶을 누릴 수는 없다는 사실을 알고 있다. 따라서 이 그룹의 사람들도 역시 느끼고 있다.

그렇다면 오늘날 세계의 새로운 진실을 깨달은 그 사람들은 누구인가?

그들은 다양한 직업과 배경을 가진 다양한 연령대의 사람들이다. 멘사 회원도 있고 고등학교 중퇴자도 있고, 둘 다 해당되는 사람도 있다.

이 깨달은 사람들은 기업 세계의 영혼을 죽이는 타성으로부터의 벗어날 수 있는 도피처를 찾아 왔다. 인생의 모험을 추구하며 평범한 육체 노동에서 벗어난 사람들도 있다. 어느 날 아침 일어나(혹은 한숨도 못 잔 다음 날 아침에) 문득 자신이 일을 지배하는 것이 아니라 일이 자신을 지배하고 있다는 사실을 깨달은 기업가들도 많다.

선택된 그룹의 이 사람들에게 꿈꾸는 삶이 어떤 것이냐고 묻는다면 그들은 이렇게 대답할 것이다. 다양한 일들을 할 수 있으며 재창조와 헌신, 도전과 정신적인 숙고, 지적 자극이 있는 삶이라고.

네트워크 마케팅 혁명

이 그룹의 사람들은 네트워크 마케팅(때로는 다단계 마케팅, 약어로 MLM이라고도 불린다)을 찾아왔다.

우리는 산업에 진출한 것이 아니라 전문적인 직업인 대열에 합류했다. 우리는 단순히 돈을 벌기 위해 이 일을 하는 것이 아니다. (처음에는 나를 포함한 많은 사람이 부를 추구하며 이 일을 시작한 것은 사실이다.) 네트워크 마케팅에 뛰어든 사람들은 처음에는 우리가 부를 창조한다는 사실에 주목하지만, 이 일에 대해 폭넓게 이해한 사람은 훨씬 더 큰 그림을 그리게 된다.

물론 그들은 부가 행복의 중요한 요소라고 말할 것이다. 그러나 그들은 소파에 앉아 〈시크릿〉 DVD(수세기 동안 소수의 사람만이 알고 있었던 부와 성공의 비밀을 알려준다는 내용의 론다 번의 책을 DVD로 만든 것 - 역주)를 47번이나 보면서, 언제쯤 그토록 갖고 싶어하는 람보르기니가 저절로 자신의 집 앞 진입로로 달려들어올 것인지를 기다리는 그런 부류의 사람들은 아니다.

그들은 일반적인 사람들보다 부에 대한 폭넓은 견해를 가지고 있다. 그들은 절대 "그건 그냥 돈에 불과해."라거나 혹은 "그건 물건에 지나지 않아."라고 말하지는 않는다. 그들은 돈과 물질적인 것들이 삶의 윤활유 역할을 한다는 사실을 안다. 월세나 차 할부금을 내지 못하거나 가족을 위한 식료품을 살 돈이 없다면 삶의 풍요로움을 누리기 힘들다는 사실을 잘 알고 있기 때문이다.

하지만 대부분의 사람처럼 부가 오직 돈만을 의미한다고 생각하는 오류를 범하지는 않는다. 진정한 부는 건강, 사람들과의 좋은 관계, 삶의 정신적인 영역도 포함하고 있다는 사실을 알고 있다. 그들이 얘기하는 풍요로운 삶은 모든 영역에서 누리는 풍부함을 의미한다.

이 그룹의 사람들 대부분이 큰 높은 가치로 여기는 것은 그들이 궁극적으로 팔고자 하는 상품, 즉 자유다. 결핍으로부터의 자유, 의미 있게 중요하게 풍요롭게 살아갈 자유.

네트워크 마케팅의 역사

네트워크 마케팅은 1956년 포레스트 샤클리 박사가 샤클리 코퍼레이션을 설립하면서 시작됐고, 비슷한 시기에 리치 디보스와 제이

밴 앤델은 암웨이 코퍼레이션의 전신이 되는 회사를 설립했다.

당시의 사업자들은 리크루팅과 추가 구매 수수료에 주목하지 않았다. 샤크리와 암웨이의 초창기에 성공한 스타들은 단순히 비타민과 세제를 많이 팔았기에 성공할 수 있었다.

1970년대 들어서면서 이 회사들은 (그리고 이 사업을 시작했던, 많은 다른 회사는) 더 많은 전문가를 끌어들이기 시작했고, 복제와 리크루팅으로 생산할 수 있는 레버리지의 가능성과 잠재력에 큰 흥미를 느꼈다. 그러자 네트워크 마케팅 사업이 널리 알려지기 시작했고 정부 규제 기관의 관심을 끌었다. 설상가상으로 네트워크 마케터가 합법적으로 취득한 큰 수익에 정직하지 못한 의도를 가진 사람들이 눈독을 들였다. 그래서 이 당시에 사슬 편지(편지를 보낸 사람에게 돈을 보내고, 편지 안의 명단에 제일 위에 있는 이름 대신 자기 이름을 마지막에 올려서 명단의 사람 수만큼 편지를 다시 보내는 피라미드식 사기 편지 - 역주), 폰지 사기(신규 투자자의 돈으로 기존 투자자에게 이자나 배당금을 지급하는 방식의 다단계 금융 사기, 1920년대 미국에서 찰스 폰지가 벌인 사기 행각에서 유래 - 역주), 합법적인 네트워크 마케팅 사업인 것처럼 얘기하는 불법 피라미드 사업 등이 폭발적으로 증가했다.

동시에 제품 유통의 구모델이 심각한 난국을 맞이했다. 유럽에서 미국으로 배로 물건을 실어온 뒤 트럭에 실어 전국의 도매상에게 보내지면, 도매상은 다시 소매상에게 팔고, 소매상은 창고에 물건을 보관했다가 판매점으로 보내면, 그곳에서 마침내 소비자가 구입하는 방식의 구모델은 무너지기 시작했다.

네트워크 마케팅 회사들은 새로운 상업 세계를 알아보았고 번창

해 나갔다.

회사가 제품을 생산하고 비효율적인 중간업자들을 끼지 않고 직접 사업자들에게 운송할 수 있었다. 이 사업자들은 자기 자신도 제품을 소비하면서 구전을 통한 마케팅으로 친구나 지인들에게 소문을 냈다.

언론과 정부 규제 기관으로부터 공격을 받기도 했지만, 네트워크 마케팅과 직접 판매를 하는 회사들은 계속해서 성장했고, 전 세계적으로 연간 1천 2백억 달러 이상의 매출을 올릴 정도로 성공했다. 네트워크 마케팅은 전 세계적으로 널리 인정받기 시작했고 〈석세스 SUCCESS〉, 〈포브스 Forbes〉, 〈포춘 Fortune〉, 〈유에스에이 투데이 USA Today〉 같은 주류 비즈니스 및 금융 잡지들에서 다루어졌다.

새로운 현실

어떤 그룹에서든, 젊은 나이에 부자이면서 아무 걱정 없이 은퇴하는 사람들은 극소수다. 이들보다 약간 더 많은 수의 사람이 오랜 세월 동안 열심히 일하다가, 풍요롭지는 않아도 안정된 은퇴 후의 삶을 누린다. 그러나 나머지 대다수의 사람은 치열한 생존경쟁 속에서 45~50년의 세월 동안 묵묵히 일하다가 '황금기'인 노후에는 변변찮은 연금으로 겨우 생계를 이어나간다.

이런 차이는 어디에서 생기는 것일까? 첫 번째의 극소수의 사람이 가지고 있는 비밀은 무엇일까? 어떻게 해야 첫 번째 사람들 무리에 속할 수 있을까?

나는 기업의 회장이나 부동산 갑부에 대해 얘기하는 것이 아니다.

이들은 엄청난 부를 축적했지만 젊은 나이에 은퇴하지도 않고 걱정이 전혀 없어 보이지도 않는다. 사실은 그 반대다. 그들은 무한 생존경쟁에서 이긴 자들이지만 대부분 인간적인 삶을 누리지 못하는 듯하다.

해변에서 코코넛 과즙 마시기

내가 이야기하는 그룹은 차세대 기업가들이다. 이들은 '코코넛 과즙 마시기' 수입을 확보한 사람들이다. 이들은 계속 일을 하든, 아니면 열대 해변에서 모래밭에 발을 묻고 코코넛을 홀짝거리든 상관없이, 보상을 끊임없이 쏟아내는 네트워크 마케팅으로 무한 수익을 확보해 놓은 사람들이다. 이들은 네트워크 마케팅 전문가의 새로운 유형이다.

이들이 이러한 성공에 도달할 수 있었던 방법의 공통점을 들여다보면 매우 흥미롭다.

많이 배웠기 때문에 그런 성공적인 자리에 올랐을 것이라고 사람들은 생각할지 모르지만 꼭 그런 것만은 아니다. 이 그룹의 많은 사람이 나처럼 고등학교 중퇴자다. 우리 모두 알다시피 대학 학위를 여러 개 가지고 있으면서도 택시 운전으로 생계를 유지하는 사람들도 많다. 내가 속한 그룹의 사람들은 적지 않은 부를 이루기 위해 열심히 일했지만 그것만이 결정적인 요인은 아니었다. 사실 이런 말 하는 것이 약간 민망하긴 한데, 대부분의 사람은 나보다 열심히 일하지만 확실히 나만큼 보상을 받지는 못한다.

내 자동차를 수리하는 정비공, 우리 집 잔디를 가꾸는 조경사, 나의 마사지 치료사, 내가 좋아하는 레스토랑에서 주로 나를 맞아주는 웨이트리스들은 모두 나보다 훨씬 더 열심히 일한다. 하지만 그들 중에서 자기가 하는 일로 부자가 된 사람은 없다. 사실 그들은 다른 사람들 보다 적은 보상을 받으며 더 힘들게 일한다. 그들 중 일찍 은퇴할 수 있는 가능성이 아주 조금이라도 있는 사람은 없다. 따라서 열심히 일하는 것만으로 부를 창출할 수 있다고 말할 수는 없다. 이 사람들, 그리고 이들과 같은 대다수의 사람은 매트릭스, 즉 파괴된 경제 모델에 갇힌 포로들이다.

이들은 시간과 돈을 맞바꾸는 덫에 걸려 있다.

이들은 집단적인 사고를 믿으며 집단 내에서 임금 노예가 되어버렸다. 더 많은 돈을 받기 위해 더 많은 시간 동안 열심히 일해야 한다. 대부분 월급을 받는 위치에 있거나 초과 근무를 해야 하는 직업에 매여 있다. 따라서 하나의 직업만으로는 더 많은 시간 동안 일을 해서 더 많은 돈을 벌 수 있는 기회마저도 갖지 못한다. 결국 배우자도 일을 해야 하는 형편이 되지만 그래도 여전히 그들이 버는 돈은 충분하지 않다.

그래서 부업을 한다. 때로는 배우자도 부업을 한다. 3개 혹은 4개의 수입원을 가진 가족이 필사적으로 더 많은 시간을 들여 더 많은 돈을 벌기 위해 애쓰는 것이다. 그런 상황에서 아이를 돌보는 사람은 없다. 아이들은 비디오 게임을 하며 인생을 배운다. 아이들은 부모가 절대적으로 필요하지만 엄마와 아빠는 아이들에게 보다 나은 삶을 누리게 하기 위해 일하러 나가고 없다. 이것은 악순환이다.

그리고 매우 어리석은 일이다. 시간과 돈을 바꾸려는 틀에서 벗어나지 않는 한, 바로 그 이유 때문에 사람들은 진정한 경제적 안정에 도달할 수 없다.

내가 속한 그룹의 사람들은 참된 경제적 자유를 획득하기 위해 부에 관한 두 가지 기본 원칙을 지켜야 한다는 사실을 깨달았다.

① 시간으로 돈을 사는 딜레마에서 벗어나기 위해서는 레버리지라는 개념을 활용해야 한다.

② 매일 아침 거울을 들여다 볼 수 있어야 하고 거울 속에서 이야기하는 상대가 바로 자신의 사장임을 알아야 한다. 누군가의 고용인이 되는 구조를 포기하고 기꺼이 스스로 기업가가 되어야 한다.

이런 과정을 감수할 마음의 준비가 되어 있으면 확실한 부는 이제는 몽상이 아니라 실제로 성취할 수 있는 현실이 된다.

자기 자신을 위해 일한다는 기업가의 열정과, 다른 기업가들과의 네트워크를 통해 얻을 수 있는 레버리지효과를 결합시킨다면 상상을 초월하는 멋진 결과를 얻을 수 있다. 시너지효과를 가져오는 이런 과정은 개인보다 훨씬 강력한 전체를 만들어낸다. 제대로 하기만 하면 네트워크 구축이 최종적으로 만들어 내는 것은 저절로 창출되는 무한한 수익이며 당신도 그것을 가질 수 있다.

오늘날 네트워크 마케팅은 부를 창조하기 위한 새로운 모델들 중 하나가 되었다. 전 세계 100여 개 이상의 나라와 지역에서 실제로 실행되고 있다. 수백만 명의 독립적인 사업자가 연간 1천2백억 달러 이상의 매출을 올리고 있다.

멋진 비즈니스

왜 네트워크 마케팅에 뛰어들어야 하는가? 그 대답은 사업자들의 수만큼 다양하다. 그러나 일반적으로 네트워크 마케팅을 통해 누릴 수 있는 라이프스타일이 답이 될 수 있다. 이 사업만의 독특한 혜택은 다음과 같다.

- 함께 일하는 사람들을 선택할 수 있다.
- 적은 금액을 투자하여 사업에 뛰어들 수 있다.
- 집에서 일할 수 있다.
- 일하는 시간을 선택할 수 있다.
- 다른 어디에서도 구할 수 없는 독특한 상품을 찾을 수 있다.
- 유리한 세금 혜택을 받을 수 있다.
- 무제한의 수익 기회를 즐길 수 있다.
- 다른 사람을 성공하게 하면서 자신도 성공할 수 있다.

압축해서 말하면 무한 생존경쟁으로부터의 자유다. 이런 혜택들은 세상 어디에서도 찾을 수 없다. 사람들은 다른 사람의 밑에서 일하면서 이런 혜택들을 누릴 수 없다는 사실을 알고 있다. 하지만 또 한편으로는 많은 사람이 자기만의 전통적인 사업을 하게 되면 이런 혜택들을 누릴 수 있을 거라는 잘못된 믿음을 가지고 있다.

어림도 없는 소리다.

나는 상공회의소 전 의장이자 10개의 중소 규모 사업체를 소유했던 사람으로서, 전통적인 사업은 다른 사람 밑에서 일하는 것보다 훨씬 더 시간에 제약을 받는다는 것을 누구보다 잘 안다.

종업원 이직률, 재고, 적지 않은 투자액, 개인 보증, 정부 규제, 시장 경쟁 같은 것들 때문에 자기 종업원보다 더 많이 일하는데도 돈은 더 적게 버는 경우도 흔하다. 이는 사업체를 소유하는 것이 아니라 그 일이 사람을 소유하는 셈이다.

오늘날 사람들은 가족과 함께하는 삶을 앗아간 균형을 잃은 근무 환경에 질려 있다. 기업의 합병 붐, 자기 자본에 비해 차입금 비율이 높은 인수, 강제 해고에 지쳐 있다. 사람들은 의미 있고, 더 나은 라이프스타일을 즐길 수 있고, 사랑하는 이들과 시간을 보낼 수 있는 일을 찾고 있다. 그래서 네트워크 마케팅이 필요하다.

회사에서의 무한 생존경쟁과 달리 네트워크 마케팅에서는 내가 잘되기 위해서 다른 사람을 밟고 일어서지 않는다. 네트워크 마케팅에서는 다른 사람들에게 권한을 주었을 때 성공으로 이어진다. 실제로 더 많은 사람의 성공을 도울수록 자신도 더 크게 성공한다.

단시일에 부자가 되고 싶은 사람에게 네트워크 마케팅은 어울리지 않는다. 그러나 2년에서 4년 동안 자신의 시간을 일부 할애해서 열심히 일할 생각이 있는 사람이라면 평생 유지되는 경제적 자유를 만들 수 있다.

얼마든지 융통성 있게 시간을 활용할 수 있기 때문에 현재의 직업을 유지하면서 시작하기에 완벽한 일이다. 학생이나 아이들을 키우는 주부라도 마찬가지다. 아주 작은 투자액을 가지고 시작할 수도 있다. 일반적으로 대략 500달러에서 1,500달러로 시작한다.

네트워크 마케팅은 큰 자본금 없는 보통 사람이 경제적인 자유를 얻기 위해 자유기업제도 아래에서 사업을 시작할 수 있는 마지막 기회로 떠올랐다.

이 흥미로운 일을 하겠다고 결심하기만 하면 무제한의 경제적 부를 쌓을 수 있는 기회와, 자신이 가장 좋아하는 사람들의 삶에 중요한 변화를 가져올 수 있는 기회를 갖게 된다.

당신은 이 일에서 성공하기 위해 필요한 것들을 가지고 있는가? 다음 장에서 알아보자.

2

How to Build
a Multi-Level
Money Machine

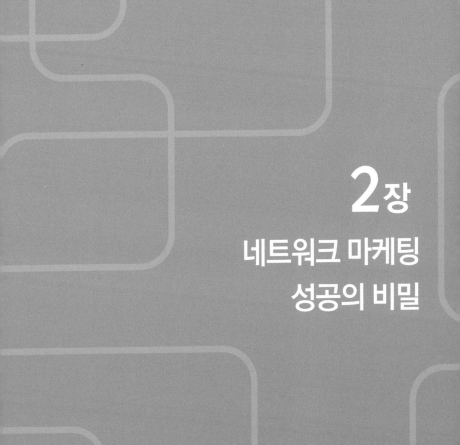

2장

네트워크 마케팅
성공의 비밀

네트워크 마케팅 성공의 비밀

네트워크 마케팅은 세상에서 매우 놀라운 성공 스토리들을 만들어 왔다. 사실상 모든 회사에는 평범한 사람이 '무일푼에서 부자가 된' 스토리가 있다. 원래는 가난하거나 별 볼일 없던 사람이, 보통 사람들의 1년치 연봉에 해당하는 거금을 한 달 만에 벌게 된 것이다.

친척의 차고에 얹혀 사는 부부, 텍사스의 파산한 목사, 생활보호 대상자인 싱글맘, 사업 설명회에 자전거를 타고 간 대만의 젊은이, 이들과 비슷한 수천 명이 자신만의 성공 스토리를 가지고 있다.

그런데 이처럼 다양한 업계의 회사들에서 엄청난 성공을 이룬 사람들에게는 눈에 띄는 공통점들이 있다. 이런 공통점이 바로 사업의 장기적인 성공을 이루기 위해 갖춰야 할 전제 조건들이다.

성공한 그룹의 사람들은 모두 꿈꾸는 사람이다. 그들은 대중이 갖는 비관적인 생각들에 매몰되지 않고 누구나 한번은 꿈꾸었을 위대한 비전을 다시 찾았다.

　모피어스가 그들에게 빨간 약과 파란 약을 내밀며 선택하라고 한다면 그들은 어김없이 매트릭스 안에서의 안전한 삶보다는 토끼 구멍으로 들어가는 여행으로 안내하는 빨간 약을 선택할 것이다. 자신이 선택한 안전은 새로운 현실에서는 위험이라는 사실을 알고 있기 때문이다. '안전'을 선택한 사람들은 결국 집단에 속한 임금 노예가 될 뿐이라는 사실을 그들은 알고 있다. 대중이 위험이라고 생각하는 것을 기꺼이 선택한 사람들에게는 가치 있는 삶을 누릴 자격이 있다. 대담한 선택은 새로운 안전을 가져다 준다.

　성공한 그룹의 사람들은 모두 일을 열심히 하고 좋아한다. 그들은 공짜나 일확천금을 기대하지 않는다. 일로부터 도망치기는커녕 이불을 박차고 일어나 즐거운 마음으로 일을 한다! 네트워크 마케팅 전문가가 된다는 것은 도전, 성장, 모험을 환영하고, 스스로를 돕는 동시에 다른 사람들을 돕는 일을 즐기는 것을 의미한다. 그들은 자기가 하는 일을 좋아한다. 지긋지긋한 일에서 잠시나마 도피하기 위해 여섯 개들이 맥주 팩을 마시면서 DVD 열 개를 돌려보며 주말을 보내지 않는다. 일과 삶을 모두 알차고 균형 있게 영위하는 방법을 안다.

　성공한 그룹의 사람들은 좋은 스승이다. 그들은 진정한 복제는 판매하는 기술보다, 가르치는 기술이 있을 때 가능하다는 사실을 알고 있다. 그들은 많은 사람이 그들의 행동을 복제하게 만드는 공식대로 행동한다.

　성공한 그룹의 사람들은 또한 학생이다. 그들은 평생 배움에 대한 열정을 버리지 않고 매일의 일상 가운데 조용한 명상과 자기 개발의 시간을 따로 확보해 둔다. 끊임없이 자신의 톱날을 가는 것은 중요하다. 책, DVD, CD, 또는 온라인 세미나 등, 매개 수단이 무엇인가는 중요하지 않다. 중요한 것은 항상 어제의 나 자신보다 조금이라도 나아진 오늘의 나 자신을 만드는 데 몰두하는 것이다.

애초에 내가 이 사업을 하면서 가장 크게 저지른 실수는 성공은 다른 사람들을 변화시키는 데서 온다고 생각했던 것이다. 얼마 지나지 않아 성공은 내 자신이 바뀌어야 가능하다는 사실을 배웠다. 내가 취하는 행동들, 내가 본보이는 모든 것들이 내 주변에 긍정적인 영향을 미치고 파급효과를 가져온다. 세상을 바꾸고 싶으면 먼저 나 자신부터 바뀌어야 한다.

성공한 그룹의 사람들은 리더다. 그들은 타고 난 리더가 아니다. 누군가가 그들을 리더의 자리에 올려놓은 것도 아니다. 그들은 지위나 계급에 연연하지 않고, 순응과는 어울리지 않는 사람들이다. 그들은 작고 조용한 내면의 소리에 이끌려 리더의 자리에 오른다.

그들은 믿음을 가지고 있기 때문에 리더가 된다. 더 나은 길에 대한 믿음, 다른 사람들에게 도움을 준다는 믿음 그리고 부는 모든 사람의 타고난 권리라는 믿음이다. 그러한 믿음을 더 큰 공동체와 나눠야겠다는 책임감은 확신을 수반한다.

기업 세계의 규칙들은 네트워크 마케팅에는 적용되지 않는다. 네트워크 마케팅의 세계에서는 다른 사람들을 제치거나 억누르는 것이 아니라, 성장을 도움으로써 앞으로 나아간다. 더 많은 사람의 성공을 도울수록 자기 자신도 더 크게 성공한다.

기업에는 회장이 한 명, 부회장은 몇 명, 그보다 많은 중간 관리직,

그리고 아주 많은 하위직이 있다. 네트워크 마케팅에서는 누구에게나 더 높은 수준의 성공을 거둘 수 있도록 격려하고 돕는다. 보상 플랜의 최고 위치에 이르는 사람의 수는 제한하지 않는다.

스폰서가 자기가 후원하는 사람들에게서 무엇인가를 얻어내고 이용하려는 태도로 이 사업에 접근한다면 후원을 받는 사람들은 그런 태도를 감지할 것이고, 결국 스폰서는 많은 시련에 부딪히게 될 것이다. 반면 다른 사람들을 돕는 방법에 집중한다면 성공은 저절로 따라온다.

3

How to Build
a Multi-Level
Money Machine

3장

자신에게 맞는
회사 선택하기

Chapter 03

자신에게 맞는 회사 선택하기

네트워크 마케팅 사업은 워낙 수익성이 높기 때문에 그동안 질이 좋지 않은 사람들이나 사기꾼들이 돈을 노리고 이 사업에 뛰어들었다. 구매자 클럽, 사슬 편지, 불법 피라미드는 합법 네트워크 마케팅 회사인 것처럼 자리를 잡으려고 온갖 노력을 기울인다.

합법 네트워크 마케팅 사업과 불법 조직의 차이점을 잘 이해하는 것이 중요하다. 정부 규제 기관 담당자들조차도 이 차이점에 대해 혼돈 스러워 할 때가 있다. 이 두 부류가 어떻게 다른지 자세히 알아보자.

정부에서 합법 및 불법 마케팅 프로그램들의 무한한 변형들을 예측 하고 입법화하는 것은 현실적으로 불가능하다. 그런 이유 때문에 정부 에서는 다단계 및 반 피라미드법을 입안하고 매우 폭넓게 해석한다.

규제 담당자들은 이를 바탕으로 모든 형태의 불법 조직을 폐쇄시킬 사법적 근거를 갖게 된다. 먼저 전문가들이 특정 마케팅 프로그램이

36

합법적인 네트워크 마케팅인지 불법 다단계인지 판단하는 두 가지 주요 차이점을 들여다보자.

첫째는 보상 플랜의 개념이 어떻게 설계되었는지에 초점을 맞춰서 봐야 한다. 구체적으로는 참여자가 다른 사람에게 이 프로그램을 소개만 해도 보상을 하는가, 아니면 상품이나 서비스를 최종 소비자에게 판매했을 때 보상을 하는가 이다.

리크루팅만으로 보상하는 데 초점이 맞춰져 있다면 그것은 불법 피라미드다. 최종 소비자에게 제품과 서비스를 판매하도록 수수료 구조가 설계되어 있다면 첫 번째 단계는 통과한 셈이다.

둘째, 그 프로그램의 실제 영업 과정을 분석해야 한다. 규제 기관 담당자들은 보상 플랜의 설계 문제와 상관없이 사업자들이 실제로 무슨 일을 하면서 시간을 보내는지를 살핀다. 제품이나 서비스 판매가 아닌 리크루팅을 강조하는 프로그램이라면 역시 불법 피라미드로 판명될 수 있다.

한편 네트워크 마케팅 회사들의 고객 서비스가 발달하면서 논점이 흐려지고 규제 기관 담당자들의 혼동을 불러오기도 했다. 과거에는 네트워크 마케팅 사업자들이 자동차에 자석 표지판을 붙이고 시내를 돌아다니다가 소비자들에게 상품을 직접 배달해야 했다. 또는 사업자가 집에 막대한 재고를 쌓아두면 소비자 집으로 와서 제품을 가져가는 소매점 역할을 해야 했다. 이제는 더는 그럴 필요가 없다.

네트워크 마케팅 회사들은 우수 소비자들을 발굴하고 자동 배송 프로그램을 개발해 왔다. 더 이상 개별 사업자가 고객의 주문 처리, 수금, 매출세 처리 등의 일을 맡아서 할 필요가 없다. 사업자들은 소비자의 정보를 프로그램에 입력하고 자신에게 배당되는 소매 판매 수수료를 받기만 하면 된다. 그리고 제품을 도매가로 구입하기 위해 스스로 사업자로 등록하는 현명한 소비자들도 많아졌다. 따라서 리크루팅에 더 많은 시간을 투자하고 고객 서비스에는 시간을 훨씬 덜 들여도 되는 환경이 조성되었다. 이렇게 변화한 현실의 흐름을 인식하지 못하고 사업자들이 리크루팅에 시간을 많이 투자한다는 이유만으로 불법이라고 판단하는 규제 기관 담당자들도 있다.

미국에서는 소수의 몇몇 수준 높은 주들에만 다단계 마케팅을 규정하고 규제하는 특별한 법규가 있고, 대부분의 주에는 반 피라미드법이 있다. 국가적인 수준에서의 포괄적이고 규정적인 법은 이곳 미국에도, 다른 많은 나라에도 없는 것이 현실이다.

미국에서 연방 정부의 규제는 행정적이고 사법적인 결정들을 따르는데, 이러한 결정들은 개인과 연방거래위원회(FTC)에서 제기한 고소에 대한 결과물이다.

주의 입법자들이 내린 정의와 이런 결정들을 종합해보면 다단계 마케팅 프로그램을 정의하는 주요 요소들을 알 수 있다. 주 법규에 따르면 참가자가 리크루팅을 통해서 돈을 버는지에 따라 합법인지 불법인지를 결정한다. 따라서 피라미드 조직, 끝없는 사슬형 조직, 사슬편지 등은 불법이다.

연방 정부 입장에서의 결정 수준은 약간 다르다. 캐나다는 국가적인 반 피라미드 법을 제정한 반면 대부분 나라는 그렇지 못하다. 하지만 이런 현실은 바뀌고 있다. 중부 유럽의 여러 나라와 다른 나라들에서는 최근에 대규모 피라미드 사기 피해를 당한 사건이 있었고, 그래서 많은 나라가 법안을 채택하고 있다.

네트워크 마케팅이 시작된 미국에서는 아직 반 피라미드법이 연방 국회에서 통과하지 못했다. 대부분의 네트워크 마케팅 회사는 연방 법원이 내린 판례와 연방거래위원회(FTC)가 내린 결정을 바탕으로 프로그램을 개발해 왔다.

피라미드 사기를 규정할 때 가장 많이 인용되는 것은 1975년 연방거래 위원회(FTC)에서 코스콧 인터플래너테리(koscot Interplanetary, Inc.)에 대해 내린 판결이다. 이 판결에서 연방거래위원회는 '사슬형 기업'은 '참가자가 제품의 판권(1)과 최종 소비자에게 제품을 판매 하는 것과 상관없이 리크루팅에 대해 보상받을 권리(2)를 받는 대가로 회사에 돈을 내는 것'이 특징이라고 평가했다.

여기서 중요한 부분은 '최종 소비자에게 제품을 판매하는 것과 상관 없이 받는 보상'이다. 물건을 개인적으로 팔거나 자기 사람들에게 판매한 제품에 대한 오버라이드 수수료를 받는 이외의 수단으로 돈을 번다는 뜻이다. 예를 들어 모집한 사람의 수에 대한 수수료나 판매 보조 수수료를 받는 등의 방법으로 돈을 번다면 불법으로 판결 될 가능성이 높다. 기업이 법규 조항을 문자 그대로 다 준수한다고 해서 모든 법적 문제를 극복할 수 있는 것은 아니다. 행정 단위인 각 주와 도에 따라 법이 다르기 때문에 같은 프로그램이라도 어떤 주에서는 합법이 될 수 있고 다른 주에서는 불법 피라미드로 규정될 수도 있다. 게다가 판사가 관련 법 조항을 문자 그대로 해석하지 않을 수도 있다. 그리고 저임금을 받는 규제 기관 담당자들 중 다수 는 이 분야에 매우 무지하고 관련 판례에 대한 정보를 제대로 알지 못한다. 사실 담당자들 중 일부는, 때로는 판사들조차, 헌법도 한 번 읽어 보지 않은 것 같다.

미국에서는 지방 정부와 연방 정부가 일관성이 없고 다른 나라들에서도 마찬가지다. 최종적으로 규제 담당자들이 불법 피라미드인지 아니면 합법적 네트워크 마케팅 프로그램인지 판단하기 위해 고려하는 요소는 세 가지다. 그리고 이러한 기준은 포괄적인 법규에 반드시 담겨 있지는 않지만 일반적으로 사용된다. 이런 세 가지 기준을 따름으로써 대중을 불법 피라미드의 위험으로부터 보호할 수 있기 때문이다. 세 가지 기준을 살펴보자.

① 최종 소비자에게 제품이나 서비스를 상당량 판매한다

여기서 중요한 것은 제품이 최종적으로 사용하는 사람에게 전달되느냐이다. 만약 어떤 네트워크 마케팅 회사에서 당신에게 판매 수수료나 직급 상승을 위해 5만 달러어치의 정수기 필터를 사라고 한다면, 그 필터의 최종 소비자는 분명 당신은 아니다. 이 경우 당신은 사재기한 셈이고 이것은 절대 합법적인 프로그램이 아니다.

제품이 최종 소비자에게 전달되면, 소비자의 대부분이 사업자일지라도, 이것은 법의 정신과 법조문의 요구 조건을 모두 충족한다. 사업자가 제품을 사용할 경우, 제품이 최종 소비자에게 판매되어야 한다는 요건에 부합하지 않는다는 한두 번의 잘못된 결정에 혼란스러워할 필요는 없다. 앞에서도 언급했듯이 오늘날에는 수많은 현명한 소비자가 스스로 사업자로 등록하고 직접 도매가로 물건을 주문한다. 또는 사업자로 시작했다가 사업은 자신과 맞지 않지만 앞으로도 계속 제품을 구매해서 사용하겠다고 결정한 사람들도 있다.

② 구인에 대한 수수료가 아닌 제품 사용에 대한 수수료만 인정한다

수입은 자기 조직이 만들어 내는 판매액을 바탕으로 한 판매 수수료와 오버라이드 수수료에서 발생해야만 한다. 누군가를 가입시키거나 교육용 자료를 판매한 것만으로 보수를 받는다면 그 조직은 불법 피라미드다.

이에 대한 완벽한 예가 내가 이 개정판을 쓰는 동안 크게 유행한 '여행사' 방식의 거래다.

이 유사 여행사들은 법적으로 심각한 어려움에 처해 있고, 많은 언론 매체가 이들에 대한 부정적인 보도를 쏟아내고 있다. 이들은 피해를 입은 약자인 양 호소하고 부당하게 기소를 당한 것처럼 행동한다. 하지만 그들이 작성한 연례 보고서를 들여다보면 그들의 판매액 대부분이, 그리고 사업자들에게 지불된 수수료의 대부분이, 실제로 여행 상품을 판매한 것이 아니라 사업자들에게 마케팅 웹사이트를 판매한 것에서 발생한다. 네트워크 마케팅 역시 '광부에게 곡괭이 파는 사업'(1848년에서 1849년 캘리포니아 주에서 발견된 금광에서 금을 채취하기 위해 많은 사람이 몰려들었는데, 막상 이들 중 금을 캐서 부자가 된 사람은 없었다. 실제로 이곳에서 막대한 부를 이룬 사람은 광부들에게 금을 캐는 데 필요한 장비와 도구를 팔았던 사람이었다. 실제 일은 하지 않고 일하는 사람들의 주머니에서 나온 돈으로 부를 실현하는 사업이라는 의미의 부정적인 뉘앙스로 사용된다. - 역주)이라는 혐의는 우리 합법적 네트워크 마케터들을 힘들게 하는, 잘못된 인식들 중 하나다.

③ 재고 환매 요건

실질적인 다단계 마케팅 관련 법규가 있는 대부분의 주에서는 사업자가 반품한 재고를 회사가 환매해야 한다고 규정한다. 그리고 이러한 정책을 사업자 협약에도 명시할 것을 요구한다.

대부분의 경우 이 같은 환매 조건은 사업자가 판매업을 그만둘 때만 유효하다. 사업자가 제품을 구매한 이후 90일 내에 판매하지 못해 반품한 재고에 대해서 회사가 환매해야 한다고 규정하는 주들도 있다(두 가지 경우 모두 명확한 조건들이 있다. 보통 환매가는 구매가의 90%이고, 제품은 재판매를 할 수 있는 상태여야 하고, 판매한 제품에 대해 지불한 수수료는 공제될 수 있다.).

이 세 가지 기준을 준수하는 회사들은 법 조문과 법의 정신을 지키는 회사들이다.

여기서 언급하고 싶은 또 다른 부류는 소위 '기프팅' 클럽이라고 불리는 곳이다. 참여자들이 자발적으로 스폰서 라인에 돈을 기부하기 때문에 제품이 필요하지 않다는 것이 그들의 주장이다. 기프팅 프로그램은 사슬 편지의 모조품에 불과하다. 우리 합법적 네트워크 마케터들은 그들을 호되게 질책해야 한다.

미심쩍은 물건이나 서비스를 내세우며 과대 광고하는 할인 클럽과 유사한 업체들이 얼마나 많은가? 이런 사업은 수없이 반복되었지만 단 한 번도 성공한 적이 없었다. 시장은 그들을 지지하지 않고 규제 담당자들은 그들을 맹비난한다. 왜냐하면 그들이 홍보하는 할인이라는 것은 누구나 쇼핑하러 돌아다니다가 얻을 수 있거나 미자동차협회

(AAA) 또는 미은퇴자협회(AARP) 회원이 얻을 수 있는 할인 혜택보다 나은 것이 없다.

제품이나 서비스는 공개 시장에서 사람들이 소매가로 살 수 있는 합법적인 것이어야 한다(보상 플랜에 참여하지 않고는 제품이나 서비스를 구입할 수 없다면 그곳은 불법 피라미드 회사다.).

또 주의해야 할 대상은 구매자 클럽이다. 이런 곳들은 '판매할 필요가 없다'고 홍보하면서, 회원으로 등록하면 누구나 도매가로 살 수 있다고 강조한다. 많은 정부가 이런 폐쇄된 마케팅 시스템을 불법 피라미드라고 생각하며 상당히 부정적인 견해를 가지고 있다. 그 이유는 다음과 같다.

샘 월튼(월마트를 창업해 세계에서 가장 큰 소매 할인점으로 성장시켰고 또한 샘스 클럽이라는 창고형 할인매장을 성공시킨 기업가 - 역주)이 운영했던 도매가로 판매하는 클럽은 분명 합법적이다. 그러나 도매가 클럽을 빼고 다단계 수수료 구조를 더하면 대부분의 경우 불법이 된다. 소매 판매할 수 있는 선택권 없이 수수료를 지불하는 폐쇄된 시스템이 되기 때문이다. 모두가 회원이기 때문에 판매할 대상이 없다. 돈을 벌기 위해 쇼핑만 해야 한다면 누구나 할 것이다. 그러나 문제는 그렇게 간단하지가 않다.

그렇다고 로켓 과학처럼 복잡한 것은 아니다

무엇이 옳고 그른지 구분하기는 그렇게 어렵지 않다. 결국에는 보상 플랜을 제외하고 생각할 수 있어야 한다. 실제 제품이나 서비스가 지불하는 가격만큼 혹은 그 이상의 가치가 있다면 해볼 만한 일이다. 자신이 그 사업에 몸담고 있지 않았다면 절대 그 제품을 그 가격에 구입하지 않았을 것이라면, 그런 프로그램은 가까이 해서는 안 된다.

아무리 보상 플랜이 있고 과대 광고를 많이 한다고 해도, 너무 가격이 비싸거나 제품의 질이 수준 이하라면 회사를 오랫동안 유지할 수 없다. 그렇다고 해서 제품의 가격이, 어디서나 살 수 있는 다른 제품보다 항상 더 저렴해야 하는 것은 아니다. 사람들이 원하고 그 가격을 지불하고 살 만큼 탁월한 가치를 지니고 있어야 한다는 뜻이다.

그렇다고 사업자들이 비사업자들보다 많이 구매하지 않는다는 얘기가 아니다. 그들은 더 많이 구매할 것이다. 사업자들은 더 많은 양을 구비해 놓을 것이다. '타 브랜드' 제품을 살 때는 자기 지갑에서 돈이 나간다는 것을 알기 때문에 제품이 떨어지지 않도록 늘 적절한 재고를 유지할 것이다.

또한 그들은 제품을 더 많이 사용한다. 제품의 특성에 대해 잘 알고, 제품 주문이 간편하다는 것을 알고, 도매가로 구매함으로써 절약할 수 있다는 사실을 좋아하기 때문이다.

권고 사항

권고 사항을 따르는 것도 중요하다. 특히 스킨케어나 영양제, 체중 조절과 관련한 제품일 경우 특히 그렇다. 사업자들은 자신이 제품을 사용하면서 동시에 경제적 이익을 얻기 때문에 적절한 사용 지침, 운동, 또는 더 나은 결과를 낳기 위해 필요한 생활방식의 변화 등의 권고 사항을 훨씬 더 잘 따른다. 그래서 사업자들은 더 좋은 소비자이고 제품을 더 많이 구입하고 제품에 대한 충성도가 높다.

법적인 측면

나는 변호사가 아니기 때문에 앞서 내가 제시한 정보들은 법적인 조언들은 아니다. 법적인 문제들은 변호사와 상의하길 바란다. 여기서는 합법적인 네트워크 마케팅 사업과 불법 피라미드의 차이점에 대해 일반인이나 평균적인 사업자들이 이해하기에 충분한 수준의 정보를 제공한다.

회사 임원이나 더 자세한 설명이 필요한 사람은 전문 변호사를 찾아가야 한다. 네트워크 마케팅 분야에서 널리 활동하고 있는 '그라임즈 앤 리즈(Grimes & Reese)'라는 법률 회사를 추천한다. 내가 이 책을 쓰는 동안에도 많은 도움을 얻었다. 웹사이트 주소는 http://www.mlmlaw.com이다.

자신에게 맞는 프로그램을 선택하기

이제 우리는 합법적인 네트워크 마케팅 회사의 기본적인 개념을 이해하게 되었다. 그렇다면 자신에게 맞는 회사를 어떻게 찾을 것인가?

이것은 네트워크 마케팅 사업을 해나가면서 내려야 하는 가장 중요한 결정들 중 하나다. 안타깝게도 대부분의 사람은 회사를 선택할 때 새 냉장고를 구입할 때보다 덜 고심하는 것 같다. 대부분의 경우 회사가 자신을 선택하게 한다.

하지만 성공에 결정적인 역할을 하는 것은 자신이 함께 하는 회사다. 좋은 회사를 선택하기 위해 부족함이 없이 충분히 주의를 기울여야 한다. 두 가지 질문을 던져 보면 상황은 매우 단순해진다. 이 질문들에 대해 긍정적인 답을 내놓지 못한다면 후보 목록에서 그 회사를 지우는 편이 낫다.

① 당신이 이 사업에 관련되어 있지 않다면, 그래도 이 제품이나 서비스를 구매할 것인가?

자기 자신에게 솔직해야 한다. 이 질문에 대한 대답이 '아니오'라면 다른 회사를 찾아라. 자신이 믿고 사용하려는 제품이 충분히 매력적이지 않다면, 그런 회사와 함께 하는 사업이라면 성공하지 못할 가능성이 높다. 네트워크 마케팅은 종사자들의 열정과 개인적인 추천으로 움직이는 사업이다.

프로스펙트가 당신에게 가장 먼저 물어보는 질문 중 두 가지는 다음과 같다. 제품이 정말 쓸만한 것인지, 그리고 당신도 이 물건을 쓰는지이다. 두 질문에 대해 열정적으로 '그렇다'고 대답할 수 없다면 그들은 관심을 갖지 않을 것이다.

② 그 가격에 그 제품이나 서비스를 구매할 것인가?

자신이 소비자로서 그 제품을 그 가격에 구매하지 않는다면, 다른 사람들도 구매하지 않을 것이다. 사람들이 회사에서 보너스를 받았다면 비싸더라도 제품을 구매할 것이라고 생각하지 말라. 우리는 소비자들이 그렇지 않다는 것을 반복해서 봐왔다.

네트워크 마케팅에서의 성공은 최종 소비자가 소비하고 자주 재구매하는 제품을 기반으로 한다. 보너스를 받아서 그 제품을 구매한 사람들은 결국 제품을 쌓아두다가, 창고가 가득 차거나 신용 카드 한도액을 다 쓴 이후에는 제품을 다시 구매하지 않을 것이다.

사람들이 소매가에 기꺼이 살 수 있는 제품이어야 한다. 그렇다고 다른 어디서나 구할 수 있는 물건들보다 저렴해야 한다는 뜻은 아니다. 사업자나 일반 소비자나 기꺼이 그 가격을 지불하면서 그 제품을 구입할 만큼의 가치를 지녀야 한다는 뜻이다.

사실 많은 네트워크 마케팅 회사는 다른 판매처에서 구입할 수 있는 제품들보다 가격이 비싼 제품들을 판매하고 있다. 하지만 높은 품질과 유효성, 농축화 때문에 소비자들에게 실제로 더 큰 가치를 제공한다.

네트워크 마케터들은 일반 대중이 전통적인 유통시스템에서는 접해 보지 못한 많은 제품을 도입해 왔다. 피크노제놀(항산화제 - 역주), 킬레이션(중금속을 배출하는 치료 과정 - 역주) 경구용 약, 효소, 항산화 주스와 겔 등은 구전을 통한 마케팅이 필요한 제품들이다. 그리고 구전을 통한 마케팅은 네트워크 마케팅이 가장 잘하는 부분이다. 이런 제품들은 수없이 많은 사람이 건강한 삶을 누릴 수 있도록 도왔고 생명을 구하거나 연장시키기도 했다.

암웨이, 샤클리, 멜라루카 같은 회사들은 대중적으로 이런 종류의 제품들이 알려지기 전인 수십 년 전부터 친환경 포장의 농축화된 제품들을 홍보하고 판매해 왔다. 또한 네트워크 마케팅은 자연주의가 유행하기 오래전부터 자연주의 제품 시장을 선도해 왔다.

소비자가 사업자에게 받는 개인 맞춤 서비스도 네트워크 마케팅의 뛰어난 장점이다. 소비자들은 이런 맞춤 서비스와 편의를 위해 약간의 비용을 기꺼이 지불한다. 따라서 제품이 시장에서 가장 저렴한지 걱정할 필요는 없다. 가치가 있는 제품인지만 따져보면 된다.

회사를 평가하는 데 고려해야 할 제품에 대한 다른 변수들을 살펴보자.

제품이 독특하고 독점적인가?

당신의 회사에서만 독점적으로 판매할 수 있어서 고객이 당신을 통해서만 그 물건을 살 수 있는 제품이라면 가장 이상적이다. 당신이 판매하는 제품을 소매점이나 온라인을 통해 구할 수 있다면 가격이 훨씬 더 저렴하지 않으면 판매하기 힘들 것이다.

제품이 소비재인가?

이 문제에 관해서는 내가 편향적이긴 하지만, 나는 비타민, 스킨케어, 개인 위생 용품, 청소용품 같은 소비재가 정수기, 공기청정기, 보석 같은 비소모성 제품보다 장기적으로 더 유리하다고 생각한다. 우리 사업 쪽은 영양제, 가정용품, 개인 위생 용품 회사들이 많은데 그럴 만한 이유가 있다. 장사가 되기 때문이다.

샴푸, 세탁용 세제 또는 비타민 같은 제품들은 사람들이 지속적으로 사용하고 주문을 자주 한다. 즉 판매량이 늘어나고 유지 수수료도 많아진다.

월간 판매액을 얼마나 올릴 수 있는 제품인가?

이것은 중요한 질문이다. 당신이 만들어 내는 판매액 중 많은 부분은 네트워크 사업자들이 소비할 것이기 때문이다. 물론 나머지는 그들의 고객들이 매월 사용할 것이다. 월 평균 판매액이 많을수록 당신의 잠재 수익은 커진다. 당신이 40달러짜리 에너지 드링크 한 제품만 판매하는 회사의 일을 하고 있고 한 달에 평균 한 명이 한 병을 사용한다고 가정해 보자. 당신의 조직에 100명의 사업자와 소비자가 있다면 당신은 판매액 4천 달러에 대한 수수료를 받는다.

이번에는 에너지 드링크, 식사 대용 에너지바, 멀티 비타민, 항산화제, 식이섬유 알약을 판매하는 회사에서 일을 한다고 가정해 보자. 한 가정에 팔 수 있는 월평균 판매액은 100달러. 똑같은 100명의 사업자와 소비자가 있다면 매출액 1만 달러에 대한 오버라이드 수수료를 받는 것이다.

다른 모든 조건이 그대로라면 다양한 제품을 생산하는 회사에서 돈을 더 많이 번다. 물론 소매 판매이익 또한 더 많이 받을 수 있다.

한 가지 제품만 생산하는 회사에서는 돈을 벌 수 없다는 뜻이 아니다. 제품 판매로 얻을 수 있는 월간 수익이 많아질수록 혹은 한 달 동안 구매하는 양이 더 많을수록 더 많은 매출을 올리고 더 많은 수익을 낼 수 있다.

핵심은 월평균 제품 소비량이 많아질수록 잠재이익도 커진다는 사실이다.

이처럼 회사를 선택할 때 가장 중요하게 고려해야 할 부분은 제품이다. 장기적인 조직 성장은 제품 수요에 따라 결정된다. 보상 플랜이나 회사 지도부, 그리고 다른 요인들은 그 다음 문제다.

제품은 중요하지 않다고 말하는 기회주의자들이나 트레이너도 있다.

그들은 보상 플랜이 성장을 이끌어낸다고 주장한다. 초창기에는 사실일 수도 있지만 (초반에 대대적인 과대 선전을 총동원하면 가능하다) 제품이 소비자에게 충분한 가치를 제공하지 못한다면 장기적 사업을 지속할 수는 없다. 이것은 내 개인적 경험을 통해 얻은 교훈이다.

15년 전 나는 이 사업을 시작하면서 돈을 약간 벌기 시작했다. 그때 네트워크 마케팅에 관한 책의 저자가 주최하는 세미나에 참석했다. 그 저자와 직접 대화를 나누었는데 그는 제품은 정말 상관이 없다며 성장을 이끄는 것은 보상 플랜이라고 말했다. 사업자들이 제품을 매달 사서 그것들을 모두 강물에 던져 버려도 상관없다고 했다. 사업자들이 모두 매달 최소한의 양을 구입하기만 하면 그들 모두 돈을 번다는 얘기였다.

나는 어렸고 귀가 얇았고 그가 전문가라고 생각했기 때문에 그의 조언을 가슴에 새겼다.

그 당시 나는 매월 제품을 구매하는 대신 상품권을 살 수 있는 프로그램의 일을 하고 있었다. 자격을 갖추기 위해 필요한 월간 매출액은 100달러였기 때문에 매달 그 정도 액수의 상품권을 구입했다.

그때는 내가 아직 담배를 피웠고 공공 장소에서 담배를 피워도 총에 맞거나 체포되지 않던 시절이었다. 그래서 매달 있는 사업 설명회에서 참석자들이 보는 앞에서 상품권을 태워 담배에 불을 붙였다. 정말 배우 뺨치는 연기였다!

나는 상품권 구입에 100달러를 지불했고 그 달에 얼마의 수수료를 (당시에 약 1만 달러였다) 받았는지 자랑했다. 그리고 내가 100달러 상당의 상품권을 사기만 하면, 상품권을 태우든 물건을 사서 버리든,

나는 틀림없이 수수료를 받는다고 큰소리쳤다. 그것은 논쟁의 여지가 없는 완벽한 논리라고 생각했고 실제로 그랬다.

두 가지 사소한 문제만 제외하면 말이다.

첫째, 그것은 불법이었다. 앞에서 설명했듯이 수수료를 받을 수 있는 자격을 획득하기 위해 구매를 하는 거래는 모두 불법 피라미드다. 전 세계 대부분의 나라에서 이는 불법이다.

둘째, 그런 논리는 제품의 가치를 완전히 깎아 내린다는 사실이다. 사람들은 제품을 수수료를 받는 수단으로 여기고 절대 사용하지 않는다. 제품에 대한 애정은 사라지고 정서적 유대감을 잃는다. 그리고 이것은 장기적인 성공에 위태로운 영향을 미친다.

사람들이 성장하고 그 다음 단계의 좋은 조건의 거래로 건너뛸 수 있도록 동기를 부여하는 것은 자기 회사의 제품에 대한 정서적 유대감이다.

하지만 그 당시의 나는 이런 사실을 몰랐다. 그래서 상품권을 태웠고 인센티브 수입에 대해 열렬히 알렸다. 물론 나를 따르던 리더들은 나를 복제했다. 빌어먹을, 담배를 피우지 않던 사람들조차 사업 설명회에서 상품권을 태우기 위해 담배를 피우기 시작했다!

다섯, 혹은 여섯 단계 아래까지는 모든 게 잘 굴러갔다. 이들은 모두 매달 자신이 지출한 100달러 이상의 돈을 벌었기 때문이다. 문제는 아직 수익을 볼 수 없는 단계에 있었던 더 아래 단계의 사람들이었다. 말일이 지나갔지만 이들은 주문을 하지 않았다. 수수료가 나오자, 깜짝 놀란 스폰서는 그들에게 전화를 해서 왜 주문을 하지 않았느냐고 물었다. "내 아래 단계에 아무도 없으니까요."라는 대답이 돌아왔다.

물론 다음 달에는 아래 단계 사람들이 주문하지 않아 자기 밑으로 판매량이 없기 때문에 그 스폰서들도 주문을 하지 않았을 것이다. 소모는 밑에서부터 시작해 위로 한 단계씩 올라갈수록 커진다. 1년 이상 땀 흘려 구축한 그 조직은 몇 달 이내에 자멸할 것 같았다. 출혈을 막기 위해 정신없이 뛰어다녀야 했다. 나는 다시 스스로 제품을 사용했고 제품의 가치를 보여주는 워크숍과 다른 활동들을 해나갔다. 제품은 중요하다. 그리고 회사를 위한 강력한 기폭제다.

흥미로운 여담

내게 영향을 미쳤던 그 다단계 '전문가'는, 실은 다른 사항들은 고려하지 않는, 또 다른 기회주의자였음을 알게 됐다. 그는 자신의 책과 세미나를 이용해 다른 조직들로부터 사람들을 데려온 것이다. 사실 그는 동시에 20개 혹은 30개 회사의 일을 하고 있었다. 자신의 사람들을 새 회사에 등록시켜 몇 달 사이에 자신을 보상 플랜의 꼭대기에 올려 놓았다.

그의 새 회사에 등록한 사업자들은 그가 어떻게 그렇게 빨리 성장할 수 있었는지 궁금해했다. 그래서 비결을 배우려고 그의 책과 테이프를 사고 그의 세미나에 참가했다. 그런 자료들에 있는 방법들을 그대로 따라 했지만 효과가 없었다. 그것들은 이론에 불과했다.

전문가 자신은 막상 그룹을 만들기 위해 실제 그런 방법들을 사용하지 않았다. 그는 다른 조직들의 사람들을 데려와서 자기 그룹을 구축했을 뿐이다.

새 회사에 등록한 사람들이 그의 방법이 효과가 없다는 것을 알아챘을 때쯤, 그 전문가는 다음 회사로 옮겨갈 만반의 준비를 끝냈다. 그는 자신의 방법이 효과가 없었던 이유는 그 회사에 결함이 있었기 때문이라고 설명했다. 하지만 다행히도, 그리고 좋은 소식은 더 좋은 새로운 회사를 찾았다는 사실이라고 했다.

그래서 그는 다른 회사로 옮겨가면서 이전 회사에서 자신의 아래에 있던 사람들을 데리고 갔다. 새 회사에 꽤 큰 규모의 자신의 그룹을 합류시킴으로써 자신은 다시 한 번 보상 플랜의 꼭대기로 단번에 올라갔고 똑같은 과정을 다시 반복했다.

믿거나 말거나, 그가 이 같은 과정을 되풀이하는 20년 넘는 세월 동안 수많은 신설 회사가 나타났다 문을 닫고 사라졌다. 그는 의심할 줄 모르는 순진한 사람들에게 훈련 자료와 세미나 티켓을 팔아 수백만 달러를 챙겼다.

여기서 몇 가지 교훈을 얻을 수 있다. 우선 상식적으로 이해할 수 있는 회사를 찾아야 한다는 것이다. 자신의 윤리 기준과 판단할 수 있는 사고력을 다른 누구에게도 맡기지 말라. 이해가 되지 않거나 비윤리적으로 보이는 부분이 있다면 그냥 지나쳐라. 공짜 치즈는 쥐덫에만 있는 법이다.

그렇다고 해서 외부의 전문가에게 배울 것이 아무것도 없다는 뜻은 아니다. 외부의 전문가에게 배운 것은 반드시 자기의 스폰서 업라인과 논의해야 한다는 뜻이다. 스폰서 업라인은 당신이 성공했을 때 얻을 수 있는 이권을 갖고 있기 때문에 당신의 성공에 지대한 관심을 가지고 있다.

자, 이제 제품에 대한 문제는 모두 해결한 셈이다. 이제 자신에게 맞는 회사를 선택할 때 중요한 다른 요인들은 무엇일까?

바로 스폰서 업라인과 함께 시작하는 것이다. 다른 비즈니스의 파트너를 선택하는 것처럼 그들을 선택하라.

그들은 당신의 코치가 되고 지지대가 되어줄 것이고, 향후 2년에서 4년 동안 그들과 함께 많은 시간을 보낼 것이다. 그리고 이후 30년 혹은 40년 동안, 그들과 함께 크루즈 여행을 하거나 전세계 휴양지에서 휴가를 보내게 될 것이다.

도덕적인 사람들은 자신에게 처음 제품을 판 사람이나 그 회사 이름을 처음 언급한 사람 밑으로 어쩔 수 없이 등록해야 한다는 믿음이 강하다. 하지만 이것은 마치 처음 보는 빈 건물에, 그곳이 시골 외딴 곳이어도, 가맹점을 열어야 한다는 의무감을 가지는 것과 같다. 이것은 꼼꼼하게 알아보고 현명하게 결정해야 하는 매우 중요한 사업이다.

스폰서는 당신이 좋아하고 믿을 만하고 함께 일하기 즐거운 사람이어야 한다. 갑부나 업계의 '거물'을 스폰서로 두어야 한다는 생각은 금물이다. 사람의 자질이 훨씬 더 중요하다. 사실 급속한 성장을 위해 가장 좋은 스폰서는 아직 월 300달러를 벌지 못하는 사람이다!

성장해 나가는 조직(사람들은 이런 조직에 속하길 바란다)이 한 달 만에 4단계 혹은 5단계 아래까지 구축하는 것은 드문 일이 아니기 때문이다. 새로운 사람들은 경험이 없고 큰돈을 벌지는 못하지만, 조직을 구축하는 데 반드시 필요한 추진력과 비전, 열정을 가지고 있다.

그러나 일반적으로 사람들은 조직에서 어느 정도 경험을 갖춘 윗사람을 좋아한다. 자신이 하고자 하는 분야에서 이미 성공적으로 무언가를 이룬 사람을 원한다.

캘리포니아에서 비행기를 타고 하와이로 가려고 할 때 실제 비행기를 조종한 경험이 있는 조종사의 비행기를 타고 싶어 하지, 컴퓨터 시뮬레이션으로만 조종해 본 조종사의 비행기를 타고 싶지 않은 것과 같다.

그래서 단계적인 시스템이 잘 갖추어진 스폰서 업라인을 찾아야 한다. 그 시스템에는 리크루팅 과정, 제품에 대한 훈련, 이제 막 시작한 신입에 대한 훈련, 생생한 행사, 전화 회담, 또는 훈련 인터넷 생방송 등이 포함되어 있다.

이런 정보는 조직의 모든 사람에게 자세히 설명해주고 접하게 해주어야 한다. 리크루팅과 스폰서링 과정에서 단계마다 어떤 활동을 해야하고 어떤 자료를 활용해야 하는지 충분히 설명해 주는 시스템이어야 한다.

이것은 두 가지 이유 때문에 당신에게 중요하다

첫째, 그룹을 구축하는 데 소요되는 시간을 획기적으로 단축시켜준다. 무엇을 할지 윤곽을 보여주는 시스템을 가짐으로써, 다음에는 뭘 해야 할지 고민하느라 혹은 효과 없는 전략을 시도하느라 귀한 시간을 낭비하지 않아도 된다. 시스템에는 그 효과를 스스로 입증해왔고 오랜 세월 동안 시험을 이겨낸 방법과 기술들이 포함되어 있다.

시스템이 그토록 중요한 두 번째 이유는, 당신이 이 사업으로 인도한 사람들이 당신의 성공을 복제할 수 있도록 보장하기 때문이다. 그 사람들의 교육 수준이나 사업 경험은 중요하지 않다. 당신이 그랬듯이, 그리고 당신의 스폰서 업라인이 그랬듯이 그저 시스템을 정확히 따라가기만 하면 된다.

당신이 찾는 회사에 시스템이 있는데, 당신의 스폰서 업라인이 될 사람들이 그것을 따르지 않는다면 당신의 그룹은 엇갈리는 메시지를 받을 것이고 성장하기 힘들어질 것이다.

회사가 제대로 된 시스템을 갖고 있지 않지만(대부분 회사가 그러하다.) 스폰서 업라인이 시스템을 가지고 있다면 순조롭게 성공할 수 있을 것이다. 가장 완벽한 것은 회사와 스폰서 업라인이 동시에 복제할 수 있는 시스템을 갖고 있는 경우다.

이런 요인들을 모두 고려한 뒤에 그 회사의 특징을 살펴보면 된다. 사회적인 통념에 따르면 설립한 지 최소한 5년 이상 되었고, 부채가 없는, 경험 많은 회사를 찾으라고 할 것이다. 여기에 대해 한 번 살펴보자.

신생 네트워크 마케팅 회사들은 대부분 2년 내에 폐업하는 것이 현실이다. 새로 문을 여는 레스토랑, 세탁소, 발레 파킹 회사들 대부분이 2년 내에 폐업하는 것 또한 현실이다. 이것은 기업 시스템에서 볼 수 있는 자연스러운 현상이다. 신생 기업의 90%는 망한다. 네트워크 마케팅은 더 낫지도 더 못하지도 않다. 그렇다고 해서 신생 회사는 피해야 한다는 뜻일까? 그럴 수도 있다.

신생 기업이 폐업할 확률은 잘 정착한 10년 된 기업이 폐업할 확률보다 훨씬 높다. 그러나 신생 기업에는 또 신생 기업만의 특정한 매력이 있다. 처음부터 사업에 가담할 수 있는 기회가 사람들을 유혹한다. 창업자 클럽이나 그와 비슷한 프로그램이 있는 신설 회사에서 일찍 그 프로그램에 참여해 자격 요건을 충족하면, 나중에 참여한 사람들은 들어가기 힘든 매우 유리한 보너스 그룹에 들어갈 수 있다.

생긴 지 얼마 되지 않은 아직 잘 알려지지 않은 회사는 무진장한 성장 잠재력을 가지고 있다. 위험 가능성은 높지만 더 큰 보상을 받을 수 있는 기회도 따른다.

반면 누구나 아는 이름의 회사와 일하게 되면 어느 정도의 신뢰도는 갖고 시작할 수 있고 의심의 눈초리를 받을 일도 줄어든다.

나는 어느 정도 안정된 회사들과 일해 왔고 적절한 성공에 만족했다. 두 개의 신생 회사와 출범 때부터 함께 일했었는데 결코 쉽지만은 않다는 것을 배웠다. 하지만 이제 막 출범하려는 회사와 함께 시작해서 본격적인 회사로 성장하면서 수백만 달러의 돈을 벌기도 했다. 그 회사에서 나는 나의 수익을 유산으로 물려줄 수 있는 위치까지 올라갈 수 있었다. 따라서 신생 회사를 선택할지 안정적인 회사를 선택할지는 개인의 특성에 따라 달라지는 개인 맞춤 옵션이다.

어느 정도의 위험에 대해 부정적이지 않은 사람이라면 신생 회사와 일할 수 있는 기회에 도전해 최고의 자리까지 올라감으로써 큰 성공을 거두는 것도 나쁘지 않다. 보수적이고 안전을 더 중시하는 사람이라면 안정적인 회사와 함께하는 것이 좋다. 위험률은 낮고 더욱 안정적인 성장을 경험할 수 있을 것이다. 자신의 성격에 가장 잘 맞는 상황을 선택하라.

이제 회사의 부채 문제를 살펴보자.

사실, 신용도가 너무 낮아서 신용 거래를 할 수 없는 신생 기업들이나 너무 성장이 더디기 때문에 빚을 낼 필요가 없는 회사들만이 부채가 없다고 스스로 자랑한다. 부채가 있으면서 없다고 거짓말하는 회사들도 있다.

급속하게 확장하는 회사들은 어쩔 수 없이 현금 유동성 문제에 부딪히고 지속적인 성장을 위해 신용 거래가 필요하게 마련이다. 이것은 네트워크 마케팅 업계뿐 아니라 다른 어떤 사업도 마찬가지다. 사실 이 산업에서 종종 볼 수 있는 급격한 성장 때문에, 전통적인 회사들보다 네트워크 마케팅에 신용 거래가 더 필요하다고 변론할 수 있다.

1990년대 초반에 나는 2만5천 명이 넘는 사업자 및 소비자들과 함께할 프로그램을 만들고 있었다. 두 달 후 4만 명의 신규 회원을 한 달 만에 모집했다. 또 얼마 지나지 않아 6만 명을 한 달 만에 모집했다.

이처럼 기하급수적인 성장을 하는 동안 모회사가 감당해야 할 수요는 상상을 초월한다. 신속하게 전화 라인을 확장하고, 직원들을 찾아서 고용하고, 수요에 맞춰 사무실 공간을 찾고 임차하는 것은 굉장히 힘든 일이다.

제품을 생산하는 과정에서 이런 수요를 따라가기 위해 무엇이 필요한지 생각해 보자. 공장은 두 달 만에 뚝딱 지을 수 없다. 계획을 세우고 부지를 찾고 허가를 받아야 한다. 현실적으로 공장을 세우려면 필요한 시점으로부터 3년 혹은 5년 전부터 계획을 세워야 한다. 생산 라인의 폭에 따라 기계 값은 수천 만 달러까지 들 수 있다.

한 달에 100여 명 이상의 직원을 충원해야 한다고 생각해 보라. 전화, 사무실 공간, 책상, 컴퓨터, 훈련 등에 필요한 돈이 얼마나 될지, 2~3년만 쓰고 마는 게 아닌 공장에 수천 만 달러를 투자해야 한다고 상상해 보라. 이런 성장을 재정적으로 뒷받침할 수 있는 현금 유동성을 가진 회사는 백만에 하나 있을까 말까이다. 한편 부채가 너무 많으면 회사 자산이 묶여 있어 예상치 못한 위기가 닥쳤을 때 대처하기 힘들다고 주장할 수도 있다.

나는 부채를 싫어한다. 너무 오랜 세월 동안 빚 때문에 고생했다. 나는 요즘 사람들에게 웬만하면 현금으로 지불하라고 권유한다. 차를 구입할 때도 그렇고 담보 대출금을 갚아나갈 때도 마찬가지다. 그럼에도 불구하고 신용 거래를 유지하고 신용 카드를 사용하는 것은 상식적인 경제 활동이다. 대출을 하지는 않더라도 그 정도의 신용 한도는 만들어 두는 것이 타당하다. 회사도 마찬가지다.

급격한 성장을 하는 네트워크 마케팅 회사가 처한 딜레마에 대해 상상해 보자. 부채가 전혀 없는 상태를 유지하는 것은 절대 좋은 생각이 아니다. 나는 회사가 너무 급격히 성장하는 바람에 스스로 폐업에 이르게 되는 경우를 여러 번 봤다. 아무리 빨리 성장해도 들어오는 수입만으로는 물리적인 공장 증설과 영업 확장에 필요한 자금을 대기에 충분하지 않다.

회사가 적절하게 자본화할 필요가 없다는 뜻이 아니다. 성공적인 네트워크 마케팅 회사가 지하실에서 혹은 주방의 식탁에서 출발하는 시대는 지났다고 생각한다. 오늘날에는 인터넷이 전 세계를 시장으로 만들기 때문에 회사를 시작하려면 창업 자금이 최소한 1,500만 달러는 필요하다.

이 정도 창업 자금을 가지고 시작해도 회사가 임계 질량을 지나 기하급수적인 성장에 들어서면 생산, 인력, 생산 설비, 사무실 수요를 맞추기 위해 신용 거래를 하거나 더 많은 돈을 끌어들여야 한다.

금융 기관에 어느 정도 부채와 신용도가 있다는 것은 좋은 징후다.

결국 부채가 없는 회사를 찾는 것은 중요하지 않다. 내가 생각하기에 회사에 대해 고려해야 하는, 중요한 점은 다음과 같다.

경영진의 깊이

간부진이 5명으로 구성된 회사라면 사업자들에게 의미 있는 형태의 지원을 해주기가 매우 어려울 것이다. 믿을 만한 회사라면 대표와 최고 경영자(CEO, 대표와 같은 사람일 수도 있다), 최고 재무 책임자, 최고 운영 책임자, 물류센터 관리자, 데이터 처리 책임자, 고객 서비스 관리자, 마케팅 담당 임원 또는 관리자가 있어야 한다.

이 자리들은 새로운 신생 기업일지라도 보조하는 사람이나 아래 직원들을 필요로 한다. 회사를 처음 설립했을 때는 이들이 할 일이 그리 많지 않을 수도 있다. 하지만 비즈니스에서 가장 중요한 것은 필요성을 느끼기 전에 미리 필요한 인적 자원을 확보하는 것이다.

나는 특히 회사에 어떤 마케팅 담당 직원들이 있는지를 눈여겨 본다. 마케팅 담당 임원이나 국내 마케팅 관리자가 있는가? 행사마다 다니며 훈련을 담당하는 트레이너가 있는가? 이런 사람들을 도와 주는 지원 담당 직원들이 있는가? 고객 서비스 부서는 어떤가?

또한 회사의 경영진 중에 네트워크 마케팅에서 성공한 경험이 있는 사람이 있는지도 중요하다. 네트워크 마케팅은 전통적인 사업과는 전혀 다르다. 직접 판매의 경우도 마찬가지다. 경영진이 네트워크 마케팅의 독특한 특성을 이해하지 못한다면 회사를 이끌어나가기 힘들다.

네트워크 마케팅 회사들을 대상으로 컨설팅을 해보면 이것이 그들이 직면한 가장 큰 문제다. 네트워크 마케팅 회사가 아닌 다른 회사에서 영입한 경영팀의 경우, 판매 기술을 강요하려고 하는 경우가 많다.

보상 플랜

이 책의 이전 판본들에서 나는 여러 종류의 보상 플랜을 정리하고 각각의 장점과 단점을 살펴보았다. 이번 개정판에서는 그런 정보를 모두 빼버렸다.

그 이유는 첫째, 보통의 사업자나 프로스펙트가 이해하기에는 정보가 너무 복잡하다. 둘째, 네 가지 기본 플랜이 혼합된 플랜들이 너무나도 많은데 이런 것들을 일일이 따지는 것은 사업자의 성공과 별 관련이 없다. 그보다는 자신이 검토하는 플랜이 가져오는 결과에 집중하는 편이 낫다.

사람들은 보상 플랜이 다음과 같은 것들을 해주기를 원한다.

- 새로운 사업자가 빨리 창업 자금을 벌 수 있게 해준다.
- 사람들이 경험을 쌓고 자신의 능력을 개발하는 동안 받쳐줄 과도기적 소득을 제공한다.
- 소극적 소득(돈을 벌기 위해 일하지 않아도 돈이 나를 위해 일해서 만들어 주는 소득, 금융소득이나 수익 부동산이 해당된다 - 역주)을 창출할 수 있는 기반(platform)을 제공한다.
- 대회, 여행, 보너스 자동차와 같은 흥미로운 혜택들을 제공한다.

- 최고 수익을 올리는 사람들이 이탈하지 않도록 보상한다.
- 가장 중요한 것은 적절한 행동을 실행하도록 보상하는 것이다.

위와 같이 하는 이유는 다음과 같다.

오늘날 사람들은 빈털터리다. 가계의 저축 예금은 사상 최저인 반면 부채는 사상 최고치를 기록하고 있다. 그리고 사람들은 초조하다! 가만히 있으면서 월 15달러 버는 것에 만족하던 시대는 지났다. 대부분 사람은 신용 카드로 창업 투자를 하고 단기간 내에 투자한 만큼 벌어들이려고 한다.

같은 이유 때문에 과도기적 소득이 필요하다. 큰 액수일 필요는 없다. 한 달에 300달러든, 500달러든 어느 정도 소득이 있으면 마케팅 자료들을 구입하고 행사에 참여하고 제품을 구입하는 등 사업에 투자할 수 있게 된다. 이렇게 해야 높은 소득과 혜택을 누릴 수 있는 단계에 이르기 위해 필요한 기술들을 배우고 익힐 때까지 사람들이 이탈하지 않고 계속 머무른다.

셋째 이유는 나의 개인적인 성향 때문이다. 나는 항상 보상 플랜 안에 제대로 된 소극적 소득을 제공하는 구성 요소가 있는지 살핀다. 나는 매월 같은 일을 반복하고 또 반복해야 하는 것을 원치 않는다.

그래서 더 이상 피자헛에서 일하지 않는다. 나는 일을 한 번에 제대로 하고 매월 보수를 받기를 원한다. 세상에는 나와 같은 생각을 하는 사람들이 많이 있다.

혜택들을 제공하는 이유는 평균적인 사업자가 리크루팅을 훨씬 수월하게 하도록 도와주기 때문이다. 하지만 사업자들은 이것을 잘 깨닫지 못한다.

　사람들에게 현금 3천 달러와 하와이 무료 여행 중 선택하라고 한다면 대부분 현금을 선택할 것이다. 그리고 그 돈을 받아 자신에게 청구된 것들을 해결하고 나면 48시간 안에 그 돈은 다 사라지고 없을 것이다. 하지만 이국적인 곳에 여행을 가면 그곳에서 사진을 찍고, 비디오 촬영을 하고, 몇 년 동안 그 여행을 다시 추억할 것이다. 이것은 회사와 단단히 결합된 평생의 경험을 만들어 낸다.

　기업들을 대상으로 보상 플랜을 짜는 컨설팅을 할 때 나는 이런 종류의 혜택을 항상 포함한다. 리크루팅과 유지율 향상, 사업자 만족에 기여하는 효과가 크기 때문이다.

　그리고 사업자가 크루즈나 무료 여행 혜택을 얻게 되면 그를 아는 모든 사람이 그 소식을 듣는다. 새 자동차를 타고 집으로 돌아가는데 공짜로 그 자동차를 얻게 됐다는 사실을 이웃들이 알게 되면, 그들은 어떻게 얻었는지 알고 싶어 안달할 것이다. 따라서 보상 플랜에 이런 혜택을 포함하는 것은 회사가 할 수 있는 최고의 투자 중 하나다.

　우리는 이런 보상 플랜에 대해 두 가지 문제를 반드시 다루어야 한다. 다양한 단계의 사람들에게 지급하는 것과, 적절한 행동을 취했을 때 보상하는 것이다. 이 두 가지 문제의 균형을 유지하는 것이 핵심이다. 이 두 가지 문제는 서로 밀접하게 관련되어 있다.

　첫째, 우리는 사람들이 제대로 일을 했을 때 인센티브를 주는 플랜을 원한다. 따라서 한쪽으로 편향되어서는 안 된다. 최초의 주문량에 대해 지급하는 수수료가 사업자 수입의 전체가 된다면 한쪽으로 편향된 경우다. 사업자는 항상 판매를 하기 위해 노력해야 한다. 그리고 리더가 조직의 하위 단계를 위해 심도 있게 일할 때 보상을 해주는 플랜을 갖는 것이 중요하다. 그렇게 해야 새로운 사업자들이 숙련된 리더들로부터 필요한 지원을 받을 수 있다.

상위 단계와 하위 단계 사람들에게 지급할 때 적절한 균형을 제공하는 것이 중요하다. 너무 최고 단계에만 치중해 있는 플랜들도 있다.

제품은 한두 가지뿐이면서 높은 수준의 판매 요구액(예를 들어 월 판매액 1만 달러 혹은 1만5천 달러)을 가지고 있는 회사들이 있는데, 이런 매출을 올리기 위해서는 사업자가 분리 독립한(브레이크 어웨이) 그룹의 책임자에게 받는 오버라이드 수수료를 계속 유지해야 한다. 실제 평균적인 개인 판매액이 적기 때문에 사업자들의 99퍼센트는 이런 자격 요건을 계속 유지할 수 없다.

바이너리 플랜에서는 대부분 수수료가 '활동하는 레그'(실적을 내는 라인)에 의해 발생한다는 사실에서 입증되듯이 새로 가입한 사람들은 거의 돈을 벌지 못한다.

상위 레벨에 보상이 집중된 플랜은 대부분 오버라이드 수수료가 포스터에나 나오는 유명한 소수의 사람에게 집중되어 있거나 '미실현 수당'이 되어 회사로 귀속된다.

이런 플랜은 최고 상위에 있는 유명한 사람들에게 월간 수십 만 달러의 고소득을 제공한다. 하지만 이런 고소득자들에게 수입이 집중되는 동안, 수만 명의 사업자는 자기 가족을 영화관에 데려갈 만큼의 급여도 벌지 못한다. 상위 레벨에 있는 사업자들은 처음에는 성장을 촉진하기 위해 엄청난 액수의 수수료 수입이 찍힌 통장을 흔들며 홍보를 하지만, 결국 대부분의 사업자는 자신이 큰돈을 벌지 못할 것이라는 사실을 알게 되면 조직을 떠난다. 이들의 머리 속에는 부정적인 생각이 새겨진 채 떠나게 되고, 네트워크 마케팅은 성공할 수 없는 사업이라고 믿게 된다.

한편 하위 레벨에 보상이 집중된 플랜 또한 장기적으로 볼 때 효과가 없다. 이것은 사실상 누구나 참가하기만 하면 최소한의 노력을 들여 최고의 이익을 올릴 수 있다는 주장이다. 신규 가입자에게 보상을 크게 하는 것인데 이렇게 함으로써 다른 회사들의 사업자들이 새로운 회사로 갈아 탈 것을 기대하는 플랜이다.

이런 플랜은 처음에는 사람들의 흥미를 끌지만 장기적으로 상위 단계의 리더들은 자기 단계에서 받을 만한 수익을 얻지 못하고 벌어들이는 돈이 한정적인 수준에 머문다. 하위 단계의 사람들에게 초과 지급을 하면 그 돈은 상위 단계 사람들의 주머니에서 나온다. 그러면 상위 단계 사람들은 다른 플랜들을 살펴보고, 같은 판매액과 같은 조직을 가지고 다른 회사에서는 훨씬 더 많은 돈을 벌 수 있다는 사실을 깨닫는다. 지도부는 빠져 나가고 결국 회사는 성공과는 거리가 멀어진다.

보상 플랜의 균형을 제대로 맞추는 것은 과학이다. 사람들은 시작하는 사업자가 최대한 빨리 이익을 거둘 수 있기를 바라지만 동시에 리더들이 큰 수익을 구축하고 유지할 수 있는 플랜을 바란다. 폭에 비례하여 깊이도 있는 보상을 원하는 것이다.

적절하게 만들어진 보상 플랜은 성장을 촉진하는 필요 구성 요소를 포함하면서 사람들이 실제로 일하는 만큼 지불할 수 있다.

마지막으로 한 가지 더 덧붙이자면…

나는 사람들이 싫증 낼까 봐 걱정이 된다. 사람들은 최소한 월 3만 달러 혹은 4만 달러를 벌지 못하면 거의 실패한 것으로 간주한다.

하지만 오늘날 파산하는 사람들의 80% 또는 90%는 단돈 300달러나 400달러의 월 수입만 있어도 파산을 피할 수 있다는 것 또한 사실이다.

나는 러시아, 우크라이나, 싱가포르, 나이지리아 그 외의 여러 나라에서 활동하는, 월 500달러나 1,000달러의 수입만으로도 생활 수준에 굉장한 차이를 느끼는 수만 명의 사업자를 알고 있다. 그리고 내가 이 글을 쓰고 있는 현재, 세계적으로 진행되고 있는 경제 불황 속에서 미국이나 영국, 다른 선진국에 사는 사람들에게도 이런 소박한 보너스는 큰 도움이 된다.

오늘날의 경제적 어려움 속에서 네트워크 마케팅은 수많은 사람에게 재정 보증의 생명선을 제공한다. 대부분의 회사는 매출액의 35~50% 정도를 보상 플랜에 지출한다. 즉 매년 최소한 400억 달러의 수수료가 전 세계의 사업자들에게 지불되고 있다는 뜻이다.

이 사업에 종사하는 사람들 중 대다수가 월 5만 달러를 벌지는 못한다. 그 이유는 그들이 자기 개발을 하지 않고 고소득에 필요한 일을 기꺼이 하지 않기 때문이다. 하지만 플랜이 그들이 일하는 만큼 보상한다면 정당하다.

300~400달러의 보너스로 식료품을 사고, 학비를 내고, 약값을 치르고, 자선단체에 기부하고, 자동차 할부금을 내고, 담보대출을 유지한다. 이런 사실을 잊지 말자.

이제 회사를 선택할 때 고려해야 할, 다른 사항들을 살펴보자.

지원 구조

어떤 종류의 지원 구조가 준비되어 있는가? 당신이 고려하고 있는 회사는 월간 소식지를 발간하는가? 소식지는 높은 수준의 성취를 이룬 사람들, 제품에 대한 특집 기사, 비즈니스 구축 정보 등을 다루고 있는가? 아니면 규제 기관이 결국 회사를 폐업시키는 데 빌미를 주는 기적의 치료약 경험담들만 모아 놓았는가?

회사에서 연차 총회, 리더십 훈련 프로그램, 모임들을 주관하는가? 정기적인 화상 회의나 인터넷 생방송을 주관하는가? 자료들은 전문적으로 준비되어 있고 마케팅 관점에서 이익 중심의 효과적인 자료들인가? 포괄적인 웹사이트를 운영하고 있으며 거기서 분파된 개인의 사이트를 운영할 수 있는 규정이 있는가?

대부분의 회사는 이 부분이 취약하다. 여기서 대부분의 회사란 신생회사들만 의미하는 것이 아니다. 취약한 지원 구조를 가지고 있는 회사의 경우 두 가지 문제가 발생하는데 이 문제들은 계속해서 반복된다.

첫 번째 문제

대부분의 회사에서 지원하는 자료들은 전적으로 제품에 대한 것만 다루고 있다. 사업 기회에 대한 것은 전혀 언급하지 않거나 나중에 덧붙여서 언급할 뿐이다. 대부분 네트워크 마케팅 회사의 관리자들이 이 사업의 진정한 특성을 이해하지 못하기 때문에 이런 문제는 어디서나 볼 수 있다. 그들은 복제라는 개념을 이해하지 못하고(아직까지 이런 사실을 인정하는 사람을 만나지는 못했지만) 그저 판매업이라고 생각한다.

그 결과, 그들은 계속해서 예쁘게 꾸민 제품 안내 책자, 비디오 테이프, 오디오테이프를 만들고 '이 제품들은 스스로 광고를 한다'는 따위의 진부한 문구를 사용하라고 사업자들에게 권고한다. 어떻게 사업이 굴러갈지, 어떻게 돈을 벌지, 어떤 사업인지에 대해 프로스펙트에게 할 얘기가 없다. 누군가 당신에게 자신들의 제품은 스스로 광고를 한다고 말하면 이렇게 대답하라. "그렇다면 그 회사에 나 같은 사람은 필요 없겠네요!"

두 번째 문제

마케팅 자료의 모든 것이 혜택 중심이 아니라 특징 중심이다. 차이는 다음과 같다.

회사, 제품들 또는 보상 플랜에 대해 이야기하는 것은 무엇이든 특징이다. 프로스펙트에 대해 이야기하는 것은 무엇이든 혜택이다. 프로스펙트들은 혜택에 따라 행동의 동기가 부여된다. 하지만 흥미롭게도 내가 보는 마케팅 자료들의 90% 안에는 아무리 샅샅이 뒤져 보아도 혜택을 찾아 볼 수가 없다.

당신이 고려하고 있는 회사의 자료들을 살펴보라. 가장 처음 보는 것이 회사 로고인가? 혹은 창업자의 사진인가? 생산 설비의 지붕에 있는 공조기 사진인가? 자기들이 얼마나 대단한 회사인지, 얼마나 오래됐는지, 경영진이 어떤 학교를 나왔는지, 제품의 원료를 구하기 위해 어디까지 갔다 왔는지 등의 무의미한 허튼소리로 채워져 있는가? 이런 것들은 모두 특징이고 프로스펙트들에게는 아무 의미가 없다.

나는 리크루팅 비디오를 만드는 데 2만 5천 달러나 들인 한 회사를 알고 있다. 캡슐을 만드는 기계, 캡슐을 병에 담는 기계, 병의 뚜껑을 덮는 기계, 병을 상자에 담는 기계들을 찍은 비디오다. 프로스펙트가 가장 관심 없어 하는 것이 바로 그런 바보짓이다.

프로스펙트에 대한 것을 만들어라

효과적인 마케팅 자료를 만들려면 프로스펙트에 대한 내용으로 만들어야 한다. 즉 특징 중심이 아닌 혜택 중심의 자료를 만들라는 뜻이다.

안내 책자에 '우리는 설립한 지 11년 된 회사다' 라고 적혀 있는 것은 특징이다. '우리는 설립된 지 11년 된 회사로서 당신의 미래를 보장한다'라고 적혀 있으면 혜택에 관한 것이다.

마케팅 자료에서 '우리에게는 자동차 기금이 있다' 라고 이야기하면 그것은 특징이다. '골드 디렉터 지위에 오르면 새 자동차를 무상으로 받을 수 있다' 라는 문구는 혜택이다.

특징인지 혜택인지 구분하는 데 도움이 되는 방법이 있다. 문장에 '당신은… 받을 수 있다' 라는 말을 더할 수 있으면 그것은 혜택인 경우가 많다. 그 말을 더할 수 없으면 혜택이 아닌 경우가 많다.

당신이 일하면서 활용할 마케팅 자료의 유효성은 당신의 성공에 지대한 영향을 미친다. 그러니 신중하게 평가해야 한다.

회사를 선택할 때 고려해야 할 마지막 요인은 기본을 얼마나 잘 지키는가이다. 제품 배송에 문제가 있다든지, 매달 제때에 수수료를 지급하지 않는다면 나는 그런 회사는 포기하라고 조언한다.

회사가 대금을 지불할 자금이나 재원이 없고 제때에 배송할 제품 재고가 없다면 이런 문제들은 회사가 커질수록 더욱 악화되기만 한다는 것을 경험을 통해 배웠다.

최고의 회사들도 때때로 수요를 맞추려다 보면 재고 문제를 겪기도 한다. 문제를 즐기는 사람은 없지만 이런 종류는 즐거운 문제다. 전반적으로 엄청난 주문량을 제때 배송하고 문제 없이 운영한다면 가끔 발생하는 실수는 눈감아줘야 한다. 하지만 지속적으로 물건을 늦게 배송하고 청구 금액이나 수수료의 지불 날짜를 맞추지 못한다면 문제가 심각하다는 분명한 징후다.

회사를 선택할 때 마지막으로 생각해야 할 것

매번 눈치챘겠지만 나는 회사를 선택한다고 할 때 복수가 아닌 단수 명사를 사용했다. 나는 한 사람이 두 개 혹은 그 이상의 프로그램을 동시에 추진할 수 있다고 생각하지 않는다. 이것은 '네트워크 마케팅 중독자들'에게 매우 큰 쟁점 사안이다. 그들은 늘 너무나도 많은 사업에 몸담고 있어서 하나 또는 그 이상의 사업이 늘 파산 과정에 있다. 그들은 이것을 더 많은 사업을 동시에 해야 하는 근거로 활용한다. 사업을 다각화해서 수입을 보장해야 한다는 것이다. 그리고 온갖 복잡한 논리를 제시하며 그런 입장을 지지한다.

"A회사는 영양제를 판매하고, B회사는 가정용 세제를 판매한다. 따라서 두 회사는 서로 경쟁 관계가 아니다. 두 제품을 사기 위해서는 전화가 필요하다. 따라서 장거리 전화 프로그램을 다루는 C회사가 필요하다. D회사는 공짜 자동차 프로그램을 제공하는데 이것은 완벽한 선택이다. E회사에서 자동차 왁스를 팔기 때문이다!"

천만의 말씀! 두 회사의 제품들은 서로 경쟁하지 않을지라도, 사업 기회는 서로 경쟁 관계에 있다.

쉘 서비스 주유소 가맹점이 길 건너편에 엑손 주유소 가맹점을 열지는 않는다. 그건 어리석은 짓이다. 왜 자기 자신과 경쟁하는가?

하나 이상의 프로그램을 운영하면서 수익을 올리는 사람들도 개중에는 있다. 하지만 내가 만나서 본 사람들 중에 막대한 고소득을 올리는 사람들은 대개 한 번에 하나의 프로그램만 운영했다. 그러니까 그런 사람은 하나의 프로그램을 구축하고 은퇴했다. 후에 다른 회사로 옮겨 새로운 네트워크를 구축할 때는 첫 번째 조직의 사람들은 절대 건드리지 않았다. 현재 사는 집의 마룻장을 뜯어내어 별장을 짓는 데 쓴다는 것은 말이 안 된다.

하나 이상의 프로그램을 운영하는 것은 구미가 당길 수 있다. 모든 제품을 할인가로 구입하고, 보너스가 여기 저기서 들어오고, 서로 다른 자동차, 여행, 상을 받을 생각을 하면….

하지만 실제로 그런 일은 벌어지지 않는다. 각 회사의 시스템은 다른 회사의 것과 서로 다르다. 구매해야 할 많은 마케팅 자료, 참석해야 할 많은 행사, 서로 다른 훈련시스템 등으로 인해 당신의 사업자들은 혼란스러워 할 것이다. 사업자들은 마비되어 결국에는 활동을 그만 둘 것이다.

자신에게 맞는 프로그램을 고르기 위해서는 천천히 시간을 들여야 한다. 그런 다음 선택한 프로그램에 전적으로 모든 것을 바칠 때 비로소 성공에 가까워진다.

4

How to Build
a Multi-Level
Money Machine

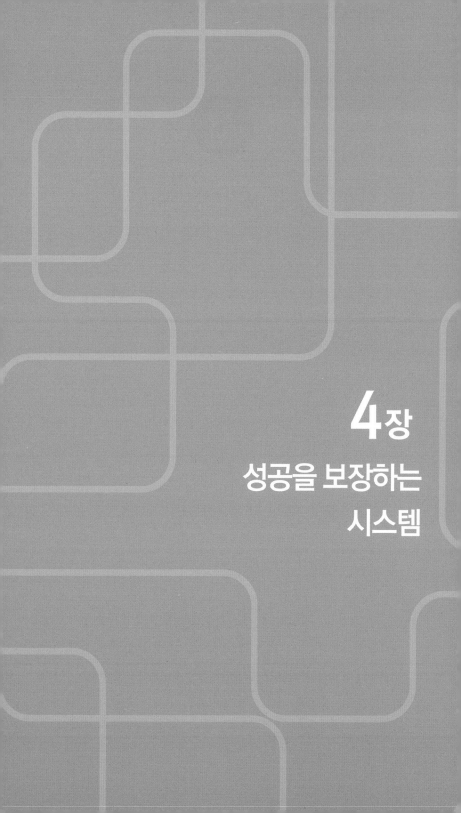

4장
성공을 보장하는
시스템

Chapter 04

성공을 보장하는 시스템

1970년대 프랜차이즈 사업은 비즈니스 세계에 혁명을 불러왔다. 그 개념은(당시에는 굉장히 논란이 많았다) 모회사(프랜차이저: 가맹점 영업권 제공 회사)가 부지 선정, 운영 과정, 구매 요건, 종업원 훈련을 포함한 완벽한 비즈니스 시스템을 제공하는 것이다. 가맹점이 모회사에 초기 투자금을 내고 매출에 대한 로열티를 지급하는 대신 모회사는 가맹점에 전문 지식과 완벽한 비즈니스 모델을 제공한다.

프랜차이즈 가맹점은 이익의 일정 부분을 포기하는 대신 사업의 성공 확률을 상당히 끌어올릴 수 있다. 이런 프랜차이즈 방식은 '턴키(turn key)' 방식이라고도 불렸다. 키를 돌리기만 하면 가게 문을 열고 바로 사업을 할 준비가 되어 있기 때문이었다. 가장 간단한 세부 사항(어떤 브랜드의 빨대를 사용할지)에서부터 가장 복잡한 것(생산력을 극대화하려면 주방 설비를 어떻게 배치해야 할지)에 이르기까지, 사업의 단계마다 따라야 할 과정들을 모두 제공한다.

맥도널드는 성공적인 프랜차이즈의 완벽한 사례다. 오전 7시에 맥도널드의 어느 지점에 갓 졸업한 열아홉 살짜리 여드름 난 십대가 지점을 운영하고 있는 모습을 쉽게 발견할 수 있다. 그 아이의 엄마는 아마도 믿을 수 없기 때문에 자신의 볼보 자동차를 아이에게 빌려주지 않을 것이다. 하지만 바로 그 믿을 수 없는 아이가 연 매출 3백만 달러가 넘는 사업을 성공적으로 운영하고 있다. 그 비결이 뭘까?

비밀은 시스템에 있다

이것은 지금까지 개발된 가장 완벽하고 구체적이고 검증된 시스템들 중 하나다. 열다섯 살짜리 아이를 실질적이고 효율적이고 생산적인 종업원으로 변화시킬 수 있는 시스템이다. 1번에서 3번 품목은 이 봉투에, 4번에서 6번 품목은 다음 크기 봉투에 넣는다, 이 냅킨을 사용한다, 그것들을 살 수 있는 업체는 여기다, 매주 이 날에 주문을 한다, 그리고 주문한 물건은 이날 배송될 것이다….

군대도 같은 방식으로 운영된다. 열아홉 살짜리가 후진국의 국민 총생산보다 더 높은 가격의 전투기를 조종한다. 하지만 비행 전 점검 항목, 비행 중 점검 항목, 비행 후 점검 항목 등이 있고 점검 항목을 위한 점검 항목도 있을지도 모른다.

그대로 따르기만 하면 되는 이런 시스템은 신규 사업의 성공 비율을 비약적으로 높여 준다. 지금도 그때처럼 프랜차이즈 사업은 개인 사업보다 성공 확률이 높다.

1970년대에 네트워크 마케팅에서도 유사한 변형이 일어났다. 거의 블루칼라 노동자들의 전유물이었던 네트워크 마케팅이 화이트칼라 전문직들을 끌어들이기 시작했다. 기존의 사업자들은 대부분 이 일을 판매업이라 여겼고 실제로 대부분 집집마다 돌아다니며 물건을 팔았다. 하지만 새로운 사람들은 지렛대의 힘을 깨달았고 복제를 위해 열심히 일했고, 이 직업을 단순히 부업으로 생각한 것이 아니라 자신들의 수입 아니 직장 자체를 대체할 수 있다고 보았고, 그래서 제대로 된 직업이 될 수 있다고 생각했다. 그 차이를 만든 것은 복제 가능한 시스템 개념이었다.

시스템은 당신의 회사가 성공할 수 있는 방법을 보여주는 로드맵이다. 사업자가 따라갈 전체적인 과정을 완벽하고 상세하게 설명한다. 어디서 가망 대상자들을 찾을 수 있는지, 그들에게 어떻게 접근해야 하는지, 어떻게 그들을 후원해야 하는지, 그들을 높은 핀 직급에 이르게 하기 위해서는 어떻게 훈련을 해야 하는지 등 모든 것을 알려준다 [독자의 이해를 돕고 의미를 단순화하기 위해 나는 이 책에서 '핀 직급' 이라는 용어를 사용할 것이다. 이 용어는 보상 플랜에서 최고 상위 단계에 이른 사람들을 가리키는 말로서, 다이아몬드 디렉터(Diamond Director), 내셔널 바이스 프레지던트(National Vice President), 혹은 마스터 코디네이터(Master Coordinator)라고 불리기도 한다.)]. 사업자들에게 적절한 시점에 각각의 직급 단계에 대한 정의를 분명히 알려주고 가르쳐주어야 한다.

구체적인 내용으로 들어가기 전에 먼저 우리 사업에서 진정한 복제와 부를 만들어 내는 공식에 대해 이야기하고자 한다. 공식이라고 해서 너무 단순하다고 생각할지 모르지만, 단언컨대 실제로는 매우 심오한 뜻이 담겨 있다. 이 공식 속에 복제가 살아 있다.

> "아주 많은 사람을 이끌어라
>
> - 그들이 몇 가지 단순한 행동을 하게 하라
>
> - 이것을 일정 기간 동안 유지하게 하라."

세 개 부분으로 나뉜 공식임을 눈치챘을 것이다. 첫 번째는 아주 많은 사람이다. 사람들을 끌어들이고 복제가 시작되려면 임계질량에 도달할 필요가 있다. 두 번째 부분은 사람들이 정해진 몇 가지 행동을 실천해야 하고 그런 행동을 단순화해야 한다는 것이다. 신규 사업자들이 매우 많이 저지르는 실수들 중 하나는 모든 것을 시도하고 모든 것의 자격을 얻으려고 하는 것이다. 그러다 보면 일이 너무 복잡해진다. 진정한 복제를 위해서는 단순한 행동들에 주력해서 모든 사람이 복제할 수 있게 해야 한다.

그리고 마지막으로 이런 작업이 일정 기간 동안 지속되어야 한다. 나는 네트워크 구축은 2~4년은 걸리는 일이라고 믿는다. 이 업계에서 매우 명석한 사람들 중 한 명인 마크 야넬(성공한 사업자이자 네트워크 마케팅 관련 도서의 저자 - 역주)은 5년이 걸린다고 말했다.

한 달이나 두 달 혹은 반년 만에 구축할 수는 없다. 사람들은 일정 기간 동안 지속적으로 행동해야 한다. 이것이 네트워크 마케팅 사업에서 부를 창출하는 방법이다.

이제 자신의 팀에서 이 공식을 실현하는 과정이 중요하다. 이것은 연설이나 훈련을 한다고 이루어지는 것이 아니다. 행동의 모범을 만들어야 가능하다. 사람들은 당신이 하는 행동을 보고 그것을 복제한다.

시스템에 반드시 필요한 또 다른 요소는 더 높은 원천의 원칙이다.

사업자가 프로스펙트나 팀원에게 말하는 모든 것은 자기보다 높은 단계에 있는 원천에서 비롯됐다는 사실을 바탕으로 세워진 원칙이다(물론 내가 말하는 높은 단계는 신을 의미하는 것이 아니지만 당신이 신성한 전능자로부터 지원받는 것에 대해 이의를 제기할 생각은 없다.). 내가 말하는 높은 단계의 원천은 제3자 도구를 의미한다. DVD, CD, 잡지, 웹사이트, 전화 회의, 화상 회의, 성공 스토리와 같은 것들 말이다.

항상 제3자 도구(높은 원천)를 활용하면 어떤 사업자든 그 과정을 훨씬 쉽게 반복할 수 있기 때문에 뛰어난 복제를 보장할 수 있다.

제품에 대한 질문은 안내 책자에 답이 있고, 보상 플랜에 대한 설명은 웹사이트에서 찾을 수 있고, 회사에 대해 궁금한 점은 3자 간 전화로 답을 얻을 수 있다. 따라서 사업에 대한 경험이 적건 많건 상관없이 거의 누구나 복제할 수 있다. 우리는 조직 내에서 종종 "프로스펙트와 뭔가 이야기를 하고 있다면 무조건 제3자 도구를 언급하는 게 좋다"라는 농담을 하기도 한다.

나는 시스템을 복제하기 위해서는 다음과 같은 여섯 가지 구성 요소가 필요하다고 생각한다.

① 대중 시장 리크루팅 도구

② 웜 마켓(Warm Market, 지인 시장) 소개 도구

③ 표준화된 프레젠테이션

④ 명시화된 '확대 사다리'

⑤ 표준화된 '빠른 출발' 훈련

⑥ 훈련을 위한 구조화된 행사

대중 시장 리크루팅 도구는 사업자들이 대중에게 사용하는 자료다. 멋진 승무원이나 유능한 웨이터, 혹은 일상생활에서 우연히 마주쳤는데 좋은 느낌을 주는 사람을 만났다고 가정하자. 이런 프로스펙트들에게 접근할 수 있는 첫 번째 단계가 바로 이 도구를 활용하는 것이다.

나는 행사에 초대하는 초대장은 별로지만 도구는 좋아한다. 도구들이 복제에 도움을 준다고 믿기 때문이다. 잘 모르는 사람에게 행사에 오겠다는 약속을 받아내는 것보다 도구를 보여주는 것이 더 쉽다. 대화를 시작하는 방법을 익히는 것은 더 쉽다. 잡지, 안내 책자, CD, DVD 등의 자료들이 도구가 될 수 있다.

두 번째 구성 요소인 웜 마켓에 활용하는 도구는 스폰서링 과정으로 이어준다. 웜 마켓은 아는 지인들을 대상으로 하는 시장이다. 따라서 이 도구는 친구, 이웃, 친척 들에게 사용할 수 있다. 물론 여기서도 궁극적인 목표는 최상의 복제를 이루어내는 것이다.

이 두 번째 도구와 대중 시장 도구가 동일한 회사들도 있다. 내가 아는 회사에서는 두 도구가 다르다. 그 회사는 웜 마켓 후보자들을

대하는 과정의 첫 단계로 홈 미팅을 활용하기 때문이다. 그래서 우리는 이런 용도로 '플러그 앤 플레이'('자동 시작'이란 뜻으로, 시스템이 시작하면 자동적으로 실행되는 속성을 말한다 - 역주) 프레젠테이션 DVD를 만들었다.

웜 마켓 소개 도구가 필요한 이유는 다음과 같다. 가볍게 얼굴만 알고 지내는 지인의 경우는 어렵지 않게 도구를 살펴보고 미팅에 참여하는 반면, 당신이 잘 아는 사람은 오히려 그 반대다. 그들은 도구를 살펴보려 하지 않는다. 오히려 당신이 도구의 내용들을 다 설명해주기를 바라기 때문이다. 그들은 집중적인 질문 공세를 퍼붓기도 한다. 하지만 그렇게 하면 복제가 빨리 진행되지 않는다. 그래서 나는 그들에게 미팅에 참석할 것을 권유하는 편이 낫다고 생각한다. 미팅에서는 당신이 설명할 수 없는 문제들도 잘 설명할 수 있기 때문이다.

최고의 복제를 실현하는 세 번째 요소는 표준화된 프레젠테이션이다. 이런 프레젠테이션은 주요 사업 기회 설명회에서 이루어진다. 모든 시장에서, 어떤 단계에서든, 같은 프레젠테이션이 이루어져야 한다.

물론 발표자들은 각각 자신만의 타고난 재주를 사용하거나 개인적인 이야기와 재미있는 유머를 집어넣는다. 하지만 프레젠테이션 자체는 어떤 시장에서든 동일한 기본 틀을 따라야 한다. 지도자들이 수천 킬로미터를 이동해 수십 아니 수백 단계 아래의 팀과 일할 때에도, 그 지역의 지도자들이 따를 수 있도록 여전히 기본 틀을 따르는 프레젠테이션을 제공해야 한다는 뜻이다.

네 번째 구성 요소도 마찬가지다. 프로스펙트에게 일련의 명시된 상호 작용, 즉 '확대 사다리'를 거치게 한다. 각각의 단계를 올라 갈 때마다 프로스펙트에게 노출되는 내용이 점점 확대되고 이전 단계보다 더 중요해지기 때문에 이렇게 이름을 붙였다.

예를 들어 처음 노출하는 도구는 대중 시장 도구로, 아마도 CD가 될 것이다. 다음 단계는 홈 미팅 초대인데 참가 인원은 5명 정도지만 CD만 보는 것보다는 더 중요한 내용이 제공된다.

다음 단계는 홈 미팅보다 좀 더 큰 규모인, 수백 명이 참여하는 호텔 미팅으로 초대하는 것이 될 수 있다. 다음으로 화상 회의나 수천 명이 연결된 인터넷 생방송으로 확대시킬 수 있다. 여기서 생성되는 역학을 심리학자들은 '사회적 검증'(social proof)이라고 부른다. 그리고 각각의 단계는 후보자가 결심을 할 수 있도록 이끌어 준다.

프레젠테이션을 볼 때마다 이전에 본 것보다 더 크고 더 훌륭하고 더 인상적이고 더 많은 사람이 관련되어 있음을 알게 된 후보자는 사업에 참여하는 것은 '안전한' 결정이라고 생각하게 된다.

매우 강력한 성장을 이룬 회사들은 여기에 대한 완벽한 노하우와 지식을 가지고 있다. 단계마다 자세한 설명이 있고, 각 단계는 이전 단계보다 더 규모가 크다. 프로스펙트에게 제공할 각 단계에 해당하는 부수적인 마케팅 자료들도 준비되어 있다. 이는 강력한 결과와 복제를 낳는다.

다섯 번째 구성 요소인 표준화된 '빠른 출발' 훈련은 팀 회원으로 가입한 즉시 받을 수 있다. 이 단계에서는 무엇보다 유지가 중요하다. 신규 회원들은 보통은 가입하고 2주 안에 계속 일을 할지 그만둘지를 결정한다. 처음 48시간이 매우 중요하다. 그들로 하여금 어떤 행동을 취하게 하고 그 행동의 결과를 얻기 시작하면 일을 계속할 확률이 높아진다. 일을 미루고 즉각적인 행동에 돌입하지 않는 사람들은 대부분 떨어져 나간다.

'빠른 출발' 훈련은 주문이나 등록 방법은 물론 은행 계좌 개설이나 명함 주문, 전용 전화 번호 개설 등과 같은 기본적인 사업 과정 준비에 관한 자세한 내용들을 포함해야 한다. 새 사업자가 후보자 명단을 만들고, 스폰서링 과정을 설명하고, 첫 번째 후보자들을 재빨리 접촉하도록 동기를 부여하는 과정을 거쳐야 한다.

이런 맞춤형 훈련이 이미 만들어져 있는 회사와 일을 하는 것이 가장 이상적이다. 아무것도 제공되지 않을 경우, 내가 개발한 포괄적인 도구가 도움이 될 것이다. 바로 〈성공 가도 패키지(Fast Track Pack)〉다. 여기에는 〈첫걸음(First Steps)〉이라는 소책자와 〈가장 먼저 알아야 할 것들(What you need to know first)〉, 〈시작하기 (Getting started)〉, 〈활력 있는 하루의 비밀(Secrets of a dynamic day)〉과 같은 오디오 자료들이 포함되어 있다. 〈네트워크 마케팅 사업에 대해 알아보기(Check out the biz)〉라는 사업 설명회를 위한 프레젠테이션 DVD도 함께 제공된다. 당신의 회사에서 나온 자료에 대한 보충 자료로 이 패키지를 사용하면 된다(이 패키지는 Network MarketingTimes.com 사이트의 스토어에서 구할 수 있다.).

강력한 복제를 위해 필요한 마지막 구성 요소는 훈련을 위한 구조화된 행사들이다. 이는 보통 연차 총회처럼 동종 업계와 회사가 공동으로 지원하는 모임들을 가리킨다. 업계에서는 분기마다 사업자들에게 영감을 불어넣고, 집중력을 유지하게 하고, 적절히 훈련을 해주는 행사들을 개최해야 한다. 이는 다음 장에서 더 자세하게 다룰 것이다.

이 여섯 가지 구성 요소는 당신의 팀 내에서, 현재 진행형인 복제를 견고하게 해주는 토대가 된다. 이 요소들을 마련하면서 세 가지 원칙을 명심해야 한다. 그것들을 시스템화하고 자동화하고 확장할 수 있는 방법들을 찾는 것이다. 그리고 나면 당신은 진정한 소극적 소득에 아주 가까이 다가갈 수 있고, 더는 이런 과정들을 거치지 않아도 되는 단계에 이른다. 나중에 이 사업에서 물러나도 시스템은 스스로 영구화하며 굴러간다.

네트워크 마케팅에서 대부분의 사람은 물론, 일부 성공한 사람들조차도 시스템을 가지고 있지 않다. 그들은 자신의 뛰어난 판매 능력이나 훌륭한 미팅, 또는 순전히 인격의 힘을 바탕으로 네트워크를 구축했기 때문이다. 하루에 20장의 카드를 보내고, 중요 대상자들에게 하루에 다섯 번씩 전화를 하고, 항상 열광적인 모임을 열고, 24시간 쉬지 않고 스폰서 활동을 한다.

나는 하루에 30명의 프로스펙트를 모집한 사람을 알고 있다. 이런 사람들은 일 년에 수십 명의 사업자를 후원한다. 중도 탈락한 수십 명의 사업자를 계속해서 충원해야 한다는 뜻이다. 회사에서 주최하는 대회의 무대에 서고, 엄청난 돈을 벌고, 멋진 집에서 살고, 좋은 차를 타고 다닌다. 하지만 그들은 자신의 운명을 스스로 결정하는 자유로운 삶을 누리지는 못한다. 그들은 사장의 노예가 되는 대신 사업의 노예가 되었다.

이들이 하는 일은 분명 효과가 있다. 하지만 복제를 하지는 못한다.

그들은 좋은 뜻을 가지고 열심히 일하지만, 평균적인 사람들은 그들이 하는 일들을 복제해서 사업을 구축할 수는 없다. 이전에 다니던 직장에서 버는 것보다 네트워크의 노예가 된 그들이 훨씬 더 많은 돈을 번다는 사실은 인정한다. 그러나 여전히 그들은 노예다. 더 중요한 것은 그들은 극도의 무한 경쟁에서 탈출하는 방법을 사람들에게 보여줄 수 없다는 사실이다. 왜냐하면 그들은 여전히 그 안에 갇혀 있기 때문이다. 완벽하게 복제할 수 있는 시스템과 함께라면 누구나 – 판매에 재능이 있는 사람이나 없는 사람이나, 성격이 내성적인 사람이나 외향적인 사람이나 – 이 사업을 할 수 있다. 이 사업에서 가장 중요한 원칙은 다음과 같다.

'효과가 있는가?'의 문제가 아니라
'복제할 수 있는가?'의 문제

예를 들어보겠다. 당신이 새 사업자들을 등록시키기 위해 슈퍼볼(매년 미국 프로 미식축구리그의 우승팀을 결정하는 경기)이나 월드컵 중계 방송에서 광고를 했다고 가정해 보자. 아마도 하룻밤 사이에 만 명의 사업자를 등록시킬 수 있을 것이다. 하지만 모집한 만 명 중 2백만 달러나 드는 그런 방송 광고를 낼 수 있는 사람이 몇 명이나 되겠는가? 한두 명 정도일 것이다. 그리고 다음 해 슈퍼볼까지 그들이 무엇을 하겠는가? 아무것도 하지 않는다.

위의 시나리오는 효과는 있다. 만 명의 사업자를 모았다. 하지만 복제되지는 않는다.

당신이 사람들을 모집한 방법을 따라
그들도 사람들을 모집한다.

　이것은 한 가지 사안으로 이어지는데, 지금 다루고 마무리 짓는 게 좋을 것 같다. 바로 네트워크 마케팅의 두 가지 비즈니스 모델의 차이점이다.

　『다단계 혁명(The MLM Revolution』이라는 책을 썼을 때 나는 이 사업의 가장 큰 거짓말을 폭로했다. 바로 작은 사업 전략 홍보로 큰 성과를 거둘 수 있다고 주장하는 것이다. 책임이 있는 사람들의 대부분은 자신들이 프로스펙트들을 사리에 어두워서 흐리터분하게 했다는 사실조차 인지하지 못하고 있다. 그들은 차이점을 모르기 때문이다.

　쇼핑센터 주차장에서 자동차 앞 유리에 '백만장자가 견습생을 구한다'는 광고 전단을 올려놓고 다니는 바보들이 얼마나 많은가? 그렇게 하면 월 5만 달러를 벌 수 있을 것이라는 생각에 교차로마다 작은 표지판들을 세우며 돌아다니는 무지한 초보자들이 얼마나 많은가?

　견습생을 구하는 백만장자들도 분명 있다(나도 그런 사람이고 이 책을 읽는 독자들 중에도 많이 있을 것이다.). 그리고 우리들 중 많은 사람이 월 5만 달러 혹은 그 몇 배의 수입을 벌어들이고 있다. 하지만 우리는 싸구려 배지를 달고 다니거나, 쇼핑몰에서 광고 전단을 나눠주거나, 람보르기니에 자석 표지판을 붙이고 돌아다니거나 하지 않았다.

그렇다고 배지나 범퍼 스티커나 광고 전단으로 영업을 하는 사람들이 틀렸다는 뜻은 아니다. 그렇게 해서는 이 책에서 우리가 이루고자 하는 거대 규모의 팀을 만들 수 없다는 뜻이다.

당신의 관심사가 당신의 제품을 팔거나 한 달에 몇 백 달러 혹은 몇 천 달러를 버는 것이라면 이런 전략들은 효과가 있다. 하지만 강한 복제를 만들어 내거나 엄청난 수익을 올리지는 못한다.

공짜 자동차, 무상 여행, 고소득을 이야기하며 사람들을 모집하고 나서, 이런 행상인 전략들로 그것을 실현할 수 있다고 가르치고 싶지는 않을 것이다. 그건 아니다. 지금도 아니고 앞으로도 아니다. 월간 수만에서 수십만 달러의 소득은 거대한 사업 복제 모델을 구축했을 때 만들어진다. 내가 이 책에서 가르치고 있는 것은, 많은 사람이 제공하는 '친구들과 제품을 공유'하는 모델이 아닌 거대한 사업 복제 모델이다.

다시 복제 가능 시스템으로 돌아가서

강력한 결과를 낳기 위해서는 사람들에게 처음부터 사업 기회 쪽으로 안내해야 한다. 그러나 사업에 관심이 없다면 그들을 소비자 그룹으로 남기는 선으로 물러선다. 그렇게 하는 것이 제품이나 서비스로 먼저 그들을 유도하고 나서 다시 사업 쪽으로 돌리는 것보다 더 나은 복제를 할 수 있다. 그 이유는 다음과 같다. 당신이 건강기능식품 회사에서 일을 하는데 척추 지압사를 후원한다고 가정해 보자. 그는

'이건 정말 좋은 건강 제품인데, 내 환자들에게 도움이 될 거야. 내 치료실에서 팔자.' 라고 생각할 것이다.

그건 효과가 있다. 하지만 복제는 잘 이루어지지 않는다. 의사들은 제품을 많이 판매하기는 하지만 그의 아래로 많은 단계를 복제하는 경우는 잘 없다.

사람들에게 사업에 대해 얘기를 해도 90%는 참여하지 않는다. 귀가 솔깃한 사업이라도 잠재의식 속에서 그들은 이 사업을 성공시키려면 먼저 척추 지압사가 되어서 제품을 처방할 수 있는 환자가 하루에 30~40명은 돼야 한다고 생각할 것이다.

이런 전략들은 효과가 있지만 복제는 잘하지 못한다. 이들이 사업 기회를 제공하는 것으로 시작하는 복제시스템을 실행하면 결과적으로 훨씬 더 큰 조직을 구축할 수 있다. 왜냐하면 그들이 모집한 사람들은 자기 스폰서의 결과를 복제할 수 있기 때문이다. 시스템은 당신의 이익만 돕는 것이 아니라 당신의 사람들도 돕는다.

5

How to Build
a Multi-Level
Money Machine

5장
네트워크 마케팅
전문가의 핵심 자질

Chapter
05

네트워크 마케팅
전문가의 핵심 자질

:
:
:
:
:
●

전문가로서 네트워크 마케터는 열 가지 핵심 자질을 갖추어야 한다. 진정한 전문가가 되기 위해서는 자기 자신이 핵심이 되는 것 이상을 갖추어야 하는 것이다. 이런 핵심 자질이 당신의 조직에서 흔한 사례가 되는 문화를 만들어야 한다는 뜻이다. 당신이 일정을 짜거나 누구와 일을 할지 결정할 때 이러한 핵심 자질에 전념하는 팀 회원에게 우선권을 주고 싶을 것이다. 이에는 어떤 것들이 있는지 살펴보자.

1) 제품의 결과물이 되어라

핵심이 된다는 것은 회사에서 생산되는 제품이 있을 때 어떤 이유에서든 절대 다른 회사의 경쟁 제품을 사지 않는다는 것을 의미한다. '타 브랜드'의 제품을 산다는 것은 자기 사업을 통해서 번 돈을 다른 누군가의 주머니에 넣어준다는 뜻이다. 회사에 매월 자동 구매 프로그램이 있다면 여기에 가입해야 한다.

핵심 인물은 충분한 재고를 가지고 있기 때문에 제품이 다 떨어지는 경우도 없고 경쟁사의 제품을 살 필요도 없다. 세일이나 추가 혜택에 영향을 받지 않고 늘 자기 가게에서 물건을 산다. 자기 생활에 관계된 것이 있다면 모두 자기 회사 제품을 사용해야 한다. 그리고 효과적으로 비즈니스를 구축하기 위해 제품들에 대한 풍부한 지식을 열정적으로 이야기할 수 있어야 한다.

2) 소비자 그룹을 개발하라

이 사업은 최종 소비자에게 판매함에 따라 발생하는 판매액에 의해 굴러간다. 알다시피 자기 스스로 구입하고 제품을 사용하는 사업자들이 대량의 제품을 판매한다. 그러나 지금 당장은 사업에는 관심이 없지만 당신의 제품과 서비스를 구매하려는 사람들도 많이 있다. 이 사람들은 당신의 소비자 그룹이 될 것이다.

이 그룹을 키우고 개발하는 것이 매우 중요하다. 이 사업은 소매 이익을 얻을 수 있고 잉여소득(residual income)을 발생시키고, 개인이 아닌 그룹의 판매액을 구축함으로써 직급 승진을 빨리 하고 보상을 많이 받을 수 있는 자격을 갖출 수 있기 때문에 좋은 사업이다. 이제 막 시작했을 때 적어도 10명의 소매 소비자 그룹 개발을 목표로 하는 것이 좋다.

3) 시스템을 따르라

이 주제는 이미 앞에서 다루었기 때문에 장황하게 논하지 않겠다.

리더들은 '고독한 정의의 사자'는 처음에는 성공할 수 있지만 장기적으로는 성공하지 못한다는 것을 안다. 잉여소득과 권리소득을 보장하기 위해서는 단계적으로 복제할 수 있는 시스템을 따라야 하고 자기 자신도 복제 할 수 있는 스폰서가 되어야 한다.

당신의 스폰서 업라인은 효과적인 방법과 그렇지 않은 방법들을 알고 있다. 그들은 경험을 바탕으로 시스템을 구축해 왔다. 당신이 그 시스템을 따르면 당신의 스폰서 업라인 전체가 당신을 위해 일하는 셈이 된다. 당신이 시스템을 바꾸면, 마음껏 사용할 수 있는 그 모든 사람과 자원의 혜택을 잃게 된다. 당신이 시스템을 바꾸면 당신 아래의 사람들 또한 시스템을 바꾸어도 된다고 생각하게 되고, 그런 식으로 몇 단계 아래로 내려가면 그 시스템은 사라져버리고 만다. 시스템을 신성시하라.

4) 모든 행사에 참여하라

사업 설명회부터 시작하자. 사업 설명회는 더 이상 필요하지 않다고 주장하는 사람들이 많이 있다. 그들은 대신 전화 안내, 이메일 발송, 광고를 하면 된다고 강조한다. 나는 그런 말을 믿지 않는다.

실제로 급속한 성장을 달성하고 지속적인 판매액을 유지하는 회사들은 모두 사업 설명회를 통해 성공을 거두었다. 나는 텔레비전 전화, 인터넷 생방송, 엄청난 속도로 발전하는 기술들이 이것을 대체할 수는 없다고 생각한다. 대연회장에 수많은 사람이 모여 있을 때 일종의 마법과 같은 일이 벌어진다.

물론 미팅을 여는 것은 집에서 슬리퍼를 신은 채 인터넷으로 일을 하는 것보다 더 많은 일을 해야 한다. 하지만 살아 있는 미팅이 제공하는 에너지와 사회적 검증은 다른 어디서도 찾을 수 없는 것이다.

얼마나 자주 미팅을 열어야 하는지는 조직에 따라 다르다. 하지만 당신이 사는 지역에서 미팅이 열린다면 꼭 참가해야 한다. 만약 당신의 시장에 사업 설명회가 없다면 가장 먼저 사업 설명회를 여는 일을 지원해야 한다.

또한 '주요 행사들'에 참여해야 한다.

행사들은 당신의 사업을 단단히 결합시키는 접착제 역할을 한다. 행사에 참여함으로써 사업을 키우고 중요한 훈련을 받고 집중력을 잃지 않게 된다. 자신이 사는 지역에서 제품 연수회, 행사, 집회 등에 참가할 기회가 있을 것이다. 자가용으로 4~5시간 안에 갈 수 있는 거리라면 참석해야 한다. 매년 열리는 대회나 리더십 회의 같은 행사들도 있다. 이것은 당신의 인생을 송두리째 바꿀 수도 있는 중요한 행사들이다. 휴가 일정을 조절해서 이런 행사들을 놓치지 않는 게 좋다.

새로운 팀 회원들은 이런 문제에 대해 강력한 반대 의견을 제기할 수도 있다. 그들은 이런 행사들의 중요성을 이해하지 못하고 먼 곳에서 열리는 행사에 참여하기 위해 비행기 표까지 끊어야 하나 망설이기도 한다. 하지만 리더라면 때로는 사랑의 마음으로 단호하게 그들을 참여시켜야 한다. 이런 행사들을 통해 획득할 수 있는 일련의 기술들과 믿음, 자신감은 극적으로 수입을 증가시키고 투자한 것 이상의 가치를 가져다 줄 것이다.

5) 그 직업을 배우는 학생이 되어라

가장 빠른 시일 내에 사업을 구축하고 싶다면 다른 사람을 가르칠 수 있어야 하고 기꺼이 지도를 받아들여야 한다. 네트워크 마케팅은 전통적인 사업과는 매우 다르다. 판매나 다른 사업 분야에서는 아주 효과적인 방법이 네트워크 마케팅에서는 잘 통하지 않을 수 있다.

당신의 스폰서 업라인은 당신의 사업에서 가장 효과적인 방법과 전략, 기술을 배워 왔다. 그들은 당신과 함께 일하고 그들이 아는 모든 지식을 당신에게 가르쳐 줄 것이다. 그것도 공짜로 말이다. 당신의 스폰서는 회사의 사업자들이 수대에 걸쳐 쌓아 온 모든 경험의 보고다. 당신의 스폰서에게 배워라.

직업 전체에 대해 배우기 위해 모든 의식적인 노력을 하라. 전문적인 출판물을 구독하고, 네트워크 마케팅에 대한 일반적인 책과 자료들을 공부하라. 이 책의 뒷부분에 있는 '추천 자료들'을 참조할 수 있다.

6) 책임감 있는 사람이 되어라

앞에서 합법적인 네트워크 마케팅으로 위장한 사슬 편지, 불법 피라미드을 언급했다. 그런 업체들 때문에 우리는 일반 회사들보다 청렴의 기준을 더 높이 세워야 한다. 조금이라도 의심스러운 것은 하지 말아야 한다.

네트워크 마케팅은 관계를 기반으로 하는 사업이고 관계는 신뢰를 바탕으로 작동 된다. 신뢰를 얻고 유지하려면 책임감이 있어야 한다.

사업자나 소비자에게 절대 거짓말을 해서는 안 되고 책임을 져야 한다. 책임이란 수표를 써 줬을 때 절대 부도 수표가 되어서는 안 되고, 누군가와 같이 일하겠다고 약속했을 때는 끝까지 같이 해야 하며, 행사에 참여하겠다고 했을 때는 반드시 개최 시각에 맞춰 참석하는 것을 의미한다.

책임은 처음에 24개 제품을 전시했다면 그날 밤까지 24개 제품이 그대로 있어야 하는 것이다. 다른 사람의 관점으로 접근하거나 다른 라인에서 사업자를 빼오려고 해서는 안 된다.

7) 고양하라

수완이 있는 사업자들은 스폰서 업라인을 고양해야 한다는 사실을 깨닫는다. 여기서 나는 고양한다는 것을, 대상을 열정적으로 높이고 때로는 포장도 한다는 뜻으로 사용한다. 스폰서들의 성공과 성취를 강조한다면, 그들이 당신의 프로스펙트 및 사업자들과 함께 일하러 왔을 때 스폰서들의 말이 더욱 효과적으로 다가갈 것이다.

대부분의 경우처럼 당신은 자신의 고향에서는 선지자가 되기 힘들 것이다.('예수께서 저희에게 이르시되 선지자가 자기 고향과 자기 친척과 자기 집 외에서는 존경을 받지 않음이 없느니라.' 성경에서 나온 표현 - 역주) 친구들과 친척들은 그런 강력하고 긍정적인 개념들이 당신에게서 나왔다는 사실을 받아들일 준비가 되어 있지 않다. 스폰서 업라인을 고양하고 프로스펙트들을 당신의 본거지로 불러들이면 최초의 성공과 신뢰를 성취할 때까지 지원을 받게 될 것이다(이것은 내가 앞에서 언급한 더 높은 원천의 원칙을 실천하는 것이다.).

이것은 내가 어렵게 얻은 교훈이다. 이 사업을 시작했던 초기에 나는 자아가 강했고 내 스폰서를 고양하지 않았다. 오히려 그 반대였다.

나는 사람들에게 내 스폰서가 연약하다고 불평하면서 그와 대조적으로 내가 강하게 보이기를 은근히 바랐다(물론 내 의도와 정반대의 결과를 낳았지만 당시에는 그것을 몰랐다.). 내 스폰서가 훈련을 하거나 사업 설명회를 실시하러 오면 항상 내 조직의 사람들은 소수만 참가했다. 그래서 나를 신뢰하는 누군가가 필요했을 때 내 주위에는 아무도 없었다. 이 사업에 함께 하는 친한 친구나 가족이 한 명도 없었다. 나는 지금도 그 이유가 나의 스폰서 업라인을 고양하지 않았기 때문이라고 생각한다.

또한 자신의 조직, 회사, 이 직업 전체를 고양해야 한다. 당시에 나는 경쟁 이익을 위해 경쟁 회사들의 단점을 언급하는 데 많은 시간을 할애했다. 지금은 오히려 경쟁사와 이 직업 전체를 고양시킨다. 이것은 궁극적으로는 더 효과적이다.

8) 이 사업을 알릴 사람의 수를 주간별로 정하고 실행하라

당신이 등록하는 사람의 수를 조절할 수는 없지만 이 사업을 살펴볼 기회를 제공할 사람들의 수는 조절할 수 있다. 스스로 목표를 정하라. 예를 들어 하루에 두 명에게 혹은 일주일에 다섯 명에게 이 일을 알리기로 하는 것이다.

그 많은 사람에게 모두 프레젠테이션을 할 필요는 없다. 그렇게 하려면 시간도 부족할 것이다. 다만 정해진 수의 사람들에게 이 사업에 대해 생각해 볼 기회를 제공하는 데 전념한다. 네트워크 마케팅에 노출시키는 방법은 입문자들을 위한 이메일이나 전화가 될 수도 있고, CD나 DVD를 전달하는 것일 수도 있다. 그저 사람들에게 이 일이 구미가 당기는지 알아볼 수 있는 기회를 접하게 하는 것이다.

9) 매일 자기 개발의 시간을 가져라

내가 발견한 한 가지 본질적인 진실은 이것이다. 당신의 사업은 당신이 성장하는 만큼 성장한다. 자신의 사업이 발전해갈수록 자신도 새로운 기술들을 개발해야 한다. 처음에 필요한 일련의 기술들은 후보자 명단 개발하기, 사람들 만나기 그리고 초대하기에 관한 것이다. 좀 더 시간이 지나면 프레젠테이션과 후속 작업에 대한 기술들을 개발해야 한다. 궁극적으로는 리더십 개발에 대해 배워야 할 것이다.

초기의 기술들은 사업 기법에 관한 것이지만 더 높은 수준의 기술들은 대인 상호 작용에 관한 것이다.

매일 특정 시간을 따로 떼어서 자기 개발을 위해 쓰는 것은 중요하다. 대부분 이런 시간은 하루를 시작하기 전 아침에 갖는 것이 좋다. 명상이나 운동을 하거나, 영감을 주는 오디오 자료를 듣거나, 혹은 마음과 몸, 영혼을 성장시키는 데 도움이 되는 책을 읽어도 된다. 시간을 할애하고 꾸준히 계속하라.

자기 개발에 도움이 되는 오디오 자료, 책, 비디오 자료에 투자하라. 그리고 그 자료들 중 절반은 네트워크 마케팅에 대한 것으로 골라야 한다. 시끄럽고 부정적인 내용의 라디오 방송 대신 긍정적인 메시지를 주는 CD를 자동차 안에 구비해 놓고 들어라. MP3에 영감을 주는 내용들을 저장한 후 걷거나 조깅하거나 자전거를 탈 때 들어라.

늦은 밤 뉴스를 보다가 잠이 드는 식으로 하루는 마감해서는 안된다. 잠들기 전에는 반드시 긍정적인 내용을 듣거나 봐야 한다. 한단락만 읽을지라도 영감을 주는 긍정적인 책을 읽는다[나는 『원인과 결과의 법칙(as a man thinketh)』이라는 책을 침대 곁에 두고 매일 아침 눈을 뜨면 한 단락 읽고 잠들기 전 한 단락을 읽는다.].

많은 회사 또는 스폰서 업라인은 긍정적이고 영감을 주며 교육적인 자료들을 정기 구독용으로 제공하는 프로그램을 가지고 있다. 그런 환경이라면 매우 운이 좋은 편이다. 좋은 자료를 찾기 위해 해야 할 상당한 양의 일을 할 필요가 없기 때문이다. 당장 등록하고 자기 그룹의 사람들에게도 등록을 권유하라.

10) 항상 옳은 일을 하라

무엇을 해야 할지 갈등을 겪고 있는 곳에서 상황은 발생한다. 다른 라인의 누군가가 당신의 라인으로 옮기고 싶다며 당신에게 접근할 수도 있다. 다른 사람의 프로스펙트가 당신에게 이끌렸을 수도 있다. 그들을 자신의 라인으로 데려 오는 것이 옳은 일일까? 결국 무엇이 옳은 일인지 판단하는 것은 어려운 일이 아니다. 진실을 말하고 다른 사람들을 고양시키고 다른 팀 회원의 프로스펙트들을 존중하고 당신이 약속한 일을 하는 것이다. 이상 끝.

이상 열 가지 핵심 자질은 네트워크 마케팅 프로와 아마추어를 가르는 기준이다. 열 가지 모두 실행하는 것은 쉽지 않다. 그리고 쉬워서도 안 된다. 하지만 복제할 수 있는 성공적인 네트워크 구축에 진심으로 관심이 있다면 이 열 가지는 필수적이다.

핵심이 된다는 것은 자기 마음에 드는 몇 가지만이 아니라 열 가지를 모두 실행하는 것이다. 그리고 자기 자신에 대한 상당한 투자가 필요하다. 핵심이 되기 위해 투자한 사람들은 그렇게 하지 않은 사람들보다 엄청나게 높은 성공의 단계에 도달해 있을 것이다. 뛰어난 전문성을 갖추고 다른 사람들에게 힘을 실어주어야 하는 리더는 스스로 핵심이 되고 조직 전체에 이런 문화를 만들어나갈 책임이 있다.

6

How to Build
a Multi-Level
Money Machine

6장

빨리 출발하기

Chapter

06

빨리 출발하기

네트워크 마케팅에서 초기에 탈락한 사람들은 아주 많다. 4장에서 언급했듯이 새로 합류한 사업자들은 가입하고 2주 안에 계속 할지를 결정하며, 처음 48시간이 매우 중요하다.

이것은 당신에게도 똑같이 적용된다.

재빨리 행동을 취하고 작은 성공들을 이루는 사람들의 경우 계속 남아 있을 가능성이 높다. 첫 몇 주 동안 '준비를 위한 준비'만 하고 있으면 결국 아무것도 하지 않다가 중단하고 만다.

그 시간에 안내 책자를 분석하고, 회사 홍보 비디오를 다시 보고, 무엇을 할지 생각하고 이야기만하면서 아무것도 행동에 옮기지 않으면 2주는 그냥 지나가고 아무 일도 벌어지지 않는다. 처음 느꼈던 흥분은 가라앉고 꿈은 멀리 떠내려간다.

처음 2주 동안 사업을 배우고 단계별 행동을 취하고 사람들을 자기 그룹으로 모으는 일을 한다면 가속도가 붙기 시작하고 처음 느꼈던 흥분은 점점 수위를 높여간다. 좋은 업무 습관이 만들어지고 이는 긍정적인 결과를 보상으로 가져오고, 이것은 결국 더 좋은 업무 습관을 갖도록 동기부여를 한다.

비즈니스를 '시도' 해 보겠다는 태도로 시작하지 말라고 부탁하고 싶다. 이 일을 배우는 학생이 되겠다는 마음가짐으로 뛰어들어 전문가가 되기 위해 1년 동안 전념하라. 말콤 글래드웰(Malcolm Gladwell)의 위대한 책 『아웃라이어(Outlier)』를 읽어봤다면 어떤 직업에서든 전문가가 되려면 1만 시간의 연습이 필요하다는 것을 알 것이다.

우리 직업은 이익을 얻기까지는 그렇게 긴 시간이 걸리지 않는다. 하지만 이 일에 정통한 사람이 되기까지는 그 정도의 시간이 필요하다. 모든 새로운 직업이 그렇듯이 네트워크 마케팅에서도 새로운 기술들을 배워야 한다.

좋은 점은 '배우면서 돈을 벌 수 있다' 는 것이다. 그렇지만 첫 한 해는 아직 배우는 과정이라고 생각하는 것이 좋다. 일주일에 10~15시간만 일을 하는 평균적인 네트워크 마케터에게는 1년 동안 전념하는 것이 현실적인 목표다. 그 1년 동안 복제할 수 있는 이 시스템을 따른다면 매우 기쁘게도 남은 평생 이 일을 계속 할 수 있는 결과를 얻게 될 것이다.

빨리 문 밖으로 나오라!

그러면 어떻게 빨리 시작할 수 있을까? 90%의 시간에 벌어지는 일들을 피하면 된다.

당신은 프레젠테이션을 하고 새로운 사업자를 후원하게 됐다. 그는 기대감에 차서 큰돈, 여행, 자동차, 그가 받게 될 여러 가지 것에 대한 꿈에 부풀어 있다. 그는 벌써 마음 속에 자기 밑으로 데려올 다섯 명의 사업자를 정해 놓았다. 그래서 당신은 그를 집으로 보내서 후보자 명단을 작성해 보라고 했다.

그는 이미 마음 속에 원하는 다섯 명이 있기 때문에 명단을 작성하는 것에는 신경 쓰지 않는다. 그 대신 다섯 명에게 전화를 해서 다음 미팅에 초대를 한다. 그리고 앉아서 큰돈이 저절로 굴러 들오기를 기다린다.

당신은 잠재적인 스타가 만들어지고 있다고 생각할지도 모른다. 하지만 실제로 그 새 사업자는 당신에게 맞서는 일들을 행했다.

첫째, 그는 준비되기 전에 초대를 했을 것이다. 그는 설득력 있는 초대를 하지 못했을 것이고 결국 미팅에 온 사람은 몇 명 되지 않을 것이다.

둘째, 그는 초대를 할 때 도구를 사용하지 않았다. 초대를 하는 것은 좋은 시도였지만 그의 접근은 복제하기 힘든 것이다.

동기부여와 긍정적인 생각은 새로운 사업자를 그 정도까지 밖에 움직이지 못한다. 꿈을 이룰 수 있는 믿을 만한 논리적인 계획이 없다면 결국 두려움이나 뒤로 미적거리는 마음이 그를 차지할 것이다. 당신도 마찬가지다. 이번 장의 목적은 두 가지다. 당신이 빠른 출발을 하게 하는 것과 새로운 사업자들을 초기에 강하게 끌어당겨 어떻게 일할 것인지를 가르치는 것이다. 이것을 가능하게 해주는, 4부로 구성된 공식이 있다.

아래 세 가지는 당신의 스폰서에게 등록할 때 이미 완료된 것들이다.

● 1단계: 등록 완료

온라인으로 하거나 지원 서류에 자신의 정보를 기입하고 스폰서에게 건네주었을 것이다. 사업자 ID를 받으면 완료된 것이다. 등록을 함으로써 당신은 조직 안에 자리를 잡고 당신의 위치를 보장받은 것이다.

● 2단계: 활성화 주문하기

당신은 스스로 제품이나 서비스를 사용해야 하고 그것들에 대해 신이 나 있어야 한다. 얼마나 주문해야 할까? 당신이 필요한 수량과 조마조마하게 만드는 수량의 사이 정도면 된다. 나는 이것을 중간쯤 이라고 하겠다. 우리는 '내가 딱 필요한 만큼만' 주문하는 것은 충분 하지 않다는 것을 경험했다.

새 사업자가 자기가 주문한 물건이 도착할 때까지 기다리는 동안 빌려주기 위해, 잠시 품절되었을 경우를 대비한 여분으로, 나누어줄 샘플을 위해 약간의 재고가 필요할 것이다. 사업을 펼쳐나가기 위해 서는 충분한 제품을 구비하고 있어야 한다.

몇 년 전, 나는 유기농 가정용 세척제를 다루는 프로그램 일을 했었 다. 새로운 사업자들과 내가 한 일들 중 하나는 그들의 집을 다니며 그 집의 화장실과 주방에 있는 '타 브랜드' 의 다른 제품들을 모조리

치워버리는 것이었다. 다른 제품들을 모두 쇼핑백에 담아 필요한 곳에 기부했다. 그리고 좋은 제품들로 모두 대체했다. 이런 개념은 대부분의 프로그램에 효과가 있다.

● 3단계: 매월 자동 구매 설정

회사에 매월 자동 구매 프로그램이 있다면 당신은 매월 정기적인 주문을 위해 여기에 등록해야 한다. 이렇게 하면 물건이 떨어지는 법이 없고 수수료와 진급을 위한 자격 요건을 갖출 수 있다. 이것은 당신의 사업을 순조롭게 진행하게 해주는 엔진이다. 또한 회사 입장에서는 제품 수요를 예측할 수 있어 항상 제품이 품절되지 않게 조절할 수 있다.

제품과 서비스를 직접 사용하고 제품이 얼마나 좋은지 시험해 보는 것은 매우 중요하다. 그리고 항상 자기 회사의 제품을 사야 한다. 자기 회사의 제품과 경쟁하는 다른 회사 제품을 당신의 집에 두어서는 안 된다.

이것을 추가 지출이라고 생각해서는 안 된다. 절대 그렇지 않다. 당신이 사용하는 제품들의 다수는 가게에서 소매가로 사는 품목들을 대체해서 구입한 것이다. 그리고 어떤 종류의 제품들을 사용하느냐에 따라, 다른 데 들어갈 막대한 비용을 장기적으로 절약하는 셈이 된다(품질 좋은 영양제를 사는 데 드는 돈과 심장 절개 수술에 들어가는 비용을 비교해 보라.).

● 1단계: 회사의 웹사이트에 로그인하라

회사의 웹사이트에 들어가 자신의 아이디로 접속한다. 주문하는 법, 매월 자동 구매하는 것을 변경하는 법, 새로운 소비자와 사업자 등록하는 법 등을 익힌다. 자신의 스폰서 업라인이 따로 웹사이트를 운영하거나 소식지를 발간한다면 그곳에도 등록한다.

● 2단계: 회사 정책을 익혀라

조용한 시간을 따로 내어서(대부분의 사람에게는 일요일 저녁이 가장 좋다.) 사업자에게 주어진 자료들을 모두 읽어본다. 필요한 특정 정보를 얻으려면 어떤 부분을 봐야 하는지 익히고 모든 양식에 익숙해져야 한다. 회사의 정책 및 절차, 윤리강령을 파악한다.

● 3단계: 사업용 신용 카드와 예금 계좌를 만들어라

별도의 신용 카드와 예금 계좌를 가지고 있으면 이 사업을 프로답게 진지하게 하고 있다는 사실을 보여준다. 그리고 사업에 들어가는 비용들을 확인하기 쉽다. 후에 당신의 회계사나 세무사가 고마워할 것이다.

· 주의 : 개인적으로 가족들이 사용하려는 목적으로 제품을 주문했을 경우 소매가로 지불한다. 예를 들어 도매가가 25달러이고 소매가가 40달러인 제품이 있다. 개인 계좌에서 사업용 계좌로 40달러를 이체한다. 물론 회사에는 사업용 계좌에서 25달러를 입금한다.

15달러 차이는 소매이익으로 사업용 계좌에 입금해야 한다. 이런 과정을 따르면서 사업자들은 제품의 진정한 가치를 알게 된다.

● 4단계: 예정된 주요 행사에 참가 예약을 하라

대부분의 회사와 조직은 당신의 사업 성장을 돕는 주요 행사를 매년 2~4회 개최한다. 이런 행사들은 사업을 구축하기 위한 최고의 방법인, 정보가 집중화된 훈련을 제공한다. 리더십 대회 같은 것은 상위 직급만을 위한 것이지만, 그 외의 회사 주최 대회 등은 누구나 그런 상위 직급에 오를 수 있도록 돕는, 모두를 위한 행사다.

이런 주요 행사들은 당신이 인맥을 쌓고 그룹을 만들고 싶어 하는 시장의 리더들과 관계를 맺을 수 있는 기회를 제공한다. 따라서 국내에서만 사업을 할 계획이든, 전 세계적으로 확장할 생각이든 어쨌든 행사들에 참가해야 한다.

사실 이런 행사들에 참가하는 사람들은 그렇지 않은 사람들보다 훨씬 앞선 출발점에 선다. 그들은 학습 곡선에서 몇 달 혹은 몇 년까지도 건너뛴다. 이런 살아 있는 행사 참여를 대체할 수 있는 것은 없다. 최고 생산자, 회사의 임원진과 만나 개인적으로 이야기를 나누고, 질문하고, 쉬는 시간 동안 인맥을 만들고 회사의 가장 뛰어나고 명석한 사람들과 성공을 위한 프로그램에 온전히 몰두할 수 있는 기회다.

대중을 상대로 하는 이런 세미나는 수백 혹은 수천 달러를 지불해야 참가할 수 있는 종류의 프로그램이다(보통 그만한 돈을 내고 참가하는 사람들은 잘 없을 것이다.). 스폰서에게 다음 행사가 언제 있는지 물어보고 당장 등록하라.

3부_자기만의 게임 플랜을 만들어라 (5단계)

● 1단계: 핵심이 되라

우리 일에서 성공한 사람들은 정해진 일에 전념하고 꾸준히 유지한 사람들이다. 제5장에서 설명한 핵심 자질들에 전념하고 실천해야 한다.

● 2단계: 목표를 정하라

네트워크 사업에서 최종 목표가 무엇인지 결정해야 한다. 제품들을 공짜로 사용하는 정도면 되는가? 자동차 할부금을 낼 수 있을 정도만 벌 생각인가? 아니면 완벽한 경제적 자유를 얻고 싶은가? 목표를 달성하기 위해 그것이 무엇인지부터 정해야 한다. 그리고 목표를 이루기 위한 시간표를 짜야 한다. 이것은 꿈을 이루기 위한 계획을 설계할 수 있는 기회다.

목표는 마감 기한이 있는 꿈이다. 종이에 적되 구체적이고 측정할 수 있는 목표를 적는다.

나는 평균적인 사람이 시스템을 따른다면 2~4년 안에 이 사업으로 경제적 독립을 이룰 수 있다고 믿는다. 지금 당장 당신이 무엇을 원하는지 생각하라. 그리고 나서 앞으로 2~4년 간의 계획에 대해 생각하라.

당신의 배우자와 그리고 당신의 스폰서와 함께 꿈을 꾸어라. 당신이 가졌던, 그러나 살아 오면서 인생의 어느 지점에선가 잃어버린 바람과 욕구를 떠올려라. 우리는 바쁜 일상을 살아오면서 우리가 꿈꾸던 것을 잃어버리곤 한다.

자신의 열정을 찾는 것은 중요하다. 어려움은 많고 투자한 노력만큼 수입이 아직 따라오지 않는 사업의 초기 단계에, 일에 전념하고 강한 의욕을 갖게 하는 것은 불타는 욕구다. 지치지 않고 스스로 동기부여 하는 비결이 여기에 있다.

● 3단계: 일간 계획표를 사서(온라인용을 사용해도 된다) 시간 계획을 짜라

우리 일에서 고속 성장의 비밀은 자기 사업에 할당된 주 10~15시 간을 어떻게 보내느냐에 달려 있다. 실제 사업을 구축하는 활동들을 최대한 많이 포함하고, 바쁘기만 하고 별로 쓸모는 없는 일은 최소화 한다. 홈 미팅을 열고, 전화 회의를 하고, 프로스펙트들과 접촉할 시 간을 표시해 둔다. 주 10~15시간에 대한 계획을 미리 짠다면 훨씬 더 생산적으로 활동할 수 있다.

처음 몇 주간의 시간을 어떻게 쓸지 스폰서와 긴밀히 의논해서 함 께 계획을 세운다. 향후 90일 안에 행사가 잡혀 있는 날짜들을 파악 해서 참가 계획을 세운다. 연차 총회와 회의가 있는 날들도 미리 알아 둔다. 당신의 성공에 매우 중요한 역할을 하는 주요 행사들이다. 여기 에 참여하기 위해 여행 계획을 세워두고 그 동안 일을 잠시 쉴 수 있게 처리한다.

● 4단계: 사업 구축 도구들을 주문하라

어떤 사업이든 효율적이고 효과적으로 운영하기 위해 약간의 물품 들이 필요하다. 스폰서 업라인이 추천하는 입증된 도구들을 활용한다면 당신의 팀과 함께 훨씬 더 빨리, 그리고 더 훌륭하게 성공을 복제할 수 있다.

이 도구들은 당신의 프로스펙트에게 제품과 사업 기회에 대한 권위 있고 믿을 만한 정보를 전문가적인 태도로 제공할 수 있게끔 만들어졌다. 이런 제3자 도구들을 사용함으로써 당신은 이제 막 시작한 성공한 전문가가 될 필요가 없다. 그저 도구에 일을 맡기면 된다. 도구들을 사용한다면 특별한 기술, 재능, 훈련, 경험이나 교육적 배경 없이도 누구나 이 사업을 효과적으로 수행할 수 있다. 그리고 도구 사용은 복제 능력에 엄청난 차이를 가져온다.

● 5단계: 후보자 명단을 완성하라

이것은 가장 중요한 단계 중 하나다. 이 단계를 건너뛰거나 중간에 그만두어서는 안 된다. 일단 당신이 아는 모든 사람들의 이름을 적는 것부터 시작한다.

미리 판단하지 않는다. 그는 돈을 많이 버니까 이 일에 관심 없을 것이다, 그녀는 판매에 소질이 있으니 이 일은 알아보지 않을 것이다 등, 미리 생각할 필요는 없다. 그런 실수는 장래에 수만 달러의 대가를 치르게 할 수도 있다. 그러니 미리 판단하지 말고 일단 아는 이름들은 다 적는다.

100명의 이름마다 3~4명의 고위 핀 직급 임원, 6~8명의 중간급 임원, 20명의 부업으로 하는 사업자가 있으며, 소비자로서 제품만 사용하기를 바라는 사람들도 있다. 누가 누구인지 알 수 없다. 그리고 처음에는 그렇게 보이지 않았던 사람이 이 일을 정말 제대로 하는 경우가 종종 있다.

주소록과 새해 카드 보내는 명단을 자세히 들여다보라. 모아 놓았던 명함들을 살펴보라. 마지막으로 업종별 전화번호부를 훑어보면서 그곳에 올라와 있는 직종들을 볼 때 떠오르는 아는 사람들이 있는지 확인하라. 가나다부터 시작해서 타파하에 이르기까지 모든 직종을 다 살펴봐야 한다.

관심을 가질 만한 5~6명을 생각해 내고 거기서 멈추는 전형적인 실수를 하지 말라. 분명 실망할 것이다. 최소한 2백 명의 이름을 적은 뒤 적절하게 분류한다.

이쯤 되면 사람들은 자기가 아는 사람은 그렇게 많지 않다고 말한다. 그건 사실이 아니다.

결혼식장 하객이 평균 500명이므로 양측이 각각 250명이다. 이것은 누구나 납득할 만한 숫자다. 장례식장 손님 방명록에 서명하는 사람들이 평균 250명 정도이기 때문이다. 이들은 가볍게 얼굴만 알고 지내는 수백 명의 사람이 아니다!

명단에 적은 사람들이 적다면 머뭇거리는 혹은 두려워하며 접근하는 연약한 자세를 취하게 된다. 명단에 적은 사람들이 많다면 힘과 자신감을 가지고 접근하는 강한 자세를 취할 수 있다.

4부_무기 발사! (6단계)

이번 개정판에서 가장 급진적으로 달라진 부분이 이 부분이다. 내가 '무기 발사'라는 전략을 개발했을 때 나는 과거에 했던 것보다 10배는 빠르게 조직을 구축했기 때문이다. 이것은 빨리 실행에 옮기고 이익을 실현하는 과정에서 가장 중요한 부분이다.

발사라는 개념은 최대한 빨리 제3자 도구들을 활용해 최대한 많은 사람에게 기회를 노출시키는 것이다.

제품이나 기회를 '판매'할 필요는 없다. 이야기는 도구들이 하게 한다. 누군가에게 말을 하고 있을 때는 무조건 도구에 대해 언급하라는 말을 기억하라. 각각의 도구들을 노출시키면서 12~24시간 내에 다음 일정이 뒤따라야 한다.

무기 발사의 목적은 최소한 80~100명의 후보자를 즉시 프로스펙트 대상자로 이끄는 것이다. 이것은 80~100명을 후원하거나 그 많은 사람에게 다 프레젠테이션을 하라는 뜻이 아니다. 그들이 관심이 있는지 이 사업에 대해 살펴볼 기회를 주는 것뿐이다. 견인력 있는 사업 파트너들을 충분히 확보하기 위해서는 많은 사람에게 이 사업에 대해 검토해볼 기회를 주는 것이 중요하다.

역설적으로 보일지 모르지만 이 사업은 천천히 구축하는 것보다 빨리 구축하는 것이 실제로 더 쉽다. 빨리 시작하면 하위 그룹으로 퍼져 내려가는 흥분과 추진력이 만들어진다. 순식간에 긍정적인 현금 흐름에 돌입하면, 자신의 팀에 빨리 추진하는 풍조를 만들게 되고 프로스펙트들에게 성공의 예를 생생하게 보여줄 수 있다.

네트워크 마케팅은 누구에게나 맞는 완벽한 직업이다. 하지만 누구나가 네트워크 마케팅에 맞는 완벽한 사람은 아니다. 지금 당장 사업 기회에 관심을 갖지 않는 사람들도 있다. 기회를 바라면서도 일을 하기는 꺼리는 사람도 있다. 제품을 소비하면서 사업은 하지 않는 사람도 있다. 모두 괜찮다. 그들을 분류하기만 하면 된다. 가장 좋은 것은 여러 가지 견인을 만들어 내는 다면적인 접근이다. 성공적인 무기 발사를 하는 방법은 다음과 같다.

● 1단계: PBR 발사

리크루팅의 기본은 사적인 비즈니스 연회(Private Business Receptions: PBRs)다. 집에서 자신의 팀원이 되었으면 하는 주요 대상자들을 초대해 사업 기회를 알려주는 비공식적인 모임이다. 프레젠테이션용 비디오 테이프나 스폰서 업라인에서 당신을 대신해 프레젠테이션을 해줄 사람이 함께 있는 것이 가장 좋다. 후보자들은 아주 친밀하고 강압적이지 않은 방식으로 이 사업에 대한 모든 것을 볼 수 있다.

3~4회 정도의 첫 '개업' PBR 일정을 짠다. 첫 번째 PBR은 사업에 참가한 지 3~4일 만에 열고, 2~3일 간격으로 다음 PBR이 이어져야 한다. 이렇게 날짜를 잡아야 프로스펙트들은 유연하게 자기에게 맞는 날짜를 골라서 참가할 수 있다. 또한 이렇게 함으로써 이 사업을 대규모로 운영하면서 초기 견인력을 만들어 줄 중요한 소수의 사람을 찾아낼 사업자들을 충분히 등록시킬 수 있다.

목표는 자신이 가입하고 7~10일 안에 적어도 3회의 PBR을 완수하는 것이다. 이것은 추진력을 만드는 가장 빠른 방법이다. PBR을 효과적으로 수행하고 빨리 시작하는 데 도움이 되는 지침이 몇 가지 있다.

PBR 전

- 최고의 프로스펙트들을 결정하고 집으로 초대하기 위해 프로스펙트 명단을 훑어본다. 그들에게 당신이 새로운 사업을 '개업'했고, 그들의 지원을 바라며, 어떤 사업인지 보여주고 싶어한다는 것을 알린다(대부분의 사람은 개업을 좋아하기 때문에 개업이라는 말은 많은 참석자들을 불러들인다.).

- 너무 많은 질문에 말려들지 않는다. 사람들이 물어보면 회사의 이름을 알려주고, 특별한 비디오 프레젠테이션을 준비했다든가, 소개시켜줄 사람이 있다고 한다. 당신은 이제 막 시작한 신참이라 모든 질문에 답을 할 수 없지만 프레젠테이션을 통해 원하는 정보들을 얻을 수 있을 것이라고 설명한다.

- 프레젠테이션 전에 주의를 집중하는 데 방해되는 것들을 치운다 (전화, 애완동물, 아이들 등등).

- 미팅을 위해 가구를 들여놓지 않는다. 모든 것을 평소처럼 하고 사람들이 도착할 때 필요하면 의자만 더 가져다 놓는다.

- 음료나 (주류 제외) 간단한 간식만 제공한다.

- 손님들에게 줄 자료 패키지를 준비하되 눈에 띄지 않는 곳에 둔다.

- 제품들을 전시해 놓지 않는다.

PBR

- 사람들이 도착하면 환영 인사를 하고 편안히 앉게 한다. 손님들을 서로 소개해주고 격의 없는 대화를 한다.

- 정해진 시간에서 몇 분 이상 늦어지지 않게 시작한다. 누가 늦었고 오지 않았다는 말은 할 필요 없다. 참가한 사람들에게만 집중한다.

- 모두에게 공식적인 환영 인사를 하고 참가해 준 데 대해 감사 표시를 하며 시작한다. 자신이 왜 이 사업을 시작하게 됐는지 간략하게 30초 정도 이야기를 하고 비디오를 작동시키거나 발표자를 소개한다.

- 프레젠테이션이 진행되는 동안 집안을 돌아다니지 않는다. 앉아서 손님들과 함께 비디오를 본다.

- 늦게 도착한 사람들이 있어도 처음부터 다시 시작하지 않는다. 그들에게는 나중에 따로 놓친 내용을 알려주겠다고 말한다.

- 프레젠테이션이 끝나면 자료 패키지를 각각 혹은 두 명에 한 세트씩 나누어 준다.

- 이제 질의응답 시간이다. 스폰서가 그 자리에 있거나 전화 연결이 가능하다면 질문을 그에게 넘긴다. 그 자리에 없다면 도구들을 활용해 질문에 대한 답을 한다. 예를 들어 보상 플랜에 대해 질문한다면 사업자용 자료에서 그에 관련된 부분을 찾는다. 제품에 대한 질문을 하면 제품 카탈로그를 활용한다.

- 관심을 보이는 사람이 있으면 이해가 됐는지 물어본다. 긍정적인 반응을 보이면 사업을 시작할 준비가 됐는지 물어본다.

- 시작할 준비가 된 사람들을 등록시킨다.

● 등록하지 않은 사람들은 자료들을 살펴보게 한다. 자신이 빠르게 사업을 구축해 나가고 있다는 것을 알리고 자료들을 즉시 살펴본 뒤 이런 좋은 기회를 꼭 활용하기를 바란다고 말한다. 이후에 전화로 상황을 확인하고 또 다른 PBR이나 사업 설명회가 며칠 안에 계획되어 있다면 그들을 초대한다.

PBR 후

● 등록하지 않은 사람들에게 12~48시간 내에 사후 조치를 취한다. 다른 미팅에 초대하거나 스폰서와 함께 3자 간 전화 통화를 한다.
● 새로운 팀 멤버들이 자신의 PBR을 열 수 있도록 도와주고 과정의 복제를 시작한다.

성공적인 결과를 위한 조언

● 정시에 시작하고 간단하게 이야기한다.
● 사업에 대해 너무 많은 말을 하지 않는다. 도구들이 말하게 한다.
● 전문가처럼 행동하고 어울리는 복장을 한다.
● 손님들에게 메모를 할 수 있도록 메모지와 펜을 제공한다.

· 주의 : 나는 여전히 홈 미팅의 힘을 믿는다. 많은 이가 홈 미팅이 효과가 없으며, PPC 광고(Pay Per Click: 온라인 광고에 클릭한 횟수에 따라 광고료를 지불하는 방식 - 역주)나 이메일 명단을 돈을 주고

빌리는 것과 같은 방식으로 모르는 사람들만을 접촉해서 사업을 펼쳐나갈 수 있다고 주장한다. 나는 그런 말에 속지 않는다. 그런 전략들은 장기적인 복제를 만들어 내지 못한다. 그리고 그들은 친구들이나 이웃, 지인들에게 얘기해서는 안 된다고 주장하는데 정말 말도 안 되는 소리다. 그런 전략들을 추구하는 사람들이 정말 이 일의 가치를 믿는다면 자기가 아끼는 사람들에게 이야기하지 않을 수 없다.

PBR 발사 계획과 일정표를 짠다:

_____

_____

_____

_____

_____

_____

● 2단계: 대중 시장 프로스펙팅 도구 발사

시작하고 10일 안에 (하루에 평균 5명씩) 대중 시장 프로스펙팅(자격을 갖춘 프로스펙트를 찾는 과정) 도구를 최소한 50명의 프로스펙트에게 전해준다. 물론 모두가 받자마자 자료를 살펴보지는 않을 것이다. 하지만 이렇게 함으로써 최소한 25~30명에게 의미 있는 노출을 할 수 있다. 의미 있는 노출이란 사람들이 실제로 시간을 들여 자료들을 살펴보는 것을 뜻한다.

이 단계는 PBR에 오지 않을 것 같다고 생각하지만 그래도 사업에 대해 알려줄 필요가 있는 사람들에게 가장 적합하다. 잘 알지는 못하지만 가볍게 알고만 지내는 사람들에게도 효과적이다. 가게 점원이나 친절한 택시 기사, 단골 식당 종업원처럼 일상생활 속에서 만날 수 있는 사람들 중에 좋은 인상을 남기는 사람들에게도 적절하다.

사람들에게 말을 걸 때 사용하면 좋은 예들이 있다. 자신에게 맞는 것이 있는지 여기 제시된 접근법들을 살펴보자.

"피터, 이 DVD에 내가 접해본 것들 중 가장 중요한 정보가 담겨 있어요. 언제 시간을 내서 이것을 볼 수 있어요?"

"피터, 나는 당신이 그 일에서는 최고로 손꼽힌다는 거 알아요. 내가 몸담고 있는 새로운 사업에서도 당신은 성공할 수 있을 거예요. 당신이 잡지를 읽고서 내게 의견을 말해 주면 좋겠어요. 시간을 내서 이 잡지를 읽어볼 수 있어요?"

"피터, 내가 새로운 사업을 시작하면서 리더를 찾는 중인데 바로 당신이 떠올랐어요. 이 CD를 검토해 보고 당신의 생각을 얘기해주세요."

"피터, 내가 아는 명석한 사람들을 모아 새로운 사업을 시작하려고 해요. 당신의 기술이 이 사업에 꼭 필요해요. 30분만 시간을 내서 이 DVD를 봐줄 수 있어요?"

"피터, 내가 최근에 수입을 다각화하기로 하고 이를 위해 새로운 사업을 시작했어요. 내 생각에 당신이 이 DVD 내용에 굉장히 흥미를 느낄 것 같아요. 언제쯤 이 DVD를 볼 수 있나요?"

추후 과정

자료들을 살펴보는 사람들을 생각보다 많이 만나게 될 것이고, 자료들을 빨리 나누어줄수록 더 좋은 반응을 얻을 것이다. 프로스펙트들에게 당신이 신속하게 사업을 추진하고 있다는 사실을 알리고 자료들을 빨리 살펴보라고 요구하라.

열정적이고 바쁘게 접근하되 너무 흥분해서 프로스펙트를 압박해서는 안 된다. 자료들에 전혀 관심을 보이지 않는 사람들은 시간을 내주어서 감사하다는 말과 함께 넘어가면 된다. 후보자들에게 자료를 검토할 기회를 주고 언제 다시 연락하겠다는 시간 약속을 정했을 때 최상의 결과를 얻을 수 있다. 그들의 반응은 다음과 같을 것이다.

당신의 프로스펙트가 자료를 검토해 보겠다고 하면 "잘됐어요! 언제 확실히 이 자료를 볼 수 있죠?"라고 묻고 상대의 대답을 기다린다. 언제라고 대답하는지는 중요하지 않다. 그리고 나서 "내가 다음에 전화했을 때 (확실히 자료를 보겠다고 한 그 날짜 이후에) 당신은 이 자료를 분명히 확인한 뒤겠네요?"상대가 그렇다고 하면 연락처를 물어본다.

이렇게 하면 프로스펙트는 자료를 보겠다고 여러 번 말하게 된다. 이렇게 집중적인 접근을 통해(적절한 자세와 함께 취한다면) 80% 혹은 그 이상의 긍정적인 답변을 얻어낼 것이고 이런 확률은 조직 내에서 복제될 것이다. 이런 과정이 없이는 긍정적인 답변을 받아낼 확률이 현저히 낮아지고 그 역시 조직 내에서 그대로 복제된다.

당신이 연락하겠다고 한 시간에 전화해서 이렇게 묻기만 하면 된다. "자료들을 검토해 봤어요?"

아직 보지 않았다고 하면 "정말 중요한 자료예요. 언제 확실히 볼 수 있죠?"라고 묻는다. 상대가 대답한 뒤 "좋아요. 그럼 제가 ○일에 다시 전화하면 분명 자료를 검토한 뒤겠죠?"라고 한다.

상대가 프레젠테이션 자료를 볼 때까지 혹은 관심이 없다고 말할 때까지 이 과정을 반복한다.

상대가 자료를 본 뒤에는 "무슨 얘기인지 알겠어요? 이해가 됐어요?"라고 묻는다. 그렇다고 대답하면 "이 일을 시작할 준비가 됐어요?"라고 묻는다. 만약 관심이 없다고 하면 시간을 내주어서 고맙다고 말하고 소비자로서 제품에 관심이 있는지 확인해 본다.

흥미는 있지만 시작할 준비가 되어 있지 않다면 다음 단계로 과정을 확대시킨다. PBR이나 사업 설명회에 초대하거나 3자간 전화에 연결하거나 리더십 훈련 전화나 인터넷 생방송을 듣게 하는 것이다.

좋은 인상의 사람을 만났을 때의 접근법에 대한 예는 다음과 같다.

"당신은 그 일만 하기에는 아까워요. 우리 사업을 하게 되면 분명 굉장한 능력을 발휘할 거예요. 검토해볼 수 있는 정보를 드리고 가도 될까요? 괜찮다고 생각되면 뒤에 적힌 제 전화번호로 연락주세요."

"당신이 일하는 것을 보고 깊은 감명을 받았어요. 당신은 분명 제가 하고 있는 사업에 뛰어든다면 크게 성공할 거예요. 검토해볼 수 있는 정보를 드리고 가도 될까요? 괜찮다고 생각되면 뒤에 적힌 제 전화번호로 연락주세요."

"당신이 일하는 것을 보고 정말 감동받았어요. 네트워크 마케팅에 대해 아세요? 제가 일하는 이제 막 시작하는 새로운 (확장하는, 이미 자리잡은) 회사에서 리더를 찾고 있어요. 검토해볼 수 있는 정보를 드리고 가도 될까요? 괜찮다고 생각되면 뒤에 적힌 제 전화번호로 연락주세요."

당신이 발굴할 뛰어난 리더들 중 일부는 당신이 지금은 모르는 사람일 수도 있다. 그러니 일상생활을 하면서 만나는 사람들 중에서 똑똑한 사람들을 발굴해야 한다. 다른 분야에서 성공한 사람들이 보통 네트워크 마케팅에서도 성공한다. 그런 사람들과 마주치게 될 때를 대비해 항상 자동차, 핸드백, 가방에 프로스펙팅 도구들을 챙겨서 다녀야 한다.

대중 시장 프로스펙팅 도구 발사를 위한 시간표를 작성하고 계획을 짜라:

_____

_____

_____

_____

_____

● **3단계: 전화 발사**

이 단계는 당신이 영향력을 미칠 수 있는 사람이지만 자료를 빨리 받아볼 수 있을 만큼 가까운 곳에 있지 않은 사람이나 PBR에 참가할 수 없는 사람들에게 적합하다. 긴박감을 가지고 이 사람들에게 전화를 한다. 그리고 다음과 같이 이야기한다.

"데이빗, 메모를 하게. 이 웹사이트를 적어. (웹사이트 주소를 불러준다.) 내가 시작하는 새로운 사업에 대한 거야. 자네도 꼭 함께 했으면 좋겠네. 검토해 보게. 내가 O일에 다시 전화하겠네. 그때 다시 이야기하세."

"안녕, 데이브, 내가 새로 사업을 시작했는데 자네가 처음 생각한 사람들 중 한 명이야. 자네가 이 일을 아주 잘할 수 있을 것 같아. 지금 메모지 있어? 이 웹사이트에 들어가서 한편 살펴봐. 공짜 여행, 보너스 자동차, 강력한 잉여소득을 얻을 수 있는 방법이 있어. 한번 검토해 봐. 내가 O일에 다시 전화할게. 그때 다시 이야기해."

항상 그날 오후 늦게나 다음 날에 결과를 물어보는 전화를 하는 것으로 계획표를 짜야 한다.

PBR 발사 계획과 일정표를 짠다:

_____

_____

_____

_____

_____

_____

_____

● 4단계: 장거리 발사

멀리 떨어져 사는 후보자들 10명에게 정보 자료들을 우편으로 보낸다. '긴급 사항: 이 DVD를 꼭 보고 당신의 의견을 말해 주세요' 라고 손으로 포스트잇에 쓴 메모 같은 것도 같이 보낸다.

이 단계는 알고는 있지만 큰 영향력을 미치지는 않는 사람들이나 한동안 연락하지 않고 지냈던 사람들에게 적합하다. 옛날 학교 친구들, 이전에 살던 동네의 이웃들, 연말 카드 발송자 명단에 있는 사람들이다. 효과를 극대화하기 위해 먼저 전화를 걸어 중요한 소포를 보내니 언제쯤 도착할 것이라고 이야기한다. (클래스메이트닷컴Classmates.com, 페이스북Facebook, 리유니온Reunion 같은 SNS를 통해서 과거에 알고 지내던 사람들을 쉽게 찾을 수 있다.)

상대방으로 하여금 기대감을 갖게 하고, 빨리 전화를 끊는다. 끊임없이 이어지는 질문들에 일일이 대답할 필요는 없다. 전화 통화할 시간은 없고 곧 도착할 소포를 보면 다 알 수 있다고 말한다. 그리고 곧 다시 전화하겠다고 하고 끊는다. 최선의 결과를 위해서는 '우등 우편물'(미국 내에서 1~4일 내에 받아볼 수 있는 우편 서비스)로 발송하거나 각 나라에서 그와 비슷한 서비스의 우편 서비스를 이용한다.

장거리 발사를 위한 시간표를 작성하고 계획을 짜라:

● 5단계: 이메일 발사

이 단계는 집 주소는 없지만 이메일 주소만 가지고 있는 사람들에게 딱 맞는 방법이다. 소포를 보내기에는 비용이 너무 많이 드는 외국에 있는 프로스펙트들에게 사용하기에도 아주 좋다. 간단하게 2단계의 과정으로 진행된다.

처음 보내는 이메일에서 관심이 있는지 알아내고 두 번째 보내는 이메일에서 웹사이트나 온라인 프레젠테이션으로 직접 연결하는 것이다.

나는 처음 사업을 시작했을 때 이 과정을 훌륭하게 해냈다. 덕분에 진지한 관심을 보이는 사람들과 시간을 보낼 수 있었고 프로스펙트가 아닌 사람들에게 시간을 낭비하지 않아도 됐었다. 아래 예를 보면 나는 네트워크 마케팅에 대해 바로 솔직하게 드러냈음을 알 수 있다. 가능성이 없는 사람들에게 나의 시간을 허비하고 싶지 않았다.

이것은 하나의 예일뿐이다. 당신의 스폰서 라인과 함께 당신의 회사에 알맞은 이메일 견본을 만들라.

이메일 1.　제목 : 잉여소득사업

안녕하세요, 카렌?
상당한 잉여소득을 얻을 수 있는 부업에 대해 관심 있으십니까?
지금 꽤 규모가 큰 사업을 시작하려고 하는데 당신을 저희 팀에 모시고 싶습니다.

저는 이제 막 생겨난 [안정적이고 명망 있는] 네트워크 마케팅 회사와 일하고 있습니다. 저희 회사는 이 업계에서 향후 10억 달러 규모의 회사로 성장할 모든 조건을 갖추고 있습니다. 우리 회사는 급성장하는 사업 기회를 제공하며, 당신이 일하고 있는 분야에서의 리더들을 찾고 있습니다. 우리는 초기에 이 기회를 활용할 뜻이 있는, 뛰어난 교육 및 훈련 기술을 가진 사람들을 찾고 있습니다.

다음과 같은 이유들 때문에 이것은 강력한 기회가 될 것입니다.

1) 당신은 시작부터 참여할 수 있습니다!

본사는 최근에 이 [나라]에서 이 사업을 발족했습니다. 이것은 남들보다 훨씬 앞서나갈 절호의 기회입니다. 대부분 사람이 이런 기회가 있다는 것조차 모를 때 시작하기 때문이죠. 우리는 우리 팀에서 훈련시킬, 자신만의 시장을 가지고 있고 거기서 도약할 리더들을 찾고 있습니다.

2) 높은 수준의 잉여소득을 올릴 수 있습니다.

진정한 부를 위해서는 잉여소득을 갖는 것이 얼마나 중요한지 아실 겁니다. 이 사업의 보상 플랜은 수입을 얻을 수 있는 _____가지 방법을 제공합니다. 그리고 그 수입은 대부분 잉여소득입니다.

3) 거대한 시장 수요를 충족시키는 매력적인 제품을 제공합니다.

우리 제품은 _____ 입니다. 다양한 라이프스타일 요인과 트렌드 속에 현재 이 제품에 대한 수요는 폭발적입니다. 그렇기 때문에 향후 오랜 세월 동안 안정적인 사업과 수입을 보장합니다.

이 사업에 대해 듣고 싶으십니까? 아니면 다른 일들 때문에 검토할 시간도 없이 바쁘십니까?

바로 저에게 답해 주십시오.

감사합니다.

_____ 드림

이메일 2.

안녕하세요, 카렌?

우리 사업에 관심이 있으시다니 기쁩니다. 당신은 우리 일에 가장 적합한 인재이기 때문에 잘 해내리라고 믿습니다.

우리는 누구나 복제할 수 있는 아주 간단한 시스템을 마련했습니다. 웹사이트 _____ 를 방문해 정보들을 살펴보세요. 검토가 끝난 뒤 얘기를 나눕시다. 우리는 지금 굉장히 빠르게 전진하고 있으며 당신이 우리 팀에 합류하기를 간절히 바랍니다.

감사합니다.

_____ 드림

· 주의: 이메일 내용에 몇몇 개인적인 의견을 추가해 자신만의 것으로 바꾼다면 응답률은 더 높아질 것이다. 그리고 이 메일들은 반드시 아는 사람들에게만 보내야 한다! 사람들은 낯선 사람들이 제시

하는 일에는 좀처럼 참여하지 않는다. 구매하거나 대여한 대량 이메일 명단의 사람들에게 보낼 경우, 당신의 이름은 스팸 메일 목록에 올라가게 될 것이다.

최상의 결과를 위해서는 24시간 후 반드시 사후 조치를 취해야 한다. 프로스펙트가 관심은 있지만 합류할 준비가 되어 있지 않다면 과정을 확대한다. 우편으로 자료 패키지를 보내고 스폰서 라인의 누군가와 함께 3자 간 전화에 연결시키거나 생생한 미팅이나 인터넷 생방송을 본다.

이메일 발사를 위한 시간표를 작성하고 계획을 짜라:

_____

_____

_____

_____

_____

● 6단계: 인쇄물 배포 발사

대중 시장 리크루팅 도구들을 자기 지역 시장의 서로 다른 20여 곳에 5개에서 10개씩 비치해 둔다. 예를 들어 세차장, 미용실, 병원의 대기실, 호텔 로비, 커피숍 같은 곳 말이다. 위의 방법들보다는 생산성이 낮을 것이다. 하지만 이 방법은 아직 모르는 사람들을 만날 수 있게 해주고 24시간 내내 가동된다.

인쇄물 배포 발사를 위한 시간표를 작성하고 계획을 짜라:

_____

_____

_____

_____

_____

_____

무기 발사의 결과를 최대화하기 위한 일반적인 조언

이 사업에서 부를 만들어 내는 비밀은 공식을 따르는 데 있다는 것을 명심해야 한다.

> "아주 많은 사람을 이끌어라
>
> – 그들에게 몇 가지 단순한 행동을 하게 하라
>
> – 이것을 일정 기간 동안 유지하게 하라."

위에 정리한 것처럼 무기 발사로 사업을 시작하는 것은 이 공식과 완벽하게 들어맞는다. 어떤 배경이나 학력을 가진 사람이든 누구나 이런 간단한 단계는 따를 수 있다. 그리고 이 모든 것은 제3자 도구들을 활용하는 것이다. 따라서 사업은 당신 혼자 해결할 문제가 아니고 누구나 당신의 결과들을 복제할 수 있다.

스스로 프레젠테이션을 하려고 하지 말고 늘 제3자 도구들을 사용한다. 누군가에게 도구를 전달했다면 언제 다시 확인할 것인지 일정을 분명하게 짜야 한다. 누군가 조금이라도 관심을 보인다면(단순히 질문만 던지는 것일지라도), 즉각 그 사람을 확장된 다음 단계로 유도한다.

이런 모든 과정에서 가장 중요한 것은 일단 무기 발사를 시작하고 수많은 사람이 당신의 사업을 평가하게 하는 것이다. 이 과정에서 강한 자세를 유지해야 한다. 서둘러야 한다. 당신에게는 재능이 있다. 절대 구걸해서는 안 된다. 프로스펙트 모집 결과에 감정적으로 종속되어서는 안 된다. 사람들이 좋아하지 않는다면 당신이 아니라 제3자 도구를 거절한 것이다.

작은 사업 구축자

다음 주제로 넘어가기 전에 '작은 사업'을 하고 싶어 하는 사업자들에 대해 논할 필요가 있다. 그들은 제품에 대해 열광하고 제품 마케팅에 집중하고 싶어한다. 핵심이 되기 위해 헌신하거나 주당 10~15시간을 투자해 사업을 구축해나가고 싶어 하지 않는다. 그들의 유일한 욕구는 제품을 자신들이 사용하고 친구들이나 가족에게 제품을 소매로 판매하는 것이다.

그들은 일반적인 '빠른 출발' 훈련도 원치 않고 이런 무기 발사도 하지 않을 것이다. 그러니 그들에게 강요할 필요는 없다. 그 대신 작은 사업을 추구하는 사업자들을 등록시킬 때 한두 시간을 할애해, 필요한 내용을 사업자용 자료 패키지 어느 부분에서 찾을 것인지, 주문은 어떻게 하는지, 그들이 알아야 할 절차적 정보는 무엇인지 훑어본다. 그들에게 행사 일정을 알려 주고 언제든 행사 참여를 환영한다는 사실을 강조한다. 모든 행사에 참여할 것을 강요하지는 않는다. 모든 사람이 큰 사업에 관심이 있는 것은 아니다. 그들에게 강요하지 않을 것임을 확실히 하고, 궁금한 게 있거나 도움이 필요할 때는 언제든 도와주겠다고 한다.

그러나 그들에게 '큰 사업'(스폰서로서 후원하고 복제하는)을 하기를 원하는 사람을 만날 수도 있음을 알려준다. 그리고 그런 사람들을 만나면 당신에게 데리고 오라고 한다. 큰 사업을 원하는 사람은 작은 사업을 하는 스폰서는 줄 수 없는 프레젠테이션, 훈련, 상담 등에 관한 도움이 필요할 것이다. 작은 사업자 아래 모집된, 큰 사업을 추구하는 사업자를 소개받았을 때는, 그가 프론트라인의 사업자인 것처럼 함께 일한다.

· 주의: 이런 일이 있을 때는 작은 사업을 추구하는 스폰서에게 큰 사업에 대해 다시 한 번 고려해보라고 제안하는 것이 좋다. 작은 사업을 추구하는 스폰서는 필요한 일들을 이미 하고 있기 때문에 몇 가지 프레젠테이션 기술만 더 갖춘다면 큰 사업으로 자신을 업그레이드하고 더 큰 보상을 받을 수 있다. 소매 판매만 하는 사업자들은 필연적으로 큰 사업을 원하는 사람들을 만나게 돼 있다. 어느 순간 자신을 업그레이드하지 않으면 결국 막대한 수익을 올릴 기회를 놓칠 것이다. 하지만 그들에게 강요해서는 안 된다. 그들이 작은 사업에 만족한다면 그것만으로도 고맙게 여기고 그들의 선택을 지지한다.

7

How to Build
a Multi-Level
Money Machine

7장

파워 프로스펙팅

파워 프로스펙팅

오늘 또 같은 일이 있었다. 몇 년 동안 연락 없이 지내던 친구가 한 번 통화하고 싶다는 메모를 비서를 통해 받았다. 그래서 전화를 해서 전화한 이유를 물었다. 친구는 자기가 새로 시작한 네트워크 마케팅 프로그램에 함께 하지 않겠느냐고 물었다. (후유!)

당신은 궁금할 것이다. 이 사람들은 이런 것을 배우는 걸까?

나는 내가 이미 네트워크 마케팅 회사 - 그들도 일했던 그 회사, 그리고 그들이 아무것도 하지 않았던 그 회사 - 에서 일하고 있다는 것을 기억하지 못하느냐고 묻는다. 그들은 아니나 다를까 아직도 그 회사 일을 하느냐고 묻는다.

나는 "음, 그럼."이라고 답한다. "지난 달에 15만 달러를 벌었어. 그래서 지금 일에 만족해."

그러고 나면 대부분 그들은 소심하게 자기 제품을 살 수 있는 내 친구나 가족들의 이름과 전화번호를 줄 수 있는지 물어본다. (후유! 후유!)

나는 이런 전화를 주로 사무실에서 받는다. 그들은 내 비서에게 급한 상담이나 훈련 프로젝트가 있어서 바로 통화해야 한다고 말한다. 남긴 메모를 보고 내가 전화를 하면 그들이 하는 말은 "안녕, 랜디, 내 이름은 누구누구야. 몇 년 전에 우리 네트워크 마케팅IA 대회에서 만났잖아. (난 네트워크 마케팅IA 대회에 가본 적이 단언컨대 한 번도 없다.) 난 XYZ 회사랑 일하는데 너와 한번 이야기하고 싶었어. 어쩌고저쩌고…."

항상 같은 내용이다. 그들이 나에게 '상담 프로젝트' 또는 '사업 기회'에 대해 평가해 달라는 것은 내가 그들 아래의 사업자로 등록하기를 바란다는 뜻이다.

내가 전화를 했기 때문에 전화했다는 사람들도 있고, 옛날에 학교 다닐 때 내 친구(내가 학교 때 친구도 기억 못한다는 듯이!)라고 얘기하는 사람들도 있고, 또는 비서를 통과하기 위해 노골적인 거짓말을 하는 사람들도 있다. 이들은 빌어먹을 토너나 전구를 파는 외판원들보다 나쁘다. 그들은 그런 사실을 모른다.

무기 발사를 시작할 때, 반드시 명심해야 할 것들이 있다….

네트워크 마케팅에서 꾸준히 최소한 월 2만5천 달러의 소득을 올리는 사람들은 절대 프로스펙트들에게 보채거나 거짓 정보를 주는 것처럼 짜증나게 하는 일을 하지 않는다. 그들은 사람들과 만나기 위해 정직하지 않은 말이나 앞뒤가 맞지 않는 말을 하지 않는다. 그들은 스팸 메일을 보내지 않고 명단만 보고 아무에게나 전화로 접촉을 시도

하지 않는다. 그들은 자기가 아는 사람들은 누구도 멀어지게 만들지 않고, 몸과 마음을 지치게 하는 달콤한 유혹들을 좇지 않는다. 그들은 자격을 갖춘 프로스펙트들과 이야기하고 고품질의 프레젠테이션을 위해 격식 있는 약속을 만든다.

판매가 아니라 분류다

대부분의 사람은 네트워크 마케팅이 판매하는 일이라고 생각한다. 필요하지도 않은 제품을 살 어리숙한 프로스펙트를 잡아 물건을 파는 일이라고 생각하는 것이다. 그래서 그들은 프로스펙트들이 원하거나 필요하지도 않은 물건들을 강제적으로 사도록 하기 위해 신경언어 프로그래밍(사람을 우수하고 탁월하게 기능하도록 하는 방법을 연구하는 것 - 역주), 마무리 전략, 조종 기술을 배우는 데 자신의 시간을 소모한다. 토니 로빈슨(『네 안에 잠든 거인을 깨워라』, 『머니 - 부의 거인들이 밝히는 7단계의 비밀』 등의 저자, 동기부여 전문가 변화 심리학의 권위자로 알려져 있다 - 역주)과 제2의 토니가 되고 싶은 수 많은 사람이 그런 식으로 가르치는 가내 공업을 만들어냈다. 많은 네트워크 마케팅 종사자가 이 경쟁에 뛰어들어 이런 종류의 고압박 판매 기술들을 네트워크 마케팅에 들여왔다.

이들은 저녁 식사 시간에 전화를 해서 이런 식으로 이야기하는 명칭이들이다. "안녕하세요, 짐? 저 모르시겠지만-이것은 막연한 추측일 뿐이다 - 저는 당신이 아주 명석한 사람이라고 들었어요. 제가 지금 확장하고 있는 사업을 함께 할 만한 분이라고 생각합니다."(깍!)

다른 접근

나는 원하지 않는 사람에게 무언가를 팔 생각은 눈곱만큼도 없다. 당신도 분명 그럴 것이다. 제대로 된 네트워크 마케팅은 간단하지만 매우 심오한 철학을 바탕으로 한다.

우리는 찾는 사람들을 찾는다.

더 구체적으로 얘기하자면 우리 일은 자격을 갖춘 프로스펙트를 발견해서 그들 앞에 우리의 마케팅 메시지를 내어놓는 것이다. 그들에게 충분한 정보를 주어서 스스로 옳은 결정을 내릴 수 있게 한다.

그 결정이 우리의 기회에 함께 참여하는 것이어도 좋고 제품을 구매하는 것이어도 좋다. 그들이 원하지 않는다고 해도 좋다. 우리 일은 필요로 하거나 갈망하지 않는 사람들에게 우리의 기회나 제품을 파는 것이 아니다. 우리가 가진 것을 원하는 사람들을 찾고 그들에게 충분한 정보를 주어서 그들 스스로 기회를 선택하게 하는 것이다. 그리고 그것이 공정한 가치 교환임을 이해하게 만드는 것이다.

네트워크 마케팅은 판매하는 과정이라기보다는 분류하는 과정에 훨씬 가깝다. 수많은 세일즈 트레이너, 마케팅 전문가, 저자와 내가 다른 것은 기본적인 철학의 차이다. 원하지 않거나 살 여유가 없는 사람들을 물건을 사게 하기 위해 조종하거나 속일 필요가 없다. 그런 곳에는 진실성이 없다.

오늘날 우리가 직면한 매우 큰 어려움들 중 하나는 네트워크 마케팅 회사의 임원들 중에 우리 사업의 진정한 본질을 정확히 꿰뚫고 있거나, 판매와 마케팅의 차이를 제대로 이해하는 사람들이 극소수라는 사실이다. 어떤 대회를 가보아도 신경언어 프로그래밍, 세 걸음 법칙(세 걸음 안에 있는 사람은 누구나 프로스펙트가 될 수 있다는 법칙 - 역주), 강력한 마무리 기술을 가르치는 강사들을 초빙한다. 내가 이 사업을 하면서 발견한 것이 있다면 이것이다.

상대를 강하게 압박할수록 복제는 더 잘 되지 않는다.

나는 물건을 판매하는 데는 젬병이고 더 나아지고 싶은 생각도 없다. 그러나 나는 뛰어난 마케팅 전문가로서의 자부심은 있다.

우리 사업의 정수는 자격을 갖춘 프로스펙트들에게 최대한, 가장 효과적인 방법으로 우리의 마케팅 메시지를 프레젠테이션하는 것이다. 그들이 스스로 최상의 결정을 내릴 수 있도록 충분한 정보를 제공하는 것이다.

판매원들보다 학교 선생님이나 가정주부가 네트워크 마케팅에서 돈을 더 많이 번다는 이야기는 한 번쯤 들어봤을 법한 이야기다. 판매원보다 그들을 복제하기가 훨씬 쉽기 때문이다.

그럼 이제 당신은 생각할 것이다. "가만있자, 그럼 물건은 누가 팔지?"

좋은 질문이다. 분명 모든 네트워크 마케팅과 직접 판매 회사들은 연간 약 1200억 달러의 매출을 올리고 있고, 수많은 제품이 어딘가로 배송된다. 그러나 많은 제품이 전통적인 방식으로 팔려나가지 않는다. 복제를 통해 처리된다. 네트워크 마케팅은 친구들과 지인들 사이의 대화를 통해 혹은 입소문으로 파는 마케팅 사업이다.

타고난 세일즈맨은 개인적으로 많은 제품을 팔겠지만, 그런 사람은 복제할 수 없는 경우가 많다. 그들이 접근한 대다수의 프로스펙트는 판매에 재능이 없기 때문에, 판매를 두려워하고 스폰서가 사용하는 판매 기술들에 대해 흥미를 갖지 못하기 때문이다. 그 결과 그들은 복제되지 않는다.

네트워크 마케팅에서 대부분의 판매는 호별 판매나 소매 판매 없이 이루어진다. 보통 대화를 통해 제품을 알게 된 친구나 가족들이 제품을 사용한다. 컴퓨터와 배송 기술의 발달로 대부분 네트워크 마케팅 회사들은 생산 공장에서 주문한 소비자의 집으로 제품을 바로 보낸다. 대량의 재고를 쌓아놓았다가 제품을 배달해줄 필요가 없다. 사업자도 직접 제품을 사용하고, 직접 본사에 주문해서 제품을 구입하는 몇몇 친구나 이웃과 나누어 쓰기도 할 것이다.

판매 요령, 기술, 방법 들은 판매를 위해서는 중요하다. 하지만 네트워크 마케팅은 판매 사업이 아니라 교육 및 훈련 사업, 다시 말해 복제에 관한 사업이다. 중고차 시장에서 아주 효과가 좋은 판매 기술들을 네트워크 마케팅에서 사용했다가는 종종 역효과를 낳는다.

판매에 재능이 있는 사람들이 당신의 팀에 합류했을 때 그들로 하여금 시스템을 따르도록 하면, 그들의 판매 기술이 불리하게 작용하는 것을 방지할 수 있다. 시스템을 따랐을 때 당신과 당신의 사람들은 더 든든한 보장을 받게 되고 은퇴한 후 잉여소득을 얻을 가능성도 더 높아진다.

자신의 끈질긴 투지, 판매 기술, 개인적 강인함을 기반으로 성공한 것처럼 보이는 네트워크 마케터들도 있다. 그들은 거금을 벌고 자기 그룹에게는 성공한 것으로 보인다.

하지만 그들이 한 달만 일을 쉬면 어떤 일이 벌어질까? 즉각 수입이 곤두박질친다. 두 달을 쉬면 월 수입의 30%는 감소할 것이다. 세네 달을 쉬면 다시 돌아와서 할 일 자체가 없어질 것이다.

시스템과 함께 사업을 구축해 나가면, 라인을 확실히 구축해 놓으면, 당신이 일을 하지 않아도 조직은 계속해서 성장한다. 일단 시스템이 움직이게 설정해 놓으면, 시스템을 가동시킨 후에는 당신 없이도 사업은 굴러간다. 이것이 네트워크 마케팅의 지렛대의 힘을 이용한 완벽한 예다. 하지만 이것은 당신이 공식을 따랐을 때에만 효과가 있다.

"아주 많은 사람을 이끌어라

ㅡ 그들에게 몇 가지 단순한 행동을 하게 하라

ㅡ 이것을 일정 기간 동안 유지하게 하라."

여기서 단순한 행동들이 판매 기술이라면 그들은 공식을 따르지 못하게 될 것이다. 왜냐하면 판매에 재능이 있는, 타고난 세일즈맨은 전체 인구의 10%에 불과하기 때문이다.

이 모든 것을 염두에 두고 견고한 프로스펙팅 파이프라인이란 어떤 것인지 살펴보자. 그러면 당신의 팀에서 최상의 복제를 만들어 낼 수 있다.

초보자가 저지르는 매우 큰 실수들 중 하나는 스폰서링(스폰서로서 후원하는 것)이 한 번에 끝나는, 모 아니면 도인 행사라고 생각하는 것이다. 사실 스폰서링은 프로스펙트들에 따라 걸리는 시간이 각각 다른 과정이다. 당신의 목표는 제품을 판매하거나 누군가를 압박하는 것이 아니라, 그저 프로스펙트가 자신을 위해 최고의 선택을 할 수 있도록 충분한 정보를 제공하는 것이다.

사람들을 속이거나 압박하라고 가르치는 판매업과는 달리, 네트워크 마케팅에서는 스스로 행동을 하는 의욕이 넘치는 사람들을 찾는다. 세상에는 새로운 개념을 열린 마음으로 받아들이는 사람들도 있고, 자기가 가지고 있던 선입견에 갇혀 있는 사람들도 있다. 우리는 마음이 열린 사람들을 찾고 있다.

『시간의 역사(A brief history of Time)』라는 훌륭한 책에서 스티븐 호킹 교수는 대중에게 천문학을 강의하는 유명한 과학자의 이야기로 글을 시작한다. 과학자는 달이 지구의 궤도를 공전하고, 지구가 태양의 궤도를 공전하고, 그리고 우리 태양계가 은하계의 궤도를 공전하는 것에 대해 설명했다. 그가 설명을 마치자 아담한 체구의 한 노부인이 일어나 말했다. "말씀해 주신 내용은 말도 안 되는 소리예요. 세계는 거대한 거북이의 등이 받치고 있는 평평한 판이에요."

과학자가 잘 알고 있다는 듯한 미소를 지으며 대답했다. "거북이는 어디 위에 서 있죠?"

"참 똑똑하군요, 젊은이, 정말 똑똑해. 그 아래에는 거북이들이 쭉

받치고 있답니다!"노부인은 대답했다.

　우리는 이 노부인 같은 사람들을 알고 있다. 우리가 그들의 생각을 바꾸려고 애쓸 필요가 있는가? 그들이 우주는 거대한 거북이들 더미라고 믿는다면, 또는 네트워크 마케팅 기회라는 것은 전부 불법 피라미드라고 믿는다면, 당신이 아무리 그렇지 않다는 것을 증명하는 내용들을 보여주어도 그들의 믿음은 바뀌지 않을 것이다.

　네트워크 마케팅은 사람들에게 확신을 주거나 그들의 생각을 바꾸기보다는, 우리가 제공하는 것을 열린 마음으로 받아들이는 사람들을 찾는 일이다. 단계별로 나누어져 있는, 분류하는 과정이다. 프로스펙트가 보여주는 관심이나 헌신의 수준에 맞게, 그의 단계에 맞게 대응하는 것이다. 당신은 모든 네트워크 마케팅은 폰지 사기라고 믿는 사람들을 만날 것이다. 열린 마음을 가진 사람들도 많은데 왜 그런 사람들을 설득하느라 당신의 귀중한 시간을 낭비하는가?

　사실 네트워크 마케팅에 대한 저항은 이 직업이 사람들로부터 점점 더 많은 신뢰를 얻어감에 따라 무너지고 있다. 누구나 이 사업에서 성공한 누군가를 알고 있고, 주류 언론에서 이 사업을 널리 다뤄왔고, 기존의 구 경제 모델이 무너지고 있다. 요즘 네트워크 마케팅은 여러 곳에서 매우 존중받는 분야가 되었다. 이는 마땅한 일이다. 사람들에게 파이프라인을 선보이고, 당신이 제공하는 기회에 노출시키고, 그들이 스스로를 분류하게 하면 된다.

확대 사다리

내가 '확대 사다리'라고 부르는 것이야 말로 네트워크 마케팅에서 성취해야 할 역학이다. 이에 대해서는 4장에서 다루었다. 여기서 좀 더 구체적으로 이야기해 보자. 확대 사다리는 프로스펙트가 파이프라 인을 따라 한 단계 올라갈 때마다 이전 단계보다 과정을 확대하고 더욱 큰 거래로 만들어야 한다는 의미다. 예를 들어보자. 이것은 가 이드라인일 뿐이다. 당신이 속해 있는 프로그램에서 정확한 단계들이 어떻게 되는지는 스폰서 라인과 확인해 보기 바란다.

첫 번째 단계는 잠재적인 후보와 당신의 관계에 따라 달라진다. 가까운 친구이거나 친척일 경우, 극장에서 줄 서 있다 만난 사람과는 다르게 접근해야 할 것이다.

앞에서도 언급했듯이 가까운 지역에 사는 사람들은 집에서 여는 PBR에 초대하는 것이 가장 좋은 출발이다. 관계가 어느 정도 있는 사람들은 이 초대에 응할 가능성이 아주 높다. 잘 알지 못하는 사람의 경우에는 먼저 대중 시장 프로스펙팅 도구를 사용한다.

도구는 당신이 합법적인 사업을 한다는 사실을 인식시킨다. 상대가 가능성이 있는 사람이라면 도구들을 검토한 뒤 마음을 열고 집에서 진행되는 프레젠테이션을 보러 올 것이다.

집에서 프레젠테이션을 보고 등록하는 사람들도 있지만 그렇지 않다고 해서 걱정할 필요는 없다. 많은 사람이 결정하기까지는 이 사업에 대해 어느 정도 노출이 되어야 한다.

집에서의 프레젠테이션이 끝날 무렵 사람들에게 "이해가 됐어요?"라 고 묻는다. 그렇다고 대답하면 이 사업을 시작할 준비가 되었느냐고 묻고, 아니라고 하면 다음 단계의 사다리로 확대시켜서 접근하면 된다.

다음 단계의 자료들을 우편으로 보내고 다음 미팅 일정을 알려준다. 다음 미팅은 아마도 호텔에서 개최되는 사업 설명회일 것이다.

그 다음에는 수백 명의 사람이 참가한 더 큰 미팅에 참가한다. 이때 미팅 장소에 들어선 15초 이내에 프로스펙트는, 준비되어 있는 의자들의 수를 세면서 잠재적으로 이 일에 합류해야겠다고 결심한다. 혹은 발표자가 프레젠테이션을 마칠 때쯤 결정을 내린다.

이 사실을 알아야 한다. 당신의 프로스펙트는 믿을 수 있는 근거를 절실하게 찾고 있다. 그 이유는 다음과 같다.

우리는 공동체의 의미를 잃어버렸다. 가족조차도 그러하다. 대부분의 사람은 공동체를 그리워하며 이를 대체할 만한 것을 열심히 찾고 있다. 사람들은 자신들이 그 일부가 될 수 있는, 보다 큰 무엇인가를, 또는 어떤 근거와 변화를 찾고 있다.

긍정적이고 적극적인 수백 명의 사람이 호텔 연회장에 모여서 경험을 공유하고 즐겁게 시간을 보내는 미팅에 참여함으로써, 대부분의 사람은 그 모임에 합류하고 싶어 견딜 수 없는 흥분을 불러일으키는 경험을 하게 된다.

강한 호기심이 일지만 아직도 방아쇠를 당길 준비가 되어 있지 않은 사람이라면 다시 과정을 확대시킨다. 이때는 전국적인 전화 회의나 수천 명이 접속하는 전 세계적인 인터넷 생방송을 보게 할 수도 있다. 이것도 효과가 없으면 다음에 있을 지역 훈련 행사나 지역 대회 같은 주요 행사에 참가하게 할 수도 있다.

여기서 심리학자들이 '사회적 검증'이라고 부르는 또 다른 동력이 발생한다. 프로스펙트는 프레젠테이션을 볼 때마다 자신이 생각했던 것보다 더 많은 사람이 몸담고 있는 사업이라는 것을 체험한다. 이때 그는 이 사업이 아주 큰 기회가 될 수 있음을 잠재적으로 믿게 되고, 여기에서 떨어지게 될까 봐 두려워하게 된다. 그리고 점점 많은 사람이 모인 모임을 보면서 그들이 이미 결정한 일이기 때문에 이 사업에 합류하는 것은 안전한 결정이라고 생각하게 된다.

실제로 대부분의 사람은 두 번째 혹은 세 번째 모임에서 합류를 결정하거나 아니면 아예 고려 대상에서 제외한다. 물론 이미 초기 단계에 합류한 사람도 이 과정을 거치면서 더 큰 미팅을 경험하게 한다. 자신의 결정이 옳은 것임을 재확인할 수 있기에 더 큰 열정이 솟아날 것이다.

이것이 사업을 구축하는 강력한 방법이다. 대중 시장 리크루팅 도구는 홈 미팅을 뒷받침하고, 홈 미팅은 더 큰 규모의 호텔 미팅을 뒷받침하고, 호텔 미팅은 전화 회의, 인터넷 생방송과 주요 행사들을 뒷받침한다. 후보자가 기회를 접할 때마다, 이전에 접했던 것보다 큰 기회를 보는 것이다.

이 과정에서 홈 미팅을 여는 것은 매우 중요하다. 홈 미팅이 없다면 호텔 미팅은 힘을 잃고 참가자 수도 급격히 떨어진다. 사업자들이 홈 미팅을 하지 않는다면 프로스펙트는 파이프라인을 통해 나오는 한결같은 동력을 받을 수 없고, 스스로 미팅에 가겠다는 의지도 생기지 않는다. 참가자의 수가 적어지면 미팅의 규모는 더 작아지고, 등록하는 프로스펙트의 수도 줄어들고, 하향곡선이 이어진다.

이 과정의 각각의 단계의 끝 무렵에는 반드시 다음 미팅 일정을 잡아야 한다. 프로스펙트들이 보는 프레젠테이션은 항상 이전의 것보다 더 규모가 커져야 한다. 리크루팅 과정을 이런 식으로 구조화한다면, 실패하지 않는 최고의 결과를 얻을 수 있다. 프로스펙트는 소화할 수 있는 정도의 정보를 얻고, 가속도가 붙고, 유망한 프로스펙트는 긴박감을 갖게 된다.

우리에게 필요한 사람

이 사업에 뛰어들면서 사람들이 하는 매우 큰 실수들 중 하나는 '이 물건을 누구한테 팔 수 있을까?'라고 생각하는 것이다. 이것은 아주 잘못된 생각이다. 성공적인 사업자는 그 반대로 생각해야 한다. 현실은 이렇다.

매주 월요일 아침 6:00, 6:30, 7:00, 전 세계의 알람 시계가 울린다. 사람들은 힘겹게 알람을 끄고, 어떻게든 5분만 더 자겠다고 버틴다. 더 이상은 미룰 수 없을 때 일어나 급하게 샤워를 하고, 냉동식으로 아침을 먹거나 그마저도 건너뛰거나, 혹은 회사로 가는 길에 있는 음식점에서 차를 탄 채 형편없는 음식을 사서 때운다.

직장인들 중 80%가 자신이 좋아하지 않거나 싫어하는 일을 하고, 99.9%는 돈을 지금보다 더 벌어야 한다고 생각한다. 그들 대부분은 혼수 상태에서 묵묵히 일을 하며 하루를 보내고 집으로 오는 길에 역시 자동차에 탄 채 구매한 음식으로 저녁을 때운다. 그리고 나서 소파나 리클라이너 의자에 올라 앉아, 머리카락을 만지작거리고 맥주 캔을

들이키며, 머리를 쓸 필요 없는 시트콤을 보다가 잠자리에 든다.

화요일 아침이 되면 똑같은 과정이 다시 시작된다.

수요일 아침이 되면… "다행이다, 오늘은 수요일이네!"라고 말한다.

목요일이 지나고…

다시 다음 날이 되면 "감사합니다, 금요일이구나!"라고 말한다.

이날은 주급을 받는 날이다. 오후 5시에 상사가 휘파람을 불며 쥐꼬리 같은 주급을 가져올 것이다. 그들은 잠시나마 그 돈이 자기 것인 양 느낀다.

물론 주급은 이미 그동안 긁었던 신용 카드 대금으로 다 빠져나갔다. 하지만 잠깐의 영광스러운 순간 동안만큼은 그 돈이 자기 것처럼 느껴진다. 그래서 축하 행사가 필요하다. 그날 밤은 외식을 한다는 뜻이다! 이곳 미국에서 외식이란 적어도 피자헛에서 크러스트가 채워진, 미트 러버 더블 치즈 더블 미트 팬피자를 먹는 것이다. 물론 살찌면 안 되니까 다이어트 펩시와 함께 먹는다. 그리고 근처의 비디오 가게나 온라인 비디오 대여점에서 6~8개의 비디오테이프를 빌린다. 주말 내내 자신의 삶에 대해 자포자기하는 심정에 빠지는 것을 막기 위해서다. 월요일 아침이 되면, 알람이 울리고 다시 똑같은 과정이 반복된다.

진실을 알고 싶은가? 우리는 이런 사람들을 원하지 않는다. 우리는 우리가 제공하는 것을 절실하게 필요로 하는 사람들을 원한다. 그러니 '누구에게 이것을 전하지?'라고 생각하지 말고 '이 기회를 누구에게 제공할까?'라고 생각하라.

당신은 비타민, 혹은 스킨케어 제품 또는 할인 장거리 전화가 제품이라고 생각할지도 모른다. 하지만 그렇지 않다. 당신이 진짜로 판매하는 것은 자유다. 이 사실을 잊어서는 안 된다.

당신은 사람들에게 스스로 자신의 고용주가 되고 자신의 운명을 지배할 수 있는 기회를 제공하고 있다. 대부분의 사람은 당신을 통해 무한한 잠재 소득을 올릴 수 있는 기회와 처음 만났을 것이다. 다른 사람들의 지위를 향상시킴으로써 스스로 성공할 수 있는 기회 또한 처음 접했을 것이다.

분명 누구나 관심을 가질 일이다. 그렇지 않은가?

아니다. 실제로 사람들은 관심을 가지지 않는다. 왜 그럴까?

자신들이 지금까지 해온 것처럼 적당히 사는 삶에서 벗어나야 하기 때문이다. 자기 자신을 믿어야 하는데 지금까지 그렇지 않은 삶을 살아왔기 때문이다.

성공을 원하지만 성공을 위해 무언가에 도전하기는 싫은 사람들이 있다. 그들은 도박을 한다. 부자 친척이 죽거나 어느 날 갑자기 복권에 당첨되기를 기대한다. 더 많은 사람은 성공하기를 바라지만 실제로는 성공에 저해되는 행동을 한다. 왜냐하면 그들은 의식 '결핍' 상태에 있으면서 자신이 그런 상태인 것조차도 모르기 때문이다. (나의 책 『당신이 멍청하고 아프고 가난한 이유와 현명하고 행복하고 부유해지는 방법!』은 이 문제를 다루고 있다.)

당신이 가지고 있는 것을 필요로 하는 사람들은 어마어마하게 많은 반면, 당신이 제공하는 기회를 붙잡은 사람은 극소수다. 당신은 꿈을 가지고 그것을 위해 기꺼이 무언가를 할 수 있는 사람들(프로스펙트)을 찾아내고, 복권에 당첨되기만을 기다리는 사람들(의심스러운 사람들)을 걸러내야 한다.

가장 먼저 시작할 수 있는 대상이 친구들, 이웃들 그리고 친척들이다. 명단만 보고 전화를 하거나 모르는 사람들에게 전화를 하지 않아도 되기 때문에 이것이 가장 자연스럽다. 아는 사람들은 당신의 말을 믿어 줄 것이고, 적어도 자료들을 살펴보거나 PBR에 참석할 것이다.

내가 염려하는 것들 중 하나가 새로운 사람들이 자기는 지인들에게는 말하고 싶지 않다고 할 때이다. 그렇게 말하는 몇 가지 유형이 있다..

그중 하나는 그들은 이 사업이 잘 되리라고 믿지 않는 것이다. 그들은 "아직까지는 아는 사람들한테는 말하고 싶지 않아요. 광고를 하고 모르는 사람들에게 말해 볼게요. 그리고 내가 부자가 되고 성공한 뒤에 친구들한테 이야기할 거예요."라고 말한다.

물론 터무니없는 소리다. 부와 행복과 충만함을 이룰 수 있는 정말 좋은 기회라고 생각한다면 전화선에 불이 붙도록 친구들이나 가족에게 알리지 않겠는가?

또 다른 유형은 아는 사람들에게는 알리기를 주저하는 것이다. 이는 '선지자가 고향에서는 환영을 받는 자가 없다'는 현상에 대한 두려움 때문이다. 이 말도 어느 정도는 사실이다. 당신은 10년 동안 조와 함께 열심히 일해왔는데, 부자가 되기 위해 이 기회를 잡고자 한다면, 조는 아마도 그 기회라는 것에 대해 약간은 회의적일 것이다. 하지만 그렇다고 해서 그 사람들에게 다가가서는 안 된다는 뜻은 아니다. 다가가야 한다. 제3자 도구는 그런 지인들에게 사용했을 때 매우 중요한 역할을 한다.

이렇게 지인들에게 다가가지 못하는 신참들은 처음부터 다시 스폰서의 교육을 받음으로써 이 사업에 대해 진정으로 이해하고 믿게 된다. 이들에게는 그들을 인도하고 그들에게 유익한 행동들을 행하도록 재촉하기도 하는, 엄한 사랑을 주는 스폰서가 필요하다. 즉 자기가 아는 사람들과 함께 사업을 시작하게 만들어야 한다.

요즘 나는 자신의 지인들에게 접근하기를 꺼리는 사람들과 일하는데 나의 시간을 허비하지 않는다. 자기는 아는 사람들과는 함께하고 싶지 않다고 하는 사람일 경우, 나는 환불을 해주고 다른 스폰서를 찾으라고 이야기한다.

마지막으로 신참자가 '네트워크 마케팅 중독자'인 경우다. 그는 이미 지인들을 스무 번은 찾아갔던 사람이다. 그래서 한 번 더 찾아가기가 너무 창피한 것이다. 개인적으로 나는 이런 유형과 관련이 있다. 똑같은 경험을 했기 때문이다.

하지만 나는 이런 딜레마에 대한 해답을 찾았다.

어려운 과제에 도전해야 할 때, 그리고 아무데도 기댈 곳이 없을 때, 나는 극소수의 사람만이 할 만한 어떤 일을 한다. 사실 대부분 사람은 이렇게 생각하는 것조차도 너무 과격하다고 생각한다. 나는 있는 그대로 이야기한다. 이런 전화 내용을 상상해 보자.

"로드, 나 랜디야. 자네는 절대 믿지 않겠지만, 그리고 내 전화를 그냥 끊는다고 해도 아무도 자네에게 뭐라고 하지 않겠지만, 자네에게 꼭 할 말이 있네. 우리가 비타민과 그 비폴렌(벌꿀 화분)으로 큰 돈을 벌 수 있을 줄 알았는데 잘 안 됐지. 올이 안 나가는 스타킹 사업은 완전 망했고 말이야. 내가 자네한테 팔았던 워터 필터를 자네가 아직도 가지고 있다는 것도 알아. 그러니까 자네가 그냥 내 전화를 끊어도 나는 절대 자네를 탓하지 않을 거야. 하지만 솔직히 내가 새로운 것을 찾았는데 이건 달라. 왜냐하면…"

만약 로드가 전화를 끊는다면? 그는 프로스펙트가 아니다. 발생할 수 있는 최악의 상황은 이미 발생했음을 기억하라. 로드는 함께 사업을 하지 않는다! 적어도 그에게 전화를 한다면 그 사실을 바꿀 기회는 있는 것이다.

지금 나는 수백만 달러의 재산을 가진 부자다. 하지만 내가 지인들의 마음을 한 번 더 두드리는 도전을 두려워했다면 지금도 피자 가게에서 일하고 있었을 것이다.

사실을 말하면 프로스펙트는 웬만해서는 전화를 끊지 않을 것이다. 진실만 말한다면, 그것을 드러내 놓는다면 대부분 사람은 당신의 말에 귀 기울일 것이다. 그리고 당신의 명단에는 당신이 한 때 몸담았던 회사 일을 함께 하지 않았던 사람들이 수십 명은 있을 것이다. 그리고 당신은 늘 새로운 사람들을 만난다. 이번 주에도 최소한 3~5명의 새로운 사람을 만났다. 그러니 시도도 해 보지 않고 지인들을 명단에서 지우는 것은 잘못이다.

새로운 사람들 만나기

네트워크 마케팅에서 일하는 대부분의 사람이 디렉터나 분리 독립 (브레이크어웨이)의 수준까지 도달하지 못하는 이유는 자신의 영향력 밖에 있는 새로운 사람들을 만나는 방법을 모르기 때문이다.

그들의 명단에 올라온 사람들의 수는 한정적이고 그래서 매번 완벽하게 초대를 하지 않으면 연락 대상자가 바닥난다. 물론 명단에 남은 사람들 수가 얼마 되지 않을 때 그 사람들은 비축해 두고 싶은 무의식적인 경향이 있다. 모든 사람에게 다 연락하고 나면 더 이상 연락할 곳이 없다는 두려움 때문이다.

이것은 당신이 피하고 싶은 자기 충족적 예언(말이 씨가 된다는 옛말처럼 사람들이 어떤 상황을 마음속에서 '실제'라고 결정해 버리면 결국 그 상황이 실제가 되는 결과를 맞는다는 현상, 20세기 초 사회학자 윌리엄 토머스로부터 기원 - 역주)이다. 그럼 이제 어떻게 하면 새로운 사람들을 꾸준히 만날 수 있는지 알아보자.

이것이 당신의 주문이다:

"하루에 두 명을 만나면 자유를 얻을 수 있다."

매일 아침 이것을 생각하고 말한다. 포스트잇 메모지에 써서 거울에 붙여 둔다. 그리고 나가서 매일 새로운 친구들을 만날 것으로 기대를 하며 자신의 일상을 보낸다.

1달러짜리 은화 2개를 왼쪽 주머니에 넣고 하루를 시작한다. 누군가를 만나면 은화 하나를 오른쪽 주머니로 옮겨 넣는다. 두 번째 사람을 만나면 다음 동전도 옮긴다. 대부분의 사람이 그렇듯 당신도 이미 매일 새로운 사람들을 만나고 있음을 발견하게 될 것이다. 그런 순간을 그냥 스쳐 보내기 때문에 그 사실을 인식하지 못했을 뿐이다.

이제 새로운 사람들을 만난다는 사실을 그냥 인식하고 흘려 보내지 말고 대화의 기술을 실행해 본다. 그들에게 무언가를 팔려고 해서는 안 된다. 사업에 관한 말로 접근해서도 안 된다. 그냥 대화를 나눈다. 친구처럼 그들을 사귀는 것이다. 내가 좋아하는 질문들은 다음과 같다.

"이곳 출신이에요?"(요즘은 '이곳' 출신인 사람들은 거의 없다.)
"어떻게 _____ 에서 이곳까지 오게 되었어요?"
"어떤 일을 하세요?"
"그 일/직업은 힘든가요?"
"그 일/직업에서 가장 힘든 부분이 뭔가요?"
"결혼하셨어요?"
"가족들은 있어요?"
"이 근처에 재미있게 놀 만한 곳이 있나요?"

이런 질문들은 사람들이 자신이 좋아하는 주제에 대해 스스로 이야기하게 한다. 이곳 출신이냐는 질문은 대체적으로 사람들로 하여금 자기 이야기를 하게 만든다. 대부분의 사람은 어딘가 다른 곳에서 온 사람들이다. 어떻게 '이곳'에 오게 됐냐는 질문에는 거의 예외 없이 직장 때문이라거나 가족이 있기 때문이라고 대답한다. 어느 쪽이든 가족이나 직업에 대한 이야기로 대화가 진행되고, 둘 다 대화를 이어 나가기에 매우 좋은 주제다.

일이 힘드냐는 질문에는 물론 98%의 사람들이 그렇다고 대답한다. 가장 힘든 부분이 뭐냐는 질문에는 저마다 타당한 이유를 대는데, 그

것이 바로 그들이 네트워크 마케팅을 해야 하는 이유가 된다.

여기서 중요한 것은 사업에 관한 이야기는 꺼내지 않는다는 것이다. 그것은 적절하지 않고 게다가 효과적이지도 않다. 이 시점에서 중요한 것은 하루에 두 명의 새로운 친구를 사귀는 것이다. 그러면 일년에 700명의 새로운 친구를 만들 수 있다! 일 년에 700명의 사람을 만난다면, 그 중에서 기회를 찾는 어느 정도의 사람들을 찾는 일은 어려운 일이 아니지 않는가?

물론 찾을 수 있다. 그들과의 대화를 통해 누가 그런 사람인지 알 수 있다. 명석해 보이고 야망이 있고 자기 직장이나 사업에 불만을 토로하는 사람이 가장 좋은 프로스펙트들이다. 나중에 이들에게 접근하는 것이다.

좋은 프로스펙트들의 전화번호를 어떻게 받을 수 있는지 궁금할 것이다. 깜짝 놀랄 만큼 아주 간단하게 얻는 기술이 있다. 가장 중요한 것은 절대 그 사람의 전화번호를 물어봐서는 안 된다는 점이다. 대부분의 프로스펙트는 전화번호를 물어보면 긴장하면서 알려주는 것을 꺼려한다. 나의 마법의 백만 달러짜리 질문을 사용하면 백발백중이다. "명함 있어요?"라고 물으면 된다.

그러면 그들은 본능적으로 명함을 꺼내서 당신에게 건넨다. 그리고 놀랍게도 대부분은 집 전화번호도 명함에 적어 놓는다. 명함이 없는 사람들은 당연히 명함이 없다고 할 것이다. 그리고 자기 핸드폰을 꺼내서 당신의 번호를 저장한 다음 자신의 번호도 저장하라고 알려줄 것이다. 그들에게 무언가를 팔려고 하는 게 아니라 그저 친구로서 사귀려고만 한다면 이런 일은 매우 자주 벌어진다.

등록할 사람들을 찾아 다니는 것은 중요하지 않다. 그냥 나가서 친구를 사귀는 것이다. 그리고 주문을 기억하라: 하루에 두 명을 만나면 자유를 얻을 수 있다.

이제 매일 새로운 두 명의 친구를 사귀겠다는 생각으로 밖으로 나간다. 이렇게 하면서 명함과 전화번호를 모은다. 매일 집으로 돌아와 이 사람들을 프로스펙트 명단에 올린다. 당신의 라인이 아래로 충분히 깊어지면 새로운 라인을 만든다. 프로스펙트 명단을 훑어보면서 그들 중 누가 최고의 프로스펙트가 될지 결정한다. 이렇게 가볍게 아는 사람들은 전화로 접촉할 것을 권한다. 그래야 간단명료하게 나의 의도를 전달하고 상황을 더 잘 통제할 수 있다. 전화 통화는 다음과 같이 진행된다:

"레이, 안녕하세요? 린다예요. 저 기억하죠? 쇼핑몰에서 핸드폰 살 때 만났잖아요. 그때 대화하는 것을 보니 똑똑한 분인 것 같더군요. 사업 기회가 있는데 한번 검토해 보시면 좋을 것 같아요."

그러면 상대는 어떤 일인지 묻는다. 그때 이렇게 대답한다.

"제가 마케팅 사업을 하고 있는데 여기 댈러스에서 확장을 하고 있어요. 확실한 약속을 드릴 수는 없지만, 저는 지금 중요한 일을 할 사람들을 몇 명 찾고 있어요. 관심이 있으시면 제가 들러서 자료들을 드릴게요. 자료를 검토해 보시면 알아볼 만한 일인지 판단할 수 있을 거예요."

여기서 중요한 말은 당신을 기억하느냐는 것과 확실한 약속을 할 수는 없다는 것이다.

그는 친근했던 당신을 기억할 것이고 위험하지 않은 제안이기 때문에 대부분은 당신의 자료를 기꺼이 검토해 볼 것이다. 그리고 당신은 매일 두 사람을 만나고 있기 때문에 프로스펙트가 바닥날 일은 없다.

아직도 하루에 새로운 사람 두 명을 만날 수 없다고 생각한다면 좋은 프로스펙트를 만날 수 있는 장소들을 알아보자.

먼저 그들을 만날 수 없는 장소들을 제외한다. 나이트클럽이나 바에서는 좋은 프로스펙트를 만날 수 없다. 이런 장소들은 알코올 중독자들이 가는 곳이다. 보다 높은 수준의 의식을 가진 사람들이 모이는 장소로 가라.

다양한 계층의 사람들이 있는 교회나 명상 단체 등을 찾아서 마음에 드는 강의를 골라서 등록한다. 번영, 태극권, 명상, 요가 등의 강좌에 등록한 사람들은 대개, 가치가 보다 높은 무언가를 추구하는 사람들로, 사업을 위한 후보자로서는 아주 훌륭한 대상이다.

대중 세미나 참석도 좋은 방법이다. 웨인 다이어(세계적인 베스트셀러 작가, 자기계발 전문가 - 역주), 디팩 초프라(베스트셀러 작가이자 의학 박사, 고대 인도의 전통 치유과학인 아유르베다와 현대의학을 접목한 '심신의학'을 창안 - 역주), 존 그레이(심리학 박사 - 역주)의 세미나에 돈을 들여 참가하는 사람들은 삶에서 무언가를 찾는 사람들이다. 자연스럽게 행동하면서 대화의 기술을 연습하고 새로운 친구들을 만나라.

그리고 언제나 통하는 나만의 '비밀 장소'가 있다. 언제든지 좋은 사람들을 만날 수 있는 최고의 장소는 세차장이다. 차에 탄 채로 들어갔다 나오는 자동 터널식 세차장을 말하는 것이 아니다. 내가 말하는 곳은 손세차장이다.

그곳에 어떤 사람들이 가는지 아는가? 좋은 자동차를 가진 사람들이다. 벤틀리, 바이퍼, 애스턴마틴 같은 차들 말이다. 좋은 차를 타는 사람들은 이미 성공에 대해 뭔가를 아는 사람들이다. 그리고 그들이 차에 신경을 쓴다는 사실을 통해 그들에 대한 많은 정보를 알 수 있다. 나는 주로 가는 손세차장에서 수많은 회사의 경영진(그중 한 명은 페라리 47대, 롤스로이스 2~3 대 그리고 다른 차들 몇 대를 가지고 있다), 그래미상을 받은 작곡가, 두 명의 NBA 스타, 3천 명의 성도가 다니는 교회의 목사, 그리고 수많은 좋은 사람을 만났다.

프로스펙팅의 비결은 절대 끝이 나지 않는 길고 긴 명단이다. 지금까지 얘기한 전략들을 실천한다면 당신도 그런 명단을 가질 수 있다. 기나 긴 명단을 갖는 것은 전반전이다. 후반전은 어떻게 명단의 사람들에게 접근하는가, 즉 초대하는가의 문제다.

초대하기

초대 기술이 빈약하면 연간 20만 달러의 수입을 놓치게 된다. 하지만 네트워크 마케팅에서 가장 빈약하게 가르치는 부분이기도 하다. 대부분의 사람은 프레젠테이션 기술을 배우는 데 집중한다. 또는 사람들은 다른 누군가가 하는 프레젠테이션에 자신의 프로스펙트를 데려오는 것은 어렵지 않다고 생각한다. 그러나 여기서 사람들이 간과하는 것은 좋은 초대가 없으면 프로스펙트는 절대 프레젠테이션을 볼 수 없다는 사실이다.

중도에 탈락하는 주요 이유들 중 하나가 여기 있다. 새로운 사업자들은 좋은 초대 기술에 대한 훈련을 받지 못했기 때문에 최고의 프로스펙트들을 놓친다. 프로스펙트에게 제3자 도구를 내밀지도 못하는 새로운 사업자들은 금방 좌절하고, 시작도 하기 전에 그만두고 만다. 이는 안타까운 일이다. 적절한 훈련만 받는다면 초대하기는 간단하고 힘들지 않고 재미있기까지 한 일이다.

초대하기는 '무기 발사'에서 가장 중요한 부분이다. 인쇄물을 검토하라고, PBR에 오라고, 사업 설명회에 참가하라고, 혹은 전화 회의나 인터넷 생방송에 참여하라고 권할 때 모든 기술은 똑같다. 당신에게 도움이 될 일반적인 가이드라인은 다음과 같다.

초대자에 관한 것이 아닌 자료들에 관한 초대로 만든다. 자료들의 가치를 부각한다.

"이 CD에 들어 있는 정보는 아주 중요한 거예요." "프레젠테이션하는 사람은 수백만 달러를 버는 사람이에요." "이 전화 회의에서 이야기하는 사람들은 수백만 달러를 벌었어요. 자기들이 어떻게 사업을 구축했는지 알려줄 거예요."라고 말한다. 따라서 당신이 아직 큰 돈을 벌지 못한, 혹은 아직까지 높은 직급에 오르지 못한 신참이라는 사실은 중요하지 않다.

초대하기에서 가장 중요한 것은 자세다. 확신을 가지고, 상대가 저항할 수 없게, 재빨리 해야 한다. 상대가 쏟아 붓는 질문에 말려들어가서는 안 된다. 미팅에 참여하도록 분위기를 유도하고 그들의 질문에 대한 답은 미팅에 참석하면 들을 수 있다고 약속한다.

또한 밖에 나갈 때는 항상 대중 시장 프로스펙팅 도구를 사용할 수 있게 가지고 다녀야 하는 것도 중요하다. 수준 높은 사람과의 만남이 일회성에 그칠 때가 많다. 그때 도구를 가지고 있다면 기회를 잡는 것이고, 그렇지 않다면 기회를 놓치는 것이다.

PBR에 사람들을 초대할 때 아주 효과가 좋은, 몇 가지 팁이 있다. 그중 하나는 '개업'이라는 개념이다. 무기 발사를 시작할 때 처음 여는 몇 번의 PBR에서 사람들에게 당신이 '개업'을 했으며 그들의 지원이 필요하다고 말한다.

레스토랑이나 나이트 클럽을 열고 개업식을 한다고 상상해 보자. 친구들과 가족들이 응원하기 위해 개업식에 오지 않겠는가? 이 사업이라고 해서 다를 이유가 있는가? 그들이 사업에 관심이 없다며 간곡하게 거절하려고 하더라도 자신을 응원하기 위해 와달라고 말하면 된다. 그리고 이때 묵직한 무기가 필요하다면 두 번째 비밀 병기를 사용하면 된다. 이것은 나의 스폰서 에릭 워(Eric Worre)에게 배운 것인데, 그들에게 "나를 사랑한다면 꼭 와줘요!"라고 말하는 것이다.

결국 파워 프로스펙팅은 저항하기 어려운 초대, 프로스펙트에게 제3자 도구를 보게 하는 것, 그리고 확대 사다리를 사용하는 것이다. 과정을 따르기만 하면 진지한 사업 구축자들을 만날 수 있게 된다.

8

How to Build
a Multi-Level
Money Machine

8장
소비자 그룹
구축하기

Chapter 08

소비자 그룹 구축하기

내가 가르치는 마케팅 전략 중에 사람들은 소매 고객들을 획득하는 방법을 가장 어려워하는 듯하다. 그것은 내가 대다수의 다른 사람이 가르치는 것과 완전히 정반대의 방법을 제안하기 때문이다. 역설적인 이야기인데 나는 이 사업을 하지 않기로 한 사람들을 통해 소매 고객들을 모으게 한다.

대부분의 사람은 처음부터 고객에게 제품을 판매하라고 가르친다. 그리고 그들을 사업으로 끌어들이라고 한다. 나는 두 가지 이유 때문에 이런 방법에 반대한다.

하나는 너무 오래 걸리기 때문이다.

이 업계에서 우리가 가지고 일하는 제품들 중에는 '제품 경험' - 제품을 사용하면서 얻은 놀라운 결과에 대한 스토리 - 을 하는 데 3~4개월이 걸리는 것들이 있다. 이런 접근으로는 사업자가 하위 라인 4단

162

계까지 구축하는 데 1년까지도 걸린다. 반면 사업을 먼저 제안하는 방법은 한 달 안에 하위 라인 4단계까지 구축할 수 있다.

또 다른 이유는 최고의 프로스펙트가 겁을 먹고 달아나기 때문이다.

많은 사람이 사업에 합류하지 않는 이유들 중 하나가 그들도 나가서 집집마다 돌아다니며 제품을 팔아야 한다고 생각하기 때문이다. 분명 그렇지 않은데 사람들은 그 사실을 모른다.

다음과 같은 경우를 살펴보자.

당신은 필과 함께 일을 한다. 어느 날 필이 오후가 되면 너무 피곤하다고 불평을 한다. 당신은 눈을 반짝이며 영양제, 비타민, 미네랄 그리고 허브에 대한 것을 그에게 강의하기 시작한다. 30분에 걸친 건강 보조 식품에 대한 당신의 설교가 끝난 뒤, 당신은 필에게 회사의 허벌 제품인 '메가 파워 에너지 부스터'를 소개한다.

필은 한 병 먹어보겠다고 하고 당신은 40달러에 판다. 다음 며칠 혹은 몇 주 동안 당신은 필에게 제품을 복용했을 때 몸이 어떻게 좋아지는지를 설명한다. 그는 좋아지는 것 같다고 하며 처음 한 병을 다 먹고 나서 또 한 병을 구매한다. 물론 당신은 40달러를 또 번다.

며칠 후 필이 와서 이야기한다 "유레카! 이거 정말 효과가 있어. 오후가 되면 원기가 왕성해져. 머리카락도 건강해졌고 이제 잇몸도 가렵지 않아!"

당신은 이제 그를 거의 끌어들였다고 생각한다. 자신만의 제품 경험을 했으니 사업에 대한 이야기를 안전하게 꺼낼 수 있게 된 것이다.

당신은 말한다. "있잖아, 이 제품을 공짜로 얻을 수 있다는 거 알아? 게다가 돈을 벌 수도 있어."

필은 "우와! 어떻게 하면 되는데?"라고 묻는다.

당신은 "쉬워, 자네가 사업자가 되면 돼."라고 대답한다.

필은 "그거 흥미로운데. 하지만 난 그냥 자네한테 사겠네. 나는 물건 파는 건 잘 못하거든."이라고 말한다.

당신은 믿을 수 없다. "판매라고! 누가 판매해야 한다고 했어? 우리는 판매하지 않아. 우리는 공유하는 거야."

그제서야 당신은 하루 종일 공유에 대해 이야기한다. 하지만 명백한 사실은 당신이 필에게 한 병의 '메가 파워 에너지 부스터'를 40달러에 팔았다는 것이다. 그리고 한 병을 더 팔고 또 40달러를 받았다. 당신은 명백하게, 의심할 여지 없이, 필에게 이것은 판매 사업이라는 것을 입증했다. 따라서 필이 전체 인구의 90%에 해당하는, 물건을 잘 팔지 못하는 사람이라면, 그는 이 사업에 관심을 갖지 않을 것이다.

제품으로 먼저 다가가면 판매에 재능이 없는 사람들에게 겁을 주어 쫓아 버리는 셈이다. 그러나 그들 중 많은 사람이 이 사업에 재능이 있다.

먼저 물건을 팔고 그 다음에 한 단계 올라가 소비자를 사업으로 이끄는 것이 효과가 전혀 없다는 이야기가 아니다. 어느 정도까지는, 특히 직접 판매하는 회사들에서는 효과가 있다. 하지만 이 책에서 우리는 복제와 더 많은 사람을 끌어당겨 이 사업을 하게 만드는 데 집중하고 있다.

전체 인구의 10%에 해당하는 물건을 잘 파는 사람은 열정적으로 나아가 제품을 팔 것이다. 그리고 물건을 잘 팔지 못하는 사람들도, 일부는 제품의 효과에 감명을 받아 처음의 두려움과 망설임을 극복하고 제품을 판매할 것이다. 하지만 대부분은 그렇지 않다. 두려움을 이기고 판매를 한 사람들 또한 그렇게 되기까지 기나긴 더딘 과정을 거쳐야 한다.

그들은 제품을 사용해 보고 '기적적인' 효과를 경험한 후 제품을 사람들에게 어떻게 파는지 서서히 배워야 한다. 이 과정은 수개월에서 몇 년까지 걸리기도 한다. 내 경험에 따르면 제품을 소매 판매하는 것부터 시작한 사람들은, 먹고 살 정도의 수입을 올리는 사업을 구축하기까지 5~10년 정도가 걸린다. 그때까지 중도에 그만두지 않는다면 말이다. 반면, 기회를 바탕으로 한 접근법을 활용하고, 이 책에 설명된 시스템을 따르는 사업자들은 2~4년이면 가능하다.

안타깝게도 요즘 사람들은 예전처럼 끈기 있거나 한 가지 목표를 위해 기꺼이 헌신하지 않는다. 5~10년 걸리는 과정을 따르다가는 대부분의 잠재력 있는 사람들이 성공을 맛보기도 전에 중간에 그만둘 것이다.

몇 가지 이유 때문에 소비자 그룹을 큰 규모로 만들어 놓으면 좋다. 첫째는 법적인 이유 때문이다. 소매 고객들이 있으면 이 프로그램이 불법적인 폐쇄된 시스템이 되지 않게 막아준다. 합법적인 네트워크 마케팅과 불법 피라미드를 구분 짓는 요인들 중 하나가 고객이다.

또 다른 이유는 소매 고객들이 추가 수입을 발생시키기 때문이다. 전체 인구 의 대부분은 함께 사업을 일구어 나갈 프로스펙트는 아니다. 당신의 제품이 어떤 제품이냐에 따라 훨씬 많은 사람이 소비자 후보자가 된다. 당신은 도매가로 제품을 사서 자기 고객에게 소매가로 제공한다. 그 도매가와 소매가의 차이는 당신의 소매 이익이 된다. 이 이익은 사업 초창기 처음 몇 달의 힘든 기간 동안에 특히 도움이 된다.

소매 고객이 있어서 또 좋은 점은, 그들이 사업을 함께 구축해 나갈 일꾼들을 당신에게 보내준다는 것이다. 소비자들의 만족도가 높을수록 당신은 더 많이 소개받을 것이다.

그리고 마침내 소매 고객들은 개인 판매액을 보장하고, 당신의 그룹에 요구되는 판매액을 충족하고, 그 결과 보상 플랜상의 적합한 수수료를 받을 수 있는 자격을 갖추게 해 준다.

이렇게 소비자 그룹을 만들면 좋은데 여기에는 수많은 이유가 있다. 그럼 어떻게 소비자 그룹을 만들어 나가고 관리할 것인지 알아보자.

먼저 처음에 사람들에게 접근하는 방법과 관리하는 방법의 문제로 다시 돌아가 보자. 당신이 사람들에게 한정적인 답을 구하는 질문을 했다고 가정하자. "자기 사업을 하겠다고 생각해 본 적 있어요? 연소득을 늘릴 수 있는 방법을 생각해 본 적 있어요?"등등… 그러면 그들은 부정적으로 대답한다. 그들은 자기 직업에 만족한다고 주장하고 일한 만큼의 수익을 올리고 있다고 대답한다. (실제로 이런 사람은 극소수에 불과하다.)

이 경우 당신은 '화제를 전환하는' 질문으로 돌입한다.

즉 사업에서 제품으로 대화의 주제를 바꾸는 질문이다. 예를 들어 제품이 영양 식품이라면 이렇게 이야기할 수 있다. "그런 질문을 한 이유는 제가 사람들이 건강해지도록(살을 빼도록) 돕는 사업을 하기 때문이에요. 좀더 건강해지는 방법이 있는데(과도한 지방을 빼는 방법이 있는데) 혹시 관심 있어요?"아니면 장거리 할인 전화 프로그램 쪽 일을 하고 있다고 가정해 보자. 화제를 전환하는 질문은 "그런 질문을 한 이유는 제가 사람들의 장거리 전화 요금을 줄이는 데 도움이 되는 사업을 하고 있기 때문이에요. 전화 요금을 40% 줄일 수 있는 방법이 있는데 혹시 관심이 있어요?"

당신이 처음 접근해서 던진 질문과 화제를 전환하는 질문에 부정적으로 대답하는 사람이라면 당신의 프로스펙트가 될 가능성이 없다. 화제를 전환하는 질문에 긍정적으로 대답한다면 제품에 대한 정보를 제공하면 된다(또는 가능한 한 빠른 시일 내에 정보를 제공하기 위한 약속을 잡는다.). 물론 이 단계에서 당신은 프로스펙트에게 적절한 카탈로그, 제품 안내 책자, 비디오테이프 또는 오디오테이프를 전달한다. 이 과정에서 사업에 합류하는 데 관심이 없는, 꽤 많은 수의 소매 소비자를 확보해야 한다.

프레젠테이션이나 후속 단계에서 사업 합류에 관심을 보이지 않은 프로스펙트들 중에서도 소비자를 확보할 수 있다. 첫 번째 프레젠테이션에서 이런 말을 던짐으로써 소비자를 확보할 기회를 늘릴 수 있다. "사업을 같이 하는 데 관심이 없으면 소비자로 남으셔도 돼요."라는 취지의 말을 하면 된다. 초기에 이런 씨를 뿌려 놓아야, 사업을 하지 않기로 마음 먹은 프로스펙트는 소매 고객이라는 옵션을 선택할 것이다. 프레젠테이션에 관한 장에서 이것을 더욱 용이하게 하는 방법에 대해 살펴보겠다.

소비자 그룹 관리하기

당신의 목표는 우수한 서비스로 소비자를 만족시키는 것, 교육을 통해 제품 사용량을 증가시키는 것, 사업에 참여한 사람들과 일하는 데 필요한 시간에 방해받지 않고 이런 일들을 하는 것이다. 가장 이상적인 것은 95%의 노력은 사업 구축자들에게 쏟고 나머지 5%는 소비자 그룹 관리에 쓰는 것이다. 여기에 대해 구체적으로 이야기해 보자.

당신은 소비자들에게 감탄할 정도의 소비자 서비스를 베풀 수 있다. 이것은 네트워크 마케팅을 하는 당신만이 제공할 수 있는 특별한 혜택들 중 하나다. 소비자들은 돈을 쓰는 곳 어디에서나 지루해하는 주문 접수 직원들, 정신이 딴 데 팔린 혹은 무관심한 점원들, 제대로 교육받지 못한 서비스 직원들, 무례하기 짝이 없는 종업원들과 마주친다. 소비자들에게 당신이 얼마나 그들에게 마음을 쓰는지 보여주어라. 그들을 위로하는 간단한 행동들을 보여주면 그들은 평생 고객이 될 것이다.

고객에게 첫 주문을 받았을 때 감사 쪽지를 보내는 것은 좋은 출발이 된다. 제품을 직접 배달한다면 상자나 병을 일일이 열어주어서 고객이 제품을 즉각 사용할 수 있게 한다. 사용법을 철저히 설명하고 고객들이 완벽하게 이해했는지 확인한다. 고객의 질문에 모두 대답하기 전까지는 자리를 뜨지 않는다. 제품이 회사에서 고객의 집으로 직접 배달되는 경우, 제품이 도착한 후 바로 고객을 방문할 수 있도록 한다. 직접 들르지 못할 경우 반드시 전화를 한다.

고객의 집을 방문해서 제품을 직접 열고 사용법을 일일이 설명하라는 것은 그럴 만한 충분한 이유가 있다. 이렇게 하지 않을 경우에는 반품

률이 훨씬 높아진다. 그리고 반품하는 제품을 가지러 가보면 제품을 열어보지도 않았음을 발견하게 된다!

프로스펙트가 제품을 주문했을 때와 제품을 받았을 때 사이의 지체된 시간 동안 흥분했던 감정은 반드시 가라앉게 되어 있다. 구매 후에 후회하는 것도 마찬가지다. 직접 집에 방문해 제품의 장점에 대해 재차 설명하고, 당신이 계속 신경 쓰고 있다는 것을 보여주고, 최상의 결과를 얻을 수 있는 제품 사용법을 설명한다면 구매자의 후회를 최소화할 수 있다.

첫 번째 주문 이후 고객과 계속해서 연락을 주고받는다. 고객과의 거래 내용을 정확하게 기록한다. 회사에 매월 자동 구매 프로그램이 있다면, 최대한 많은 소비자를 여기에 등록시킨다. 이렇게 함으로써 고객은 안정된 제품 제공과 즉각적인 서비스를 보장받을 수 있고, 제품이 떨어져서 못 쓰게 되는 일이 없어진다.

매월 자동 구매 프로그램이 없다면 당신이 직접 책임지고 고객에게 전화를 해서 주문을 받아야 한다. 고객이 물건이 떨어지기 전에 직접 전화할 거라는 기대는 하지 마라. 그렇게 하는 고객은 거의 없다. 고객들이 제품을 사용하다가 멈추면 고객은 제품의 극적인 효과를 경험할 수 없고 당신은 고객을 잃게 된다. 계속해서 기록을 함으로써 언제 전화를 해서 제품이 떨어지게 전에 주문을 받고 배송을 할지 알 수 있다.

소비자들에게 특가 판매와 신상품에 대한 정보를 제공해야 한다. 그리고 적절한 대체품이나 상호 보완적인 제품을 안내한다. 고객이 불만을 제기하면 즉각 정중하게 처리한다. 환불이나 교환이 필요하다면 바로 처리한다.

　매월 자동 구매에 등록한 고객에게도 한 번씩 전화를 걸어 혹시 불편한 점은 없는지 확인한다. 관련 있는 신문 기사나 고객이 관심 있어 하는 내용이 있으면 따로 챙겨서 복사본을 보낸다. 회사나 스폰서 라인이 고객을 대상으로 하는 소식지를 발간하면, 신제품에 대한 자료들과 함께 소식지도 보낸다.

　회사에서 신제품을 내놓으면 반드시 고객들에게도 알린다. 필요한 경우 샘플을 보내는 것도 좋다. 이 문제는 스폰서 라인과 상의해서 결정한다.

　이제 재고 문제를 알아보자. 오늘날 현대식의 네트워크 마케팅 회사들은 제품을 소비자에게 바로 배송하는 직배송 프로그램을 운영한다. 수신자 부담 주문 전화나 웹사이트 주문을 할 수 있는 회사들도 있다. 따라서 재고를 많이 쌓아둘 필요가 없어졌다. 그럼에도 불구하고 어느 정도의 재고는 유지하는 것이 좋다. 제품이 품절되는 바람에 응하지 못한 주문에 대처할 수 있고, 새로운 고객과 이제 막 시작한 사업자에게 제품을 바로 제공할 수 있기 때문이다.

　훌륭한 소비자 서비스는 당신을 다음 목표, 즉 교육을 통해 고객의 사용량을 증가시키는 것으로 연결해 준다. 교육이 잘 이루어질수록 고객들은 제품과 서비스를 더 많이 이용한다. 여기에는 샘플, 카탈로그, 소식지 혹은 새로운 마케팅 자료들이 효과적이다.

　가끔 제품에 대한 세미나를 하거나 집을 공개하는 행사를 여는 것도 유용하다. 업라인 핀 직급 사업자가 이런 행사들을 조율해야 한다. 당신의 스폰서 라인과 상의해 보라.

· 주의: 이런 제품 워크숍은 소비자와 사업자들만을 위한 것이어야 한다. 사업 설명회에도 참여하지 않은 새로운 프로스펙트를 초대해서는 안 된다. 제품을 주제로 이야기를 하는 데 프로스펙트가 참여하게 되면 앞에서 얘기했던 많은 문제가 발행한다.

소매 소비자들은 한 번씩 당신의 제품이나 서비스에 관심이 있는 다른 사람에 대해 이야기할 것이다. 그러면 그 소개받은 사람에게 사업을 할 생각이 없는지 질문을 한다. 아마도 소개해 준 고객은 이 사람에게 사업 기회가 있다는 사실을 말하지 않았을 것이다. 소개를 해준 고객에게 두 가지를 확실히 해야 한다.

1) 소개를 해 준 데 대해 감사를 표한다. 그리고
2) 사업자가 되는 것에 대해 다시 한 번 고려해 보라고 제안한다. 소개에 대한 오버라이드 수수료가 있다는 것을 설명해주고, 사업자가 되지 않으면 이 수수료를 받을 수 없다는 것도 분명히 알려준다. 그러나 강요해서는 안 된다. 그는 여전히 사업에 관심이 없을 수도 있다. 기회가 있다는 사실만 다시 상기시켜 주는 것이다.

· 주의: 지금 우리가 이야기하는 과정은 사업을 크게 하는 사람들, 복제를 추구하는 사람들을 위한 것이다. 작은 사업이나 소매 판매를 추구하는 사람들을 위한 것은 아니다. 작은 사업을 추구하는 사람들도 제품을 가지고 사업을 한다. 이들을 폄하할 생각은 조금도 없다. 우리는 그 사람이 추구하는 사업의 규모에 상관 없이 네트워

크 안의 모든 사람을 존중해야 한다. 하지만 소매 판매를 통해 월간 몇 백 달러의 수입을 얻는 것은 이 책에서 초점을 맞추거나 의도하고자 하는 바가 아니다. 나는 거대한 네트워크를 구축하는 데 필요한 전략에 대해 쓰고 있다. 나는 당신이 소매 고객들을 확보하고 그들을 계속 유지하기를 바란다. 하지만 그런 사람들은 사업자가 되지 않는 사람들 중에서 확보하길 바란다.

이 장에서 기술한 과정을 따르기만 하면 새로운 고객을 꾸준히 공급받을 수 있고 안정적인 소비자 그룹을 보장받을 수 있다. 최대한 빨리 10명의 소비자 그룹을 만드는 것을 목표로 하라. 그들을 사업자와 혼동해서는 안 된다. 소비자로 남길 바라는 고객 5명의 스폰서가 되는 것만으로는 큰 네트워크를 구축할 수 없다. 사업을 하려는 사람의 스폰서가 되었을 때만 큰 네트워크를 만들어 낼 수 있다. 당신은 사업자들도 필요하고 소비자들도 필요하다 양측 모두에게 감사하라!

9

How to Build a Multi-Level Money Machine

9장
강력한
프레젠테이션

Chapter
09

강력한 프레젠테이션

:
:
:
:
:
:
:
●

    이제 당신은 네트워크 마케팅이 엄청난 수입을 올릴 수 있는, 당신이 좋아하는 사람들을 도울 수 있는, 그리고 잉여 소득을 보장할 수 있는 기막히게 멋진 방법이라는 사실을 알았을 것이다. 하지만 이 모든 것도 프로스펙트에게 전달할 수 없으면 아무것도 아니다. 그들의 관심은 오직 한 가지뿐이다. 네트워크 마케팅이 어떻게 자신에게 보탬이 되는가. 이 문제에 대한 답을 확실하게 제시한다면 프로스펙트를 사업자로 바꿀 수 있다.

    제품 연구, 회사의 안정성, 백만 달러 수준의 매출에 대해 하루 종일 이야기한다고 해도 그것들이 당신의 프로스펙트에게 어떤 혜택을 주는지 얘기하지 않는다면 그는 관심을 기울이지 않을 것이다.

    먼저 혜택으로 이야기를 시작해서 특징들을 확실히 해야 한다. 너무 쉬운 것 같아서 당신은 이미 그렇게 하고 있다고 생각할지도 모른다. 하지만 실제로 그렇게 하고 있지 않을 가능성이 높다. 당신이 대부분의 사업자와 같다면, 당신은 특징에 대해서만 이야기하고 있을 것이다.

즉 당신은 사람들에게 이렇게 이야기한다.

우리 회사는 부채가 없고 10년이나 된 회사예요.
우리 제품은 최고예요.
나는 첫 달에 2천 달러를 벌었어요.
우리는 아주 엄격한 품질 관리 기준을 가지고 있어요.
나의 스폰서는 이 분야의 전문가예요.

조금만 생각해 보면 위의 말들은 모두 당신, 당신의 제품 또는 당신의 회사에 대한 이야기라는 것을 알 수 있다. 그것은 특징이다. 우리는 혜택에 대해 이야기해야 한다는 것과 혜택은 항상 프로스펙트에 관한 것임을 명심해야 한다.

성공적인 프레젠테이션의 다섯 가지 요소

모든 프레젠테이션에는 다섯 가지 중요한 부분이 들어가 있어야 한다.

① 프로스펙트의 혜택(꿈꾸기 제시)

② 어떻게 돈을 버는가(네트워크 마케팅의 작동 원리와 신뢰할 수 있는 이유)

③ 회사(당신의 회사가 프로스펙트에게 최적의 선택이 되는 이유)

④ 제품(당신의 제품의 우수성, 무한한 시장 잠재력 제시)

⑤ 후원 구조(프로스펙트에게 제공하는 시스템, 후원, 도움에 대해 설명)

차례대로 하나하나 살펴보자.

모든 프레젠테이션에서 반드시 언급해야 할, 중요한 혜택들이 있다. 그것은 다음과 같다.

- 무제한의 수입 가능성
- 막대한 세금 혜택
- 여행의 기회
- 함께 일할 사람들을 선택할 수 있는 능력
- 최소한의 초기 자금
- 다른 사람들에게 권한을 주면서 성공할 수 있는 기회

꿈꾸기는 모든 프레젠테이션에서 가장 중요한 부분이다. 사람들이 무언가의 구매를 결정하게 하는 요인이 무엇인지 살펴보면 그 이유를 알 수 있다.

대부분의 사람은 감정을 바탕으로 구매를 결정하면서 논리를 바탕으로 했다고 정당화한다. 예를 들어보자. 나는 닷지 바이퍼를 처음 구입했을 때, 그 차의 스타일링, 성능, 운전할 때 느끼는 황홀감에 사로잡혔다. 모델은 RT/10 컨버터블이었기 때문에 비올 때를 대비해 지붕은 하드톱으로 결정했다. 그리고 나서 노란색 RT/10을 봤는데 그것도 사고 싶었다. 그래서 그것도 샀다. 이후 바이퍼 몇 대와 NSX, 콜벳, 벤틀리 컨티넨탈, 애스턴마틴, 그리고 다 기억하기도 힘들 정도로 많은 다른 차를 샀다.

차를 살 때마다 나는 스포츠카 자체가 모두 나름의 가치가 있기 때문

에 이렇게 스포츠카를 사는 것은 투자라고 스스로 되뇌었다. 물론 그건 내 자신에게 한 말이다. 사실 내가 그 차들을 원한 건 순전히 감정적인 이유 때문이었다. 나는 차를 사는 감정적인 행위를 논리로 합리화했던 것이다. 하지만 그 논리는 내가 자동차들을 샀던 진짜 이유는 아니다.

이것은 사람들이 그 후보가 '잘 생겨서' 투표를 하는 것이나 자신이 좋아하는 세일즈맨에게 차를 사는 것과 다르지 않다. 여자들이 청혼을 받아들이는 것은 자신의 미래의 남편은 좋은 가장이자 아버지가 될 것이다 등등의 이유 때문이라고 생각하지만, 실제로 그런 이유 때문에 결혼을 결심하는 것이 아니다. 그 남자에 대한 열정, 사랑, 흥분 때문이다.

이것을 네트워크 마케팅에 적용해 보자. 대부분의 사람은 이 일이 자신의 미래를 위해 재정적인 안정을 구축하는 합리적이고 논리적인 방법이기 때문에 뛰어드는 것이 아니다. 그저 친구들과 여행을 할 수 있고, 큰 집과 새 자동차를 살 수 있고, 동료들로부터 인정받을 수 있고, 일이 재미있어서이다. 사람들에게 이런 것들은 전혀 새로운 개념이 아니라 어릴 때부터 꿈꿔온 일이다.

당신이 발굴하려는 사람들 대부분은 자신의 꿈을 잊거나 포기했을 것이다. 그들에게 사업에 대한 흥분을 불러일으키려면 그 꿈들을 다시 일깨워야 한다. 이렇게 꿈을 꾸게 하는 것이 프레젠테이션의 가장 중요한 역할이다. 많은 프로스펙트가 자신의 꿈에 대해 생각해 본 것은 수년 만에 처음 있는 일일 것이다. 당신이 이런 불꽃에 바람을 불어넣으면 흥분된 기대감의 산불로 번질 것이다. 그리고 프로스펙트는 당신이 제공하는 기회에 대해 들었기 때문에, 동시에 자신이 꿈꾸던 삶에 대해 다시 생각하면서 행동에 옮길 수 있도록 자극을 받는다.

내가 예전에 프레젠테이션에 함께 집어넣었던 효과적인 활동들이 있다. 프레젠테이션이 시작할 무렵, 프로스펙트들에게 돈과 상관없이 하고 싶은 것, 가지고 싶은 것, 되고 싶은 것 다섯 가지에 대해 생각해 보라고 한다. 이 사업을 통해 얻을 수 있는 잠재적인 수입에 대해 설명한 뒤, 방금 보여준 수입으로 그들이 적어 둔 다섯 가지 중 가질 수 있거나 할 수 있는 것들이 있냐고 묻는다. 예외 없이 있을 것이다.

이런 연습은 그들이 원하는 것과 이 사업을 통해 그것을 어떻게 가질 수 있는지, 직접적이고 감정적으로 연결하도록 도와준다. 적절하게 사용하면 프레젠테이션의 꿈 꾸기 부분에서 강력한 도구가 될 수 있다.

프레젠테이션의 첫 번째 단계에서 반드시 해야 할 또 다른 일은, 지금까지 우리 사회를 지배해 왔던 경제 모델이 무너졌음을 깨닫게 하는 것이다. 이 경제 모델은 더는 작동하지 않으며, 그 사실을 인정하지 않는 사람들은 남들에게 의존해야 하는 가난한 삶을 영위하게 될 것이다. 그들에게 반드시 짚어주고 싶은 내용들은 다음과 같다.

- 중개인, 도매상, 중간 상인, 소매상, 그리고 다른 기생 업자들로 이루어진 유통시스템은 헛된 것이고 소비자를 위한 것이 아니다.
- 거대 기업들은 수십만 명의 종업원을 해고하고 있다.
- 진정한 경제적 독립의 비밀은 스스로 일하는 데 있다.
- 기술의 발달로 일 년에 최소한 백만 개의 직업이 사라지고 다른 것으로 대체되지 않는다.
- 대부분의 직업은 더 많은 수입을 올리기 위해 더 많은 시간을 투자 해야 하는 구조로 되어 있다. 시간과 돈을 맞바꾸는 덫에 걸려 있는 셈이다.

무너진 경제 시스템에서 무익하게 일하는 것과 이 사업의 압도적인 혜택들을 명확하게 대조한 내용을 보여주어야 한다. 이 부분이 가장 중요하다.

절대 프로스펙트의 상황을 공격해서는 안 된다. 그러면 사람의 마음은 자동적으로 닫히고 방어적인 자세로 돌입한다.

이를 테면 당신이 지미라는 사람을 파티에서 만나서 직업에 대해 물어본다. 그는 ABC라는 회사에서 일한다고 대답한다. 당신은 "이런, 굉장히 힘들겠군요. 그 회사, 사람들을 많이 해고했다고 들었어요. 매출도 많이 떨어졌고…"

지미는 자기 직장을 싫어할지라도 방어 태세에 돌입할 것이다. 사람의 본성이 그렇다. 그는 "나는 해고 당하지 않았어요. 상사는 나를 좋아해요. 나는 일을 열심히 해요. 회사에서는 나를 좋아해요." 라고 대답한다.

반면 당신이 "아, ABC회사요? 거기 일하기 좋은 회사죠."라고 말한다면 그는 아마도 "좋은 회사요? 농담해요? 얼마 전에 500명이 해고당했고, 복지 혜택은 갈수록 줄어들고, 언제 잘릴지 모르는 신세라고요!"

프로스펙트가 스스로 자신의 현재 직장은 자신이 원하는 삶을 살게 해주지 않을 것이며 네트워크 마케팅이 최고의 선택이라는 결론을 내리게 해야 한다. 이 일을 처음 접했을 때 반드시 이런 결론에 이르지 않아도 된다. 사실 몇 번의 프레젠테이션을 보면서 서서히 그런 생각이 마음 속에 자리잡는 편이 더 낫다(확대 사다리가 효과적인 이유가 여기 있다.).

우리는 더 나은 길이 있다는 것을 보여주고, 현재 자신이 처해 있는 소리 없는 절박한 곤경에 대해 스스로 결정을 내리게 해야 한다. 부정적인 내용에 대해서는 당신의 예를 드는 편이 낫다. "XYZ회사에서 15년 동안 일했는데 해고당했어요."

긍정적인 측면에 대해서는 프로스펙트를 예로 든다. "당신이 골드 디렉터 직급에 오르면 공짜로 새 차를 받을 거예요."

당신이 어떻게 이 사업을 시작하게 됐는지 자신의 스토리를 이야기할 때도 마찬가지다. 당신이 네트워크 마케팅 사업을 하게끔 만들었던 요인들을 인상적으로 펼쳐 놓는다. 나는 늘 하루에 12~14시간, 일주일에 6~7일 일을 했던, 레스토랑 사업을 했을 때의 이야기를 한다. 어떤 분야에 종사했든지 상관없이 라이프스타일은 수입에 지배당하고 수입은 일하는 시간에 지배당하는 스토리를 이야기할 수 있다.

대부분의 사람은 급여 체계의 밑바탕부터 시작해 경력을 쌓아간다. 그리고 열심히 일해서 어느 정도 연봉이 오르면 35~40세가 된다. 이 시기에 일생에서 가장 높은 위치에 이른다. 인생의 정점에 도달했지만 이들은 여전히 빚을 지고 있고 배우자 또한 일을 하고 있다. 아이들을 누군가에게 맡겨 키우느라 돈을 지불하고 있고 아마도 자기들의 삶이 마음에 들지 않을 것이다. 전통적인 자기 사업을 하고 있다면 더욱 더 일에 매여 있을 가능성이 높다.

이런 내용이 담긴 당신의 개인적인 경험을 프레젠테이션에서 공유한다. 당신의 스토리를 이야기함으로써 많은 프로스펙트는 당신이 처한 상황에 동질감을 느낄 것이다. 그리고 당신이 하는 프레젠테이션의 다음 부분과 자신을 연결시켜서 생각하게 된다.

어떻게 돈을 버는가

여기서 '동그라미 그리기'를 시작하는데, 마케팅 플랜을 간략하게 축약해서 제시하는 것이다. 여기서 '간략하게 축약해서'라고 했는데 이것은 아주 간결하게 주요 내용을 추려 내는 것을 의미한다. 장장 두 시간에 걸쳐 백분율, 제목, 분리 독립 단계 등을 장황하게 설명하는 것이 아니다.

이 단계에서 목표는 오직 두 가지뿐이다. 첫째, 어떻게 기하급수적인 성장을 펼쳐갈 것인지를 보여준다. 프로스펙트는 보상 플랜의 모든 구체적인 사안에 대해서가 아니라, 어떻게 사업이 돌아가는가에 대한 전반적인 개념을 이해해야 한다.

둘째, 네트워크 마케팅은 당신이 꿈꾸기에서 이야기했던 라이프 스타일의 혜택을 누릴 수 있는 방법임을 보여준다. 이 사업에서 어떻게 돈을 버는지 설명하면서 그가 받게 될 혜택과 연결시킨다.

나는 '동그라미 그리기'를 특히 좋아한다. 동그라미 그리기란 실제로 맨 위에 동그라미 하나를 그리고 그 아래 4~5단계까지 내려가면서 동그라미가 계속 나뉘는 도표를 그리는 것이다. 나는 프로스펙트들에게 기하급수적인 성장의 효과를 보여주는 데 이보다 더 강렬하고 시각적인 방법을 이제껏 보지 못했다.

보다 효과적인 프레젠테이션을 위해 맨 위의 동그라미에는 프로스펙트를 가리키는 '당신'이라고 적는다. 그리고 과정을 전개해 나가면서 몇 단계를 더 복제한다. 각 동그라미에 평균 판매액(사업자가 실제로 만들어낼 수 있는 보수적으로 추정한 판매액)을 할당하고, 그것이 어떻게 기하급수적으로 자라나는지 프로스펙트에게 보여준다.

그 다음 각 단계에서 이런 판매액들을 만들어 내는 조직을 갖게 됐을 때 프로스펙트가 벌 수 있는 돈의 유형별 명세서를 보여준다.

사용할 프레젠테이션을 디자인하는 것은 정밀한 과학이다('당신이 6을 가져가고, 누구는 6, 누구는 4, 누구는 2'와 '당신이 6, 누구는 5, 누구는 4, 누구는 각각 3'과 '수십 개의 가능성 중 하나'를 비교해 보라.).

이 책을 읽는 당신을 위해, 당신의 회사 혹은 스폰서 라인은 이미 이것을 결정했다. 프레젠테이션의 디자인을 책임지고 있는 소수의 사람이 알아두어야 할 것은 다음과 같다.

적절한 결과를 얻기 위해 수 없이 많은 변수를 모두 살펴보아야 한다. 동그라미를 하나 더 그릴 때마다 '당신'이라는 동그라미안의 프로스펙트의 직급이 상승되면서, 그들의 첫 번째 하위 직급의 사업자들보다 한 단계 앞서 있게 순서가 배열되어야 한다.

나는 프레젠테이션을 설계할 때 프로스펙트가 연수입 약 10만 달러 또는 20만 달러(공짜 자동차 또는 집 또는 여행 프로그램 같은 것도 회사에서 제공한다면 포함한다)가 될 때까지 보여줄 수 있도록 시나리오를 짠다. 이것이 가장 효과적이라는 것을 알게 됐는데 그 이유는 다음과 같다.

월 5만 달러 또는 10만 달러처럼 엄청나게 막대한 수입을 보여주면 두 가지 일이 벌어진다. 첫째, 정부의 규제 기관 담당자와의 사이에 많은 문제가 생긴다. 둘째, 많은 프로스펙트는 이것이 자신이 할 수 있는 일이라고 생각하지 않게 된다. 지난 10년 동안 주급 400달러를 벌던 지극히 평범한 사람에게 월 5만 달러를 번다는 것은 상상하기 힘든 어마어마한 꿈이다. 그는 당신의 프로그램은 자신이 아닌 '다른 사람들'을 위한 것이라고 생각하고 나머지 프레젠테이션 내용에 귀를 닫기 시작한다.

연간 10만~20만 달러의 부수입은 지극히 평범한 사람에게는 구미가 당기는 액수다. 그것은 자신도 할 수 있다고 충분히 믿을 수 있는 수준이기 때문이다. 한편, 이것은 소득 수준이 높은 전문가들도 흥미를 느낄 만한 액수다.

그들은 마음 속으로 복제의 과정을 상상하고 가능성을 그려볼 수 있을 만큼 영리하다. 연간 25만 달러를 번다고 해도 그 돈을 벌기 위해 얼마나 많은 시간 일을 해야 하는지 너무나도 잘 알고 있다. 그들은 네트워크 마케팅을 통해 시간은 덜 들이면서 현재의 수입을 대체할 수 있다는 사실을 금방 파악할 것이다. 더 중요하게는 잉여 소득의 가능성에 매혹 당할 것이다.

프레젠테이션을 짤 때 특히 숫자들을 집어넣을 때, 이 공식을 명심한다.

프레젠테이션은
청중이 그 개념을 이해할 수 있도록 충분히 간단 해야 하면서,
도전하기 두려울 만큼 충분히 복잡해야 한다.

이렇게 하면 좋은 프레젠테이션을 준비할 수 있다. 여기서 내가 네트워크 마케팅을 변호하거나 피라미드 사기가 아니라고 설명하는 부분을 포함하지 않았음을 눈치챘을 것이다. 그런 설명은 더 는 필요하지 않기 때문이다. 네트워크 마케팅은 최근 몇 년 동안 어느 정도의 신뢰와 긍정적인 매스컴의 주목을 받아왔고, 기존의 무너진 경제 모델보다 우수함을 증명해 왔기 때문에 나는 더는 그런 문제에 신경 쓰지 않는다.

회사

수십 개의 네트워크 마케팅 회사가 사업을 운영하고 있다. 당신의 프로스펙트는 당신의 회사가 그 수많은 회사 가운데 자신에게 가장 적합한지 알고 싶을 것이다. 당신의 회사는 무료 자동차, 이익 배분제, 이국적인 곳으로의 여행 같은 인센티브 제도를 가지고 있는가? 프레젠테이션은 그런 혜택들로 시작한다.

안내 책자, 잡지 등과 같은 시각적인 자료들을 활용하라. 회사의 특징을 강조하지 말고 프로스펙트가 얻을 수 있는 혜택을 강조하라. "우리 회사는 8년 동안 꾸준히 안정적인 성장을 이루어왔다."라고 말하는 대신 그 정보를 혜택이 되게 만들어 "당신은 안정적으로 사업을 펼쳐 나갈 수 있다. 우리 회사의 지난 8년 간의 성적을 보면…" 이라고 말하면 된다. "네 가지 색깔의 안내 책자를 제작하는 데 수천 달러를 투자했다."라고 말하는 대신 "우리 회사와 함께 일하는 것을 자랑스럽게 느낄 것이고 더욱 빨리 사업을 구축할 수 있을 것이다. 최상급의 전문적인 자료들을 가지고 일하기 때문이다."라고 말한다.

전반적인 프레젠테이션을 하면서 회사의 특징들을 프로스펙트에게 돌아가는 혜택으로 바꾸어 말하면 된다. 대회, 소식지, 전화 회의, 지역 훈련에 대해 이야기하고 프로스펙트가 사업을 구축해 나가는 데 회사가 어떻게 도움을 주는지에 관한 사업자 후원 서비스에 대해 설명한다.

제품

다음으로 제품의 가치를 보여주어야 한다. 사람들은 프레젠테이션을 시작할 때 제품부터 소개하는 것에 익숙해져 있을지도 모른다. 나는 사업에 대한 혜택을 먼저 보여준 뒤에 제품을 소개하는 편이 더 낫다고 생각한다.

프레젠테이션은 제품, 라이프스타일, 그리고 기회에 대한 전체적인 그림을 보여줘야 한다. 그렇게 해야 프로스펙트가 어디에 관심이 있는지 결정하기 쉽다. 그냥 제품에만 관심이 있는 프로스펙트는 그렇다고 말할 것이다. 하지만 그 누구에 대해서도 속단해서는 안 된다.

'어떻게 제품을 써 보지도 않고 사업을 할지 결정할 수 있을까?' 라고 생각할지도 모른다.

간단하다. 프레젠테이션만 제대로 한다면 프로스펙트들은 제품이 프레젠테이션에서 설명한 대로 효과가 있을 거라고 믿게 된다. 그들은 일단 당신의 말을 믿는다(이것은 지인들의 대상으로 했을 때의 또 다른 장점이기도 한다.). 내가 아는, 평판 좋은 회사들은 모두 100% 제품 만족을 보장한다. 프로스펙트가 잃을 것은 아무것도 없고 얻을 것만 있다.

역설적이기는 하지만 조직의 더딘 성장의 원인들 중에는 제품에 대한 지식이 너무 많기 때문인 경우가 있다. 그러니까 그 많은 지식을 가지고 프로스펙트를 공격한다. 사실 이것은 사업자가 자기 무덤을 파는 격이다. 프로스펙트에게 제품이 처음 사용된 이후부터 지금까지 존재해 온 모든 사용법, 응용법과 효과를 다 알려줄 필요는 없다.

자동차 영업사원이 사이드 미러에 대해 설명하고, 엔진의 모든 부분을 묘사하고, 헨리 포드 이래 자동차 산업의 역사를 이야기하는가? 아니면 그저 시험 운전을 하게 하고 승차 감각이 어떤지 살펴 보게 하는가?

나는 이런 '정보 과부하'가 특히 영양 식품 부문에서 만연해 있다고 본다. 사업자들은 사업 프레젠테이션을 하는 게 아니라 3시간에 걸쳐 영양학 강의를 한다. 앉은 자리에서 제공되는 방대한 양의 사실들, 숫자, 연구들에 압도당한 프로스펙트들은 당연히 자기들은 그 모든 것을 배울 수 없을 것이라고 지레짐작한다.

이 첫 인상 때문에 그들은 자신이 이 사업을 할 수 있을 거라고 진지하게 생각하지 않는다. 많이 기대해 봤자 그들은 제품 소비자가 되는 것에 그칠 것이다. 완벽하고 전문적이고자 했던 당신의 욕심은 저수익으로 인한 빈곤과 프로스펙트를 모집하지 못한 외로움을 낳는 것으로 끝난다!

오늘날 네트워크 마케팅이 해결해야 할 가장 큰 문제점은 대부분의 네트워크 마케팅 회사가 판매 훈련과 복제의 차이를 제대로 이해하지 못하고 있다는 것이다. 나는 특히 회사의 대회에 초빙되어 강의를 할 때 이런 현실과 마주친다.

사업자들을 세계 최고의 세일즈 트레이너에게 훈련을 시켜도 판매량이 늘지 않는 회사들이 종종 나를 고용하기도 한다. 물론 세일즈 트레이너들은 긍정적인 마음의 자세, 미러링(mirroring), 모델링(modeling),

마무리 기술, 세 걸음 법칙 등을 가르쳤다. 그리고 당연하게도 판매에 재능이 없는 대부분의 사업자는 이런 기법들을 실천하지 않거나, 적절하게 실행하지 못한다. 결국 이런 과정은 그들에게 아무런 도움이 되지 못한다.

세일즈 트레이너들이 나쁘다거나 그들의 교육이 쓸모 없다는 얘기가 아니다. 그런 전략들은 판매에서는 효과적이다. 하지만 네트워크 마케팅에서는 복제를 하지 못한다. 보통 그런 시점에 회사들은 나를 초빙한다. 나의 메시지는 간단하다.

좋은 마케팅은 자격 있는 프로스펙트들을 찾아내서, 그들이 스스로 올바른 결정을 내리는 데 필요한 정보를 제공하는 것이다.

진실성이 있는 진정한 마케팅은 공격적인 마무리 기법, 설득하기 또는 '물건 팔기'와는 아무 관계가 없다. "당신은 모든 과정을 통제해야 한다. 올바른 정보를 주되 프로스펙트가 소화할 수 있는 정도의 양을 주어야 한다. 하지만 궁극적으로 프로스펙트 본인이 당신의 제품, 서비스 혹은 기회가 자신에게 맞는지 결정해야 한다."

프레젠테이션은 적절한 맥락 속에서 주어져야 한다. 그것은 아주 중요하기는 하지만 정보를 주는 과정에 있는 그저 한 단계에 불과하다.

회사에 대한 말은 다했고 이제 프레젠테이션의 제품 부문으로 다시 돌아가보자.

제품에 대해 이야기할 때는, 제품 라인에 대한 전반적인 개요를 제공한다. 제품 하나하나를 자세하게 설명하지 않는다. 모든 제품에 대해 성분, 원산지, 적절한 사용량, 언제 복용해야 하는지 등을 75분에 걸쳐 설명하는 (그리고 프로스펙트들이 결국 혼수 상태에 빠져들기를 기다리는) 사업자들도 있다.

제품 라인에 대한 개요를 제공하고 자신이 가장 좋아하는 제품 한두 개에 대해서만 이야기하라.

다시 말하지만 프로스펙트가 받을 수 있는 혜택을 강조한다. "이 제품은 독특하고 어디에서도 구할 수 없다."라고 이야기하지 않는다. 대신 "이 제품은 독특하고 어디에서도 구할 수 없는 것이어서 당신의 고객들이 당신을 통해서만 구매할 것이다. 따라서 당신은 미래에 잉여 수익을 창출할 수 있게 된다."라고 말한다.

영양 관련 제품을 다루는 경우

당신이 가장 좋아하는 제품이 당신의 '고칠 수 없는' 질병을 '치료한' 경험이 있다고 가정해 보자. 그런 경우 **프레젠테이션에서 절대 그 사실을 언급해서는 안 된다!** 물론 힘들겠지만 그래야 하는 이유가 있다.

나는 개인적으로 오늘날 사람들이 병원을 찾게 만드는 질병의 원인은 대부분 그들의 잘못된 식습관이라고 생각한다. 오늘날 우리가 섭취하는 음식의 80~90%는 비타민, 미네랄, 효소나 식이섬유가 아주 조금 있거나 거의 없는 가공된 대용 식품들이다.

원래는 결장이 연동 활동을 통해 소화관의 음식을 당겨 필요한 영양분을 흡수하고 나머지를 배설한다. 하지만 대부분 현대인의 몸은 다르게 활동한다. 매끼 먹는 식사는 이미 장을 막고 있는 부패하고 변질된 음식들을 밀어낸다. 이렇게 꽉 막혀 있는 소화 과정 때문에 많은 독성 물질이 장벽으로 침출되어 혈류로 흘러 들어간다.

그 결과 피로, 무기력으로부터 시작해 세균성 감염, 자가 중독, 심하게는 암에까지 이른다. 다른 여러 질병도 이런 소화 과정의 문제에서 기인한 혈액 속의 독성 때문에 생겼는지도 모른다.

우리가 확실히 아는 것은 네트워크 마케팅 회사에서 일하는 많은 사람이 비타민, 미네랄, 식이섬유 또는 효소 보조제를 먹기 시작하면서 극적이고 즉각적인 건강상의 호전을 보이고 있으며 소위 불치병으로 불리던 질병까지도 정복하는 경험을 했다는 사실이다.

그러나 여기에는 불편한 부분이 있다.

그 사실을 입 밖으로 꺼내서는 안 된다는 것이다. 정부의 수많은 규제 기관 담당자는 거짓 치료제와 안전하지 못한 의료 시술로부터 대중을 보호하는 일을 하고 있다. 이 규제 담당자들은 대안 의료 행위와 자연 건강법을 채택하거나 받아들이는 데도 상당히 더디다. 그들은 질병을 치료한다고 주장하는 사업자들을 고용한 회사를 즉각 폐쇄시킬 것이다. 불치병을 고치는 기적적인 치료 경험이 있더라도 프레젠테이션에서 언급해서는 안 된다. 그런 이야기들은 프로스펙트들과 규제 담당자들이 없는 회사 대회에서 풀어놓으면 된다. 프레젠테이션에서는 평균적인 사람들이 제품을 통해 경험할 수 있는 혜택들에 집중한다.

프로스펙트에 대한 후원

프레젠테이션의 마지막 부분에서는 프로스펙트의 성공을 돕는 모든 방법을 보여준다. 당신과 함께 일한다는 것은 우승팀에 합류하는 일이라는 사실을 알게 한다. 모든 훈련 프로그램, 미팅, 후원 도구들, 마케팅 자료들을 보여준다. 스폰서라인에 있는 사람들에 대해 이야기하고 그들이 어떻게 프로스펙트의 사업 구축을 도와줄 것인지를 설명한다.

그리고 여기서 당신을 드러낸다. 아무리 회사와 제품이 훌륭해 보여도, 당신이 프로스펙트의 혜택으로 여겨지지 않으면 그들은 관심을 갖지 않을 것이다. 프로스펙트에게 쏟아붓는 당신의 헌신적인 노력을 강조하고 지금 당장 시작할 수 있는 방법을 정확하게 보여준다.

모든 성공적인 프레젠테이션에는 이 다섯 가지 요인이 포함되어 있다. 꿈꾸기와 혜택 부분을 제외하면 순서는 그렇게 중요하지 않다. 혜택에 대한 이야기로 시작하지 않으면 프로스펙트들은 나머지 프레젠테이션 내용에 주의를 기울이지 않을 것이다.

당신 혹은 당신의 스폰서 라인이 표준화된 프레젠테이션을 만들 때 이 모든 것을 명심해야 한다. 믿기 힘들겠지만 대부분의 사람은 원료를 0.5온스 더 사용했거나 먼 산지에서 그 원료를 구해왔다는 이유로 이 사업에 뛰어들지 않는다. 그들은 더 나은 라이프스타일을 원하기 때문에, 그리고 이 사업을 통해 그런 꿈을 이룰 수 있기 때문에 합류한다.

분명히 당신의 회사는 신뢰할 만하고 제품은 아주 뛰어날 것이다. 나는 그런 사실들을 폄하하려는 것이 아니다. 사람들이 페라리를 사는 이유는 래크 앤 피니언 스티어링 기어와 레이디얼 타이어 때문이 아니다. 빨리 달리고 멋있어 보이기 위해서이다. 멋있게 보이는 것이 혜택이고 랙크 앤 피니어 스티어링 기어는 특징이다.

그렇다고 해서 제품이나 서비스가 중요하지 않다는 뜻은 아니다. 장기적인 성공을 위해 제품이나 서비스는 매우 중요하다. 진정한 성공을 위해서는 반드시 제품이 중심에 있어야 한다. 하지만 이것은 스폰서링 과정 뒤에 따르는 사용과 교육을 통해 이루어진다.

이러한 접근법으로 기회를 제시함으로써, 전체적인 그림을 보여주고 프로스펙트가 성공의 길을 선택하는 데 필요한 정보를 제공한다. 또한 이렇게 하지 않았더라면 이 일을 돌아보지도 않았을 많은 사람을 끌어당길 수 있다. 프로스펙트들이 얻게 될 혜택들을 보여주면, 당신의 네트워크 안에 새로운 사업자들이 꾸준히 들어오는 혜택을 얻을 수 있다.

추가적인 문제들

당신이 해결해야 할 또 다른 현실적인 문제가 있다. 당신이 프레젠테이션을 할 대부분의 프로스펙트는 이 사업을 시작하기 위해 현실적으로 필요한 초기 자금(5백~1천5백 달러)을 구해야 한다. 그들 중에는 '괜찮은' 급여를 받는 '괜찮은' 직업을 가진 사람들도 있다. 그러나 대다수의 사람이 평균적으로 빚을 지고, 자기 급여의 125%의 생활비를 쓰며 근근이 살아가고 있다.

대부분 사람은 이런 사실을 당신에게 말하기를 주저할 것이다(특히 '괜찮은' 직업을 가진 사람들이 그렇다.). 당신은 이런 문제들을 알아채고 그런 사람들과 일해야 한다. 그들은 아마 처음 제품을 구매할 때 신용카드를 사용한 뒤 수수료가 지급되는 날을 기다려야 할 것이다. 또는 다시 입문자들을 위한 자료들을 구매해야 할 것이다. 나는 절대 누군가의 시작을 돕기 위해 사업자를 위한 자료 패키지를 무료로 주어서는 안 된다고 조언한다. 대체로 자기 사업에 투자를 하지 않은 사람들은 그것을 귀중하게 여기지 않고 심각하게 접근하지 않는다. 시작하기 위해 약간의 희생을 하는 사람들이 더 의욕적으로 사업을 구축하려 애쓴다.

그렇다고 해서 그들에게 빚을 더 많이 지게끔 권장하라는 뜻은 아니다. 하지만 당장 사업을 시작해서 신속한 출발에 대한 수수료와 초기 제품 판매 이익으로 투자금을 회수할 수 있다면, 사업자 자료 패키지와 첫 번째 제품은 자신의 신용 카드로 구매하는 것이 타당하다. 나는 빠른 출발에 대한 보상을 첫 신용카드 청구서보다 더 빨리 받는 사업자들을 많이 배출했다.

나는 공격적으로 마무리하는 기법은 믿지 않는다. 나는 사람들의 기대, 필요, 욕구를 충족시켜줄 수 있는 사업을 내가 하고 있다는 마음가짐으로 프레젠테이션을 한다. 그리고 사람들이 그것을 느낄 것이라고 가정한다.

나는 그들을 다음 단계로 인도하는 데 거리낌이 없다. 사실 오히려 책임감을 느낀다. 나는 이런 식으로 이야기한다. "당신은 이 사업을 아주 잘 할 거예요. 당신이 나아갈 다음 단계는 이런 거예요…" 혹은 "안녕하세요, 더그, 이 사업을 야망이 있는 사람들에게 알립시다. 그러면 노력한 모든 것이 다시 당신에게로 돌아올 거예요."

나는 프로스펙트가 결정을 내리지 않았다고 하면 그 어느 쪽으로도 몰고 가지 않는다. 하지만 준비가 되지 않았다고 하면 다음 단계의 확대 사다리로 이동시킨다. 확대 사다리에서 한 단계 이동시키면 프로스펙트는 더 큰 행사에 노출되고, 더 많은 지식을 갖게 된다. 그 결과 그는 자신이 가지고 있는 문제를 해결하고 꿈꾸던 삶을 사는 데 이 사업이 도움이 된다는 사실을 발견한다.

사람들을 공격적으로 압박하는 문제에 대해 좀 더 깊이 생각해 보자. 당신은 사람들에게 물건을 강매하는 것이 아니라 그들이 자신을 위해 옳은 결정을 내릴 수 있도록 모든 정보를 확실하게 제공하는 것이다.

반대 의견

사람들의 처음 반응을 전부 믿을 필요는 없다. 많은 사람이 자신의 삶이 힘겹다는 것을 인정하기 싫어하고 다른 사람들이 자신에 대해 실제보다 나은 삶을 살고 있다고 생각하기를 바란다.

왜 이 사업에 관심이 없느냐고 물어봄으로써 상대방이 방어막을 치게 하기보다는, 그의 반대 의견을 대충 받아 넘기고, 그에게 더 많은 정보가 필요할 것 같다고 말한다. 이런 식으로 말이다. "결정을 내리기 전에 사실들을 전부 알고 싶을 거라고 생각해요."

그러고 나서 자료 패키지를 보여주며 그에게 남겨두고 갈 테니 검토해 보라고 한다. 각각의 자료들이 무엇인지 왜 이 자료들을 검토해 보는 것이 중요한지도 함께 이야기한다. 자료 중에 제품 샘플이 포함되어 있다면 함께 건네면서 제품 사용의 혜택을 반복해서 얘기한다.

그가 자료 패키지를 받으면 당신은 둘 중 하나의 시나리오를 준비한다.

1) 며칠 내로 자료를 가지러 갈 시간을 정하고 그가 할 질문에 답한다.
"이 제품이 정말 마음에 들 거예요. 궁금한 게 있으면 뭐든 적어 놓으세요. 제가 다음에…"

2) 다음 단계를 더 크게 준비하고 프로스펙트로 하여금 다른 미팅에 참석하게 한다. "데니스와 신디가 하는 것을 보기 전에는 프레젠테이션을 제대로 봤다고 할 수 없어요. 그들은 수많은 나라에서 수천 명의 성공을 도왔어요. 당신 자신을 위해 그들이 하는 프레젠테이션을 봐야 해요…."

반대 의견을 다루는 가장 좋은 방법은 그 문제가 제기되기 전에 프레젠테이션에서 이미 답을 하는 것이다. 같은 반대 의견이 계속해서 나온다면 프레젠테이션에 그 내용을 집어넣는다. 예를 들면 다음과 같다.

내가 자주 부딪힌 반대 의견들 중 하나는 사람들이 사업을 시작할 시간이 없다고 생각하는 것이다. 그것은 나도 처음에 가졌던 두려움이다. 그러나 물론 나는 2년이라는 시간을 낼 수 없다면 영원히 시간이 없을 것이라는 사실을 알게 됐다. 그래서 그 내용을 내 프레젠테이션에 집어넣었다.

모든 프레젠테이션의 중간쯤에 나는 이렇게 이야기한다. "내가 처음 이 사업을 만났을 때, 바보 같은 생각이었지만 나는 이 일을 할 시간이 없다고 생각했어요. 믿겨지나요? 물론 나는 바빴죠. 그렇게 바쁘게 일하면서도 무일푼이었어요!"

자주 부딪히는 또 다른 반대 의견에 대해서도 이런 식으로 대응한다. "처음에 나는 이 제품들이 비싸다고 생각했어요. 그러다가 비용을 생각해 봤죠…."

프레젠테이션에서 대부분의 반대 의견을 '처리'하면 후속 과정에서 그 문제를 다루지 않아도 된다. 그렇게 되면 프로스펙팅과 연이은 스폰서링 과정에 박차를 가할 수 있다. 당신이 부딪힐 모든 반대 의견에 대한 내 대답을 알려주고 싶지만, 그것은 불가능한 일이다. 어떤 프로그램의 사업이냐에 따라 반대 의견들은 달라질 것이다. 하지만 매달 진행되는 스폰서 라인과의 상담을 통해, 당신의 제품에 대해 나올 수 있는 반대 의견들에 대한 해결책을 대부분 배울 수 있다.

나는 사람들을 억지로 끌어들이라고 하지 않는다. 하지만 그들이 진실한, 열린 마음으로 이 사업을 바라볼 수 있게 해야 한다. 그들을 그들 자신의 옹졸함으로부터 지켜야 하는 경우도 있다. 그들이 15년 전 워터 필터에 투자했다 실패했다는 이유로, 혹은 그의 친한 친구의 이발사의 처남이 1994년에 파이버 쿠키에 손댔다가 150달러를 손해 봤다는 이유로, 자동적으로 이 일을 적대시하는 반응을 보이거나 당신의 기회를 무시해버리게 해선 안 된다. 프로스펙트가 사실을 배우지 않겠다고 결정하지 않는 한, 나는 적어도 그로 하여금 자료들을 검토하게 하고 후속 조치를 하거나 다음 단계의 사다리로 이끈다.

프레젠테이션을 보았지만 다음 차례의 자료를 보려 하지 않거나 후속 조치에 따라오지 않는다면 그들은 잠시 제쳐둔다. 그리고 6개월 정도 기다렸다가 다시 연락을 한다. 다음과 같은 말로 다시 사업에 대한 주제로 이야기를 던져본다. "마케팅 사업에 대한 수수료를 방금 받았어요. 혹시 지금 하고 있는 일을 그만두는 문제를 진지하게 생각하고 있는지 알고 싶어요. 제가 이번 주에 하루만 저녁에 시간이 있고 그 후에는 계속 약속이 잡혀 있는데…."

프레젠테이션에 대한 또 다른 고려 사항들

나는 프로스펙트들에게 그들이 검토할 사업은 2~4년 안에 경제적 안정을 구축하는 것으로 재미있고, 돈을 많이 벌 수 있고, 사람들에게 힘을 실어줄 수 있다고 말하고, 이런 결과를 얻기 위해 필요한 것은 두 가지뿐이라고 알려준다. 바로 주당 10~15시간과 꿈이다.

이렇게 해서 그들이 치러야 할 값을 알게 한다. 시간을 들여야 한다는 사실을 인식하게 되면 프레젠테이션할 때 꿈꾸기 부분에 대한 말을 꺼내기가 쉬워진다.

또 중요한 것은 프레젠테이션을 시작하기도 전에 당신은 성공을 준비하고 있음을 확신해야 한다는 것이다. 즉 긍정적인 결과를 기대하고 서류 자료들을 즉시 쓸 수 있도록 준비해야 한다.

모든 프로스펙트를 위해 메모지와 펜을 마련하고, 집에 가져갈 자료나 다음 단계에 필요한 자료들을 반드시 준비해 둔다(시작하고 나서 이런 자료들을 주면 자료를 읽느라 프레젠테이션에 집중을 하지 않는다. 끝날 때까지 가방에 넣어둔다.).

자기 사업은 스스로 통제해야 한다. 당신은 신참이고 스폰서가 프레젠테이션을 주관한다고 하더라도 책임지고 자료와 비품을 공급한다.

사업에 어울리는 옷을 입고 행동한다. 당신과 당신의 배우자는 성공한 사람들의 모습으로 나타나야 한다.

당신의 프로그램을 '판매'해야 하는 사람은 적임자가 아니다. 우리는 판매하는 것이 아니라 사람들을 분류하는 것이다. 우리는 미래에 대한 비전이 있는 사람을 찾는다. 그런 사람이라면 당신의 네트워크에 합류하지 못하게 막을 수 있는 것은 아무것도 없다.

하지만 그렇지 않은 사람이라면, 아무리 회유하고 설득하고 강요한다고 해도 사업자의 길로 이끌 수는 없다. 그런 사람을 영입했다가도 결국은 그에 대한 후원을 그만두게 되고 그의 사업자 패키지는 옷장 안에서 잠들게 될 것이다. 최악의 경우에는 좋은 친구였던 사람이나 가족과의 관계가 소원해질 것이다. 그러니 멋진 프레젠테이션과 설득의 기술로 거대한 네트워크를 구축할 수 있다는 잘못된 생각은 버려라. 그런 빗나간 생각의 희생물이 되지 말라. 그런 일은 없다. 그런 전략들이 가져다 주는 것은 수십 명의 프론트라인(자신이 후원하는 사업자들 중 1단계 다운라인)과 비활성 사업자들뿐이다.

사실을 다 들은 후에도 당신의 프로스펙트의 마음이 움직이지 않았다면 어떻게 할 것인가? 감사함을 표하고 그 대상은 넘어간다. 모든 정보를 받은 후에 결정을 했다면 그 사람을 존중하고 그의 결정을 인정해야 한다. 논쟁을 하거나 그의 생각을 조종하려고 해 봤자 아무 소용 없다.

그 대신 열정을 가지고 정직한 프레젠테이션을 하는 데 집중한다. 사람들의 마음을 열고 그들을 강압하지 않으면, 당신은 부단히 성장하며 이익을 창출하는 즐거운 사업을 할 수 있을 것이다.

이 접근법을 따르면 처음에는 소수의 사람을 스폰서로서 후원하게 된다. 그러나 당신이 후원한 사람들이 사업을 제대로 할 것이고, 결국에는 복제의 증가로 당신의 그룹은 수천 명의 사업자를 갖게 될 것이다.

이제 홈 미팅과 호텔 미팅에서 진행되는 프레젠테이션의 특징과 그 둘 사이의 차이점을 살펴보자.

10

How to Build
a Multi-Level
Money Machine

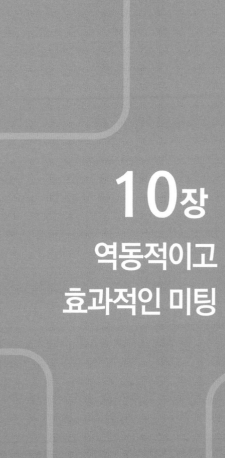

10장
역동적이고
효과적인 미팅

Chapter

10

역동적이고 효과적인 미팅

·
·
·
·
·
·
●

미팅의 유일한 목적에 대해 먼저 알아보자. 간단히 말해서 그것은 다음 미팅의 일정을 잡는 것이다.

제품이나 사업자 패키지를 판매했는지 아닌지에 따라서가 아니라 다음 미팅 일정을 잡았는지에 따라 미팅의 성공 여부가 결정된다. 프로스펙팅과 리크루팅 과정의 단계마다 마지막에는 일정표를 꺼내어 다음 미팅 일자를 잡아야 한다.

정보가 담긴 자료들을 나누어주고 나면 48시간 내로 다시 만날 약속을 잡는다. 자료를 가지러 갔을 때 프로스펙트가 사업에 관심을 보이면 다음 프레젠테이션 일정을 잡는다.

프레젠테이션을 마치고 프로스펙트에게 집으로 가져갈 수 있는 자료 패키지를 준다. 상대가 자료 내용에 대해 호감은 있지만 재고해 보겠다고 할 때는 '2차' 미팅 일정을 잡는다.

202

2차 미팅에 누군가를 데려오고 프로스펙트가 더욱 더 관심을 보이지만 여전히 등록은 망설인다면 추가 자료들을 제공하고 언제 다시 만날지 일정을 잡는다.

프레젠테이션을 하고 전화기 옆에 앉아서 프로스펙트로부터 등록하겠다는 전화를 기다리는 것은 바보들이나 하는 짓이다. 과정의 모든 단계에서 프로스펙트에게 다음에는 어떤 일정이 있는지 알려줘야 한다.

미팅은 이 과정에서 매우 중요한 부분이다. 매우 효과적인 리크루팅 미팅은, 화요일 저녁을 그저 동그라미를 그리는 시간으로 보내느냐 아니면 열렬한 새 사업자를 그룹에 합류시킨 뒤 집으로 돌아가느냐를 결정한다. 어떻게 미리 준비하느냐에 따라 결과는 달라진다.

홈 미팅

미팅 전에 화이트보드(지울 수 있는 것이어야 한다.)용 새 마커펜이 있는지 확인한다. 화이트보드는 문에서 떨어진 방 앞쪽에 둔다. 그래야 늦게 도착한 사람들 때문에 미팅 진행에 방해를 받지 않는다. 화이트보드 뒤에 창문이 있다면 커튼으로 가린다. 역시 같은 이유 때문이다. 화이트보드 대신 비디오테이프를 튼다면 비디오에 테이프를 미리 넣어 놓았는지 확인하고, TV의 위치는 화이트보드와 같다.

홈 미팅을 위해 아이들은 베이비시터에게 맡기고 애완동물은 방안에 들여놓는다. 당신은 애완용 강아지, 고양이나 라마가 귀엽다고 생각하겠지만, 프로스펙트들은 알레르기가 있을 수도 있고, 애완동물은 미팅의 분위기를 산만하게 할 수 있기 때문이다. 미팅이 시작하기 전에 전화기 플러그를 뽑고 휴대폰은 꺼 둔다.

초대받은 사람들이 집을 찾아오는 길을 명확하고 정확하게 알려준다. "초록 집에서 방향을 틀어서 1km 정도 가다가…"라는 식으로 알려 줘서는 안 된다. 길은 구체적으로 알려줘야 한다. "엘름 스트리트에서 우회전하고 150미터쯤 가다가 두 번째 신호등이 나오는 곳이 플레밍 가예요, 거기서 우회전해서…." 규모가 큰 홈 미팅의 경우 누군가 집 앞에서 교통 정리를 하고 주차를 도와주는 것이 좋다.

호텔 미팅

공공 장소에서 하는 미팅의 경우 장소 선택은 중요하다. 보통은 호텔의 회의실이 가장 좋다. 찾기 편리한 곳에 위치해 있고, 위협적이지 않고, 주차와 편의 시설이 잘 갖춰져 있기 때문이다. 호텔의 수준은 중간급 이상 고급 호텔로 한다. 만다린 오리엔탈과 포시즌스는 너무 비싸고 주차료가 40달러나 된다. 메리어트, 힐튼, 쉐라톤 정도가 무난하다. 그보다 낮은 급의 하워드 존슨즈, 홀리데이인, 모텔 등은 피한다. 프로스펙트는 프레젠테이션이 진행되는 환경의 등급에 따라 당신의 사업 프로그램을 판단할 것이다. 프로스펙트에게 제시하는 모든 것이 전문적이어야 한다.

직접 호텔을 방문해서 프레젠테이션을 할 회의실을 둘러본다. 양탄자, 벽지, 장식이 환하고 사람의 마음을 끌 수 있는지를 확인한다. 어둡고 마호가니 장식이 된 바로크식 방은 피한다. 천장은 최소한 3미터 이상은 되어야 한다. 천장이 낮은 방은 웅장한 느낌을 주기 힘들다.

주차비가 비싸면 손님들에게 부담이 되므로 주차비가 얼마인지 확인한다. 사용해야 할 마이크, 스크린, 다른 시청각 설비들의 사용료도 확인한다. 대부분의 호텔은 이런 서비스를 업체에 외주를 주기 때문에 사용료를 흥정할 수 없다. 때로는 이런 사용료가 대실료보다 더 비싸기도 하다. 개인적으로 구입하는 편이 더 저렴한 경우도 많다. 회의실 벽에 설치가 되어 있는데도 불구하고 스크린이나 화이트보드 사용 대가로 150달러를 따로 청구하는 호텔들도 있다.

흥정이 가능한 것은 대실료다. 처음에 그들이 부르는 가격을 절대 지불해서는 안 된다. 그것은 전혀 모르는 풋내기에게만 제시하는 가격이다. 당신이 정기적으로 대실을 할 것임을 호텔 측에 알려야 한다. 그들이 400달러를 제시하면 당신은 예산이 150달러뿐이라고 말하고 그 정도 가격대가 있는지 물어본다. 그러면 보통 호텔 측은 200달러짜리 회의실이 있다고 할 것이다. 그 회의실은 그들이 처음에 400달러를 제시한 곳이다.

회의실 준비

가능하다면 독서대와 화이트보드 또는 스크린을 단상 위에 놓는다. 그렇게 하면 강연자에게 신뢰성을 더해주고 손님들이 더 잘 볼 수 있다. 홈 미팅에서처럼 독서대, 화이트보드 또는 스크린을 회의실 출입문 반대쪽 끝에 두어서 늦게 도착한 사람들이 분위기를 방해하지 않도록 한다.

이 책의 초판을 썼을 때 나는 회의실 전면에 회사의 이름이 들어간 커다란 플래카드나 표지판을 설치하라고 했다. 멋지게 제품을 전시하는 탁자도 놓고 회사의 번영을 선전하는 탁자도 준비한다(이 탁자에는 제품 전시 탁자와 같은데 자동차 안내 책자, 지역 사업자의 시상식 사진들, 여행 안내 책자 등을 전시한다. 회사의 시상 프로그램을 안내하는 책자도 함께 올려두어도 좋다. 회사의 번영을 선전하는 탁자는 제품 전시와 함께 사용해도 된다.).

지금은 회사의 번영을 선전하는 탁자에는 많은 시간을 투자하지 말라고 권장한다. 그런 내용은 시스템에 포함했기 때문이다. 그리고 미팅은 점점 더 화려하고 웅장해지고 있다. 각 도시의 오픈 미팅을 방문해 보면 갈수록 이전보다 더 크고 준비도 잘 되어 있다. 사진 게시판도 만들고 플래카드와 장식용 깃발도 걸고 회의실을 정말 멋지게 꾸민다. 오후 5시부터 회의실을 꾸미기 시작해서 8시에 끝난다. 회의실 준비에 너무 집중해서 어떻게 프로스펙트들을 데려올지에 대한 생각은 잊어버린다. 그래서 균형을 맞춰야 한다. 회의실을 잘 꾸미는 것도 좋지만 그것은 고객들이 있고 난 다음에 따라오는 포장일 뿐이다.

다른 준비들

의자는 오기로 한 인원의 4분의 3에 해당하는 개수만 준비해 둔다. 여유분은 바로 갖다 놓을 수 있는 자리에 두지만 꺼내놓지는 않는다.

빈 의자들이 있으면 보기에 좋지 않다. 사람들로 가득 차 있을수록 프로스펙트들이 등록할 가능성이 높다. 큰 방에 빈 의자들이 있는 것보다 좁은 방에서 사람들이 벽 둘레에 서 있는 편이 더 낫다.

일찍 도착해 모든 시청각 자료를 미리 점검한다. 영사기 전구를 여유분으로 하나 더 준비하고 음량을 미리 조절해 놓고 마이크 성능도 확인한다. 실내 온도는 미팅이 시작되기 한 시간 전에 섭씨 18°로 맞춰 놓는다. 약간 서늘하게 해 놓아야 사람들이 방을 가득 채웠을 때 적절한 온도를 유지할 수 있다. 실내 온도가 적절하게 유지되지 않으면 미팅 진행이 번거로워진다. 조명도 마찬가지다. 실내의 밝기는 환하게 유지한다.

복도에 참가자 등록 서류를 마련해서 늦게 도착한 사람들이 프레젠테이션 분위기를 방해하지 않게 한다. 모든 사업자로 하여금 회사 배지와 공로상 배지를 부착하게 한다. 가장 상냥하고 긍정적인 사람들을 뽑아 문 입구나 등록 서류가 있는 손님을 맞이하는 자리에 배치한다.

미팅이 시작하기 전 30분 동안 활기찬 음악을 틀어놓는다. 미팅이 끝날 무렵에도 활기찬 음악을 틀 준비를 해 놓는다. 연구에 따르면 음악에 따라 소비자의 제품 구매율이 15%나 증가한다고 한다.

지금까지 실제 미팅 내용에 대해서는 전혀 언급하지 않았다. 미팅 전에 준비하는 이 모든 것이 미팅만큼이나 아주 중요하기 때문이다. 사소한 것들이 중요한 법이다!

미팅 때마다 점검해야 한 목록은 다음과 같다.

- 미팅을 하기 전에 실내 온도를 섭씨 18°로 맞춰 놓는다.
- 모든 시청각 장비를 점검한다.
- 전시 탁자를 준비해 둔다. (해당되는 경우에만)
- 미팅을 시작하기 전 30분 동안 분위기를 돋우는 음악을 틀어놓는다.
- 미팅이 끝날 시간에 맞춰 음악을 미리 준비해 둔다.
- 로비에 미팅이 있음을 알리는 게시물을 붙인다.
- 밝은 조명을 적절하게 유지한다.
- 회사 플래카드, 포스터 등을 중요한 위치에 붙인다. (해당되는 경우에만)
- 제품을 전시하고 설명하는 공간을 마련한다. (해당되는 경우에만)

미팅

이제 미팅의 내용을 살펴보자. 홈 미팅이나 호텔 미팅이나 몇 가지 차이가 있지만 내용은 전반적으로 같다. 먼저 미팅은 약속된 시간에 시작한다. 저녁 7시 30분에 시작하기로 예정돼 있는 미팅이라면 반드시 그 시간에, 늦어도 7시 35분에는 시작해야 한다. 늦는 사람들을 위해 기다리면 그것이 선례가 되고, 매번 더 늦게 시작해야 할 것이다. 실제로 스폰서가 되고 사업을 성공적으로 운영할 가능성이 있는 사람들은 행사장에 정시에 도착하는 사람들이다. 차가 막혀서 혹은 다른 이유들 때문에 늦었다고 울먹이는 어리석은 사람들 때문에 프레젠테이션을 어긋나게 해서는 안 된다.

주 발표자를 소개하는 사람은 분위기를 잘 이끌어야 한다. 친근하게 맞이하면서 발표자를 고양시키는 것이다. 손님들의 마음을 편하게 해주고, 기대감을 불어넣고, 긍정적인 분위기를 조성하기 위해서다. 처음 소개할 때쯤에 휴대폰을 끄거나 진동 모드로 해달라고 이야기한다.

이제 미팅이 시작된다. 미팅은 두 가지 방식으로 진행된다. 한 명의 왕성한 발표자가 진행하거나 여러 명의 발표자가 나누어 진행하는 것이다. 발표자가 한 명뿐일 때는 그는 반드시 역동적이고 활기가 넘치는 사람이어야 한다. 아니면 서너 명의 발표자가 프레젠테이션의 각 부분을 맡아서 진행한다. 여러 명이 진행하는 것이 더 잘 구성된 미팅이다. 많은 사람이 참여하고 다양한 방식과 주제를 제시함으로써 사람들로 하여금 집중할 수 있도록 해주기 때문이다.

미팅의 내용은 우리가 프레젠테이션 장에서 이야기한 다섯 가지 중요 요소를 반드시 포함해야 한다.

① 여러 가지 라이프스타일 혜택을 제공한다는 것을 알려준다.
② 네트워크 마케팅을 통해서만 이런 혜택들이 가능함을 보여준다.
③ 당신의 회사가 왜 그들에게 최고의 선택인지 설명한다.
④ 제품 라인을 훑어볼 수 있는 시간을 준다.
⑤ 지금 당장 시작하는 것이 얼마나 현명하고 쉬운 일인지를 보여준다.

프로스펙트들은 '이게 진짜야?' 라고 생각한다. 그리고 "내가 할 수 있을까?" 라고 자문한다. 프레젠테이션에서 강조해야 하는 점은 혜택은 발표자나 회사가 아닌, 프로스펙트가 누린다는 것이다. 마케팅 계획에 대해 설명할 때 "이 정도 단계에는 5%를 지급합니다." "자동차 무상 제공을 위한 기금이 있습니다." 등의 말은 하지 않는다. "이렇게 돈을 버는 거예요." "이렇게 하면 무료로 자동차를 받을 수 있어요."라고 말한다.

마지막으로 주 발표자가 고객들에게 등록을 권유할 때 지금 시작해야 하는 이유를 설명하고 어떻게 시작하는지를 정확하게 알려준다. 상위 사업자들이 그 자리에 참여하고 있고, 그들이 궁금한 질문에 대한 답을 줄 것이며, 당신이 제공하는 자료들을 설명할 것임을 알려준다. 그리고 음악을 틀고 새로운 사업자들을 등록시킨다.

홈 미팅에도 앞에서 언급했듯이 대부분의 내용은 비슷하다. 약간 다르게 진행해야 하는 차이점들은 다음과 같다.

홈 미팅의 주인으로서 이것저것 손대며 온 집안을 돌아다니지 않는다. 앞자리 중앙에 앉아 발표자나 비디오 내용에 완전히 몰입해 있어야 한다. 주차가 문제라면 정리할 사람을 정해서 내보낸다. 손님들이 이웃집의 잔디나 진입로를 막아 서게 주차를 해서 이웃들을 화나게 하면 사업을 매끄럽게 성장시키기 힘들다. 홈 미팅이든, 호텔 미팅이든 모든 미팅은 그 장소를 처음 봤을 때보다 떠날 때 더 나은 상태로 만들어 놓는 것을 목표로 해야 한다.

다과는 가벼운 것으로 준비하고 미팅이 끝날 때까지 내어놓지 않는다. 만약 회사의 제품이 식품이라면 다과는 그 제품으로 준비한다. 제품 중에 미팅에 맞는 식품이 없다면, 쿠키나 스낵 같은 가게에서 살 수 있는 가벼운 것으로 준비한다. 집에서 만든 파이를 내거나 도

자기 그릇에 음식을 내지 않는다. 손님들은 그런 내용도 자신들이 따라 해야 한다고 생각할 것이다.

보통 홈 미팅에서는 한 명이 프레젠테이션을 진행한다. 당신의 스폰서가 미팅을 주선하거나 하위 사업자들 중 한 명을 선택한다. 발표자를 제대로 소개하는 것은 미팅의 성공에 아주 중요한 역할을 한다. 당신은 발표자를 소개할 때는 다음 네 가지 내용이 반드시 전달되어야 한다.

① 발표자는 성공한 사업자다.
② 발표자는 프로스펙트들이 어떻게 성공할 수 있는지 보여준다.
③ 발표자는 당신의 친구다.
④ 당신은 흥분해 있다!

하나하나 자세히 살펴보자.

손님들은 자신에게 소개하는 그 사업에서 발표자가 성공했다는 사실을 알고 있으면 발표에 더욱 집중할 것이다.

어떻게 하면 그들도 성공할 수 있을지 알려주기 위해 발표자가 왔다는 사실을 알게 되면 손님들의 관심과 기대감이 커진다.

발표자가 당신의 친구라고 얘기하면 프로스펙트들의 마음 속에 당신을 높이 사게 된다. 당신이 전문가와 직접적인 연관이 있다는 사실을 알기 때문에 그들은 당신의 그룹에서 후원을 받을 기회를 얻게 된 것을 영광으로 생각한다.

마지막으로 이 사업이 당신에게는 그냥 생각으로만 그치는 게 아니라 매우 흥분해서 장기적으로 헌신할 새로운 모험이라는 사실을 알게 한다. 이런 식의 말을 던지는 것도 좋다. "이 사업을 구축하는 데 완전히 몰두해 있어요 그리고 이 기회를 최고의 친구들과 나누고 싶어요."

그리고 호텔 미팅에서와 마찬가지로 핸드폰을 꺼 달라고 공손하게 요청한다. DVD나 다른 전자 장비를 활용한 프레젠테이션도 같은 과정을 적용한다. 발표자와 발표 내용을 고양시키고 소개한 뒤 자리에 앉아 프로스펙트들과 함께 프레젠테이션을 본다.

이제 지금까지의 내용들을 정리하고 중요한 요인들에 대해 더욱 구체적으로 살펴보자.

미팅은 빨리 진행되며, 큰 흥미를 불러일으키고, 정보를 제공하고, 전문적이며 재미있어야 한다! 나는 미팅의 대부분은 사람들의 집에서 진행되어야 한다고 생각한다. 스폰서 라인의 가장 높은 직급 핀의 집에서 진행하는 미팅도 있다. 이것은 가족들만 모이는 폐쇄된 미팅이다. 여기서 폐쇄되었다는 뜻은 조직(가족)의 일원들과 초대받은 손님들만 참석할 수 있다는 뜻이다. 다른 라인의 사람들은 참석할 수도 없고 미팅이 있는지도 모른다.

이런 경우 지역의 핀 직급 사업자는 매달 자기 그룹을 후원하는 주요 행사를 여는 기회를 갖게 된다. 이런 행사는 보통 개인의 집에서 열기에는 너무 규모가 크기 때문에 핀 직급 사업자들은 프로스펙트에게 두 번째 혹은 세 번째 소개를 하기 위한, 약간 큰 행사를 진행하기도 한다.

이와는 별도로 월간으로 진행되는 또 다른 호텔 미팅은 서로 다른 라인들도 함께 모이는 개방된 미팅이다. 그 지역의 모든 핀 직급 사업자가 함께 모여 주요 월간 행사를 만든다. 서로 다른 라인들이 모이기 때문에 참석자 규모가 크고 프로스펙트에게 상당히 깊은 인상을 남기는 미팅이 된다.

하지만 사업을 시작하는 기간에는 매주 호텔 미팅을 여는 것도 고려해볼 만하다. 매주 개최되는 대규모 미팅을 통해, 시작하는 기간의 가속도를 유지하고 상당히 많은 사람을 끌어들일 수 있다.

규모가 작은 홈 미팅은 더 큰 규모의 홈 미팅을 뒷받침하고, 이것은 다시 호텔 미팅을, 그리고 다음은 대규모의 라인 통합 미팅을 뒷받침한다. 이런 구조를 확립해 놓으면 모든 사업자가 앞에서 얘기했던 점점 확대되는 과정으로 프로스펙트들을 인도할 수 있다.

순서

- 대중 시장 리크루팅 도구(가볍게 알고 지내는 사람들을 대상으로 함)
- 홈 미팅
- 가족 미팅(장소는 규모에 따라 집이 될 수도 호텔이 될 수도 있다.)
- 라인 통합 오픈 호텔 미팅
- 주요 집회, 대회, 행사들

라인 통합 오픈 미팅은 이 사업에 대해 처음 들어보는 사람들을 위한 것은 아니다. 긍정적이고 자격을 갖춘 프로스펙트들만 참석해야 한다. 네트워크 마케팅이 무엇인지 어떤 회사인지 이제 막 알게 된 사람들은 참석할 수 없다.

눈치 챘겠지만 규모가 큰 호텔 미팅은 성공한 핀 직급 사업자가 진행한다. 거기에는 두 가지 이유가 있다.

첫째, 미팅을 통해 시스템을 통제하는 방식과 관련이 있다. 당신의 조직에서 가장 성스러운 존재는 단상에 오르는 것을 허락받은 사람이다. 허락받은 사람들은 사업을 크게 구축했거나 크게 사업을 구축하는 과정에서 상급으로 올라간 사람들이다. 그 이유는 다음과 같다.

미팅에서 발표자로 나설 수 있는 사람들은 그렇게 성공했기 때문에 칭송을 받는 것이다. 3월의 미팅에서 열심히 칭찬했는데 4월에 열리는 다른 행사에서 그만두었다는 말을 듣게 된다면, 그런 사람을 발표자로 초대하고 싶지는 않기 때문이다. 그리고 강단에 올라가 시스템에서 벗어난 내용을 발표한다면 그룹에 부정적인 영향을 끼칠 것이다. 그래서 발표자는 시스템을 활용해 이미 조직을 구축한(혹은 구축하고 있는) 사람이어야 한다.

둘째, 그들이 잘하기 때문이다! 그 정도 직급에 오르기까지 그들은 수천 번의 프레젠테이션을 했다. 어떻게 하면 대중의 관심을 집중시키고 이끌고 나갈 수 있는지를 잘 안다. 적절한 시점에 농담을 던지고 다양한 이야기들을 인용하고 자신의 개인적인 성공 스토리를 이야기한다.

매주 호텔 미팅을 해야 한다고 생각하는 사람들을 많이 알고 있지만 나는 그 의견에는 동의하지 않는다. 그렇게 되면 스스로는 평생 프레젠테이션을 배우지도 못하고, 자신의 집에서 PBR을 열지도 않고, 항상 다음 미팅만 기다리는, 지나치게 상호 의존성이 강한 사람들만 양산해낸다. 그리고 미팅이 매주 열리면 흥분과 이벤트라는 감각을 잃어버리게 된다. 결국 참가자들은 떨어져나간다. 아무리 발표자가 훌륭해도, 매주 행사를 진행하면 사람들은 그 사람의 발표를 듣는 것에 질리게 되어 있다. 하지만 앞에서 언급했듯이 사업을 시작하는 시기에는 매주 미팅을 함으로써 추진력을 만들어 낼 수 있다.

 이상하게 들릴지 모르지만 미팅에 참석하는 방법도 훈련해야 한다. 진짜 미팅은 정기적인 미팅 전과 후에 진행된다는 것을 가르쳐야 한다.

미팅 전

 당신이 아는 프로스펙트를 미팅에 오게 하는 확실한 방법은 그를 직접 태워서 오는 것이다. 당신은 "괜찮다면 내가 태워 줄게요. 오는 길에 이야기도 좀 하고요."라고 말할 것이다. 손님과 함께 15~20분 전에 도착해 앞줄에 앉는다. 프로스펙트는 발표자와 가까운 자리에 앉을수록 더 크게 영향을 받는다. 이때 당신이 초대한 사람을 다른 사람들에게 소개하는 시간도 가질 수 있다. 당신의 스폰서, 그 자리에 있는 다른 핀 직급 사람들, 프로스펙트와 공통점이 있는(같은 조직, 같은 직업 등등) 다른 사업자들에게 소개한다. 그리고 반드시 그날의 발표자와 만나게 한다. 그러면 프로스펙트는 발표자를 무언가를 판매하려는 낯선 사람으로 보지 않게 되고, 새로 알게 된 친구가 무슨 말을 전하려고 하는지에 귀 기울이게 된다.

미팅 후

미팅이 끝난 뒤에는 사업에 대한 논의가 계속되길 바랄 것이다. 프로스펙트의 질문에 답을 해주고 그가 사업을 함께 할 준비가 됐는지 확인한다. 준비가 되어 있지 않으면 자료들을 설명하고 집에 가져가게 한 뒤 다음 미팅 일정을 잡는다.

미팅에 참여하는 사업자들에게 다음의 내용도 가르쳐야 한다.

- 자신이 초대한 손님이 있든 없든 상관 없이 모든 미팅에 참여하는 것은 중요하다.
- 항상 박수와 웃음에 인색해서는 안 된다.
- 사업을 하는 사람다운 옷차림을 한다 (자기 친구들은 정장을 입는 것에 대해 이해하지 못할 것이라고 말하는 사람들에겐 그래서 이 사업이 필요하다고 설명한다.).
- 미팅 중에는 음식, 껌, 음료는 피한다.
- 발표자가 청중에게 무언가를 물어볼 때, 특히 꿈꾸기에 대한 부분에서 질문을 던질 때는 당신이 직접 나서서 이야기를 한다. 프로스펙트들은 자신에 대한 이야기를 하는 것을 주저할 것이다.
- 무언가 나누어 줄 때는 전에 봤던 것이라도 반드시 받는다(만약 받지 않으면 손님들은 자기들만 받는다는 사실을 알아챌 것이다. 참가자들 중에 사업자들이 많고 손님들은 적다면 그들은 소외감을 느끼고 방어적인 자세를 취할 것이다.).
- 휴대폰은 꺼둔다. 문자를 주고받는 것도 금지된다.
- 미팅에 참가하지 않는 배우자들에게는 그들의 역할이 매우 중요함을

가르친다. 사람들을 관찰하고 그들의 이야기를 들으면서 프로스펙트들 중 누가 가장 흥미 있어 하고 그들의 꿈은 무엇인지 확인한다.

미팅의 길이는 어느 정도가 좋은지 알아보자. 물론 표준화한 프레젠테이션의 길이에 따라 다르지만 하나의 지침으로서 나의 예를 들어보겠다.

나는 모든 미팅에 같은 표준화한 프레젠테이션 개요를 따라 발표하지만, 홈 미팅에는 60분 정도가 걸리고, 규모가 큰 호텔 미팅에서는 90분에서 120분까지 소요된다. 그 이유는 다음과 같다.

홈 미팅을 할 때는 내가 프레젠테이션 전체를 담당한다. 큰 규모의 호텔 미팅에서는 같은 프레젠테이션이지만 더 깊이 있게 하면서 농담과 이야기들을 덧붙인다.

나는 호텔 미팅을 할 때 가서 즐긴다. 그것은 하나의 이벤트다! 사람들이 많을수록 나는 더 많이 즐긴다. 돈을 버는 것, 휴가, 비행기 1등석에서 있었던 일, 알람 시계를 없앤 일 등 많은 농담을 한다. 사람들이 많은 장소에서는 이런 분위기가 아주 잘 먹힌다. 사람들은 나를 구제 불능의 악동이라고 생각한다.

작은 홈 미팅에서 내가 이렇게 행동한다면 자기 중심적이고 이기적인 사람으로 생각할 것이다. 나를 보면서 "세상에, 자기밖에 모르는군."이라고 혼잣말을 할 것이다. 하지만 사람들이 많은 장소에서 다른 사람들이 웃고 즐길 때에는 그들도 온전히 같이 즐긴다.

이렇게 홈 미팅과 호텔 미팅에서의 프레젠테이션은 같은 개요를 따른다. 다른 점은 더 긴 프레젠테이션에는 농담과 이야기를 더한다는 것뿐이다.

이제 많은 사람이 궁금해 하는 문제를 이야기해 보자. 사람들은 프로스펙트들이 미팅에 대해 회의적이라고 주장한다. 미팅 자체가 너무 시대에 뒤떨어지고 사람들은 더 이상 미팅 같은 곳에 가지 않는다고 생각한다는 것이다.

사실이 아니다.

하지만 만약 당신이 길을 가다가 평범한 여자를 만났는데 그녀에게 화요일 밤 7시 30분에 호텔에서 만나자고 한다면 그녀는 비명을 지르며 쏜살같이 달아날 것이다.

하지만 우리가 하는 것은 그런 식이 아니다.

라인 통합 오픈 미팅은 반드시 이 사업에 대해 두 번째 혹은 세 번째 접해보는 사람만 초대해야 한다는 사실을 기억하라. 당연히 그냥 지나가다 만나는 일반적인 사람을 초대한다면 호텔에서 진행하는 사업 설명회에 오지 않을 것이다. 하지만 당신이 제공한 대중 시장 리크루팅 도구에 관심이 있다면 당신의 집에서 열리는 PBR에 참석할 것이다. 그리고 그 첫 번째 프레젠테이션이 마음에 들었다면, 영하로 기온이 떨어지는 추운 겨울에 60km 거리를 운전해서라도, 더 많은 것을 얻기 위해 호텔 미팅에 올 것이다.

호텔 미팅이라는 기회를 허비하고 싶지는 않을 것이다. 하지만 프로스펙트를 참석시킬 수 있는 가장 좋은 방법은 그 전에 사업에 대해 알아볼 수 있는 기회를 주는 것이다.

미팅의 전 단계를 제대로 진행했다면 사람들은 미팅에 올 것이다. 그리고 여기서 제시한 것과 같은 미팅들을 연다면 사람들은 실제로 미팅에 와 보기를 기대할 것이다. 월별로 진행되는 라인 통합 미팅은 아주 중요한 행사가 되었기에, 사람들은 참석하기만 하면 거의 등록한다는 것을 알기 때문에, 어떻게 해서든 자신의 라인에 끌어들이고 싶은 프로스펙트들을 이 호텔 미팅에 데리고 온다.

미팅은 추가적인 일이고 지속적인 노력이 필요한 일이다. 하지만 미팅으로 얻을 수 있는 보상은 너무나도 강력해서 무시할 수가 없다. 오늘날 네트워크 마케팅에서는 사업 기회에 대한 광고를 함으로써 '미팅을 하지 않아도 되는' 방식이 유행하고 있다. 옛 속담에 열매를 보면 나무를 알 수 있다는 말이 있다. 내가 아는 사실은 이렇다. 60년이 넘는 네트워크 마케팅의 역사 속에서, 대규모로 여는 사업 설명회 없이 급성장을 이루거나 지속적으로 번영한 회사는 없다.

해당 지역에서 미팅을 후원하는 구조를 확립하는 것은 그 지역에서의 최대의 성장을 보장한다. 홈 미팅은 가족 미팅을 뒷받침하고, 가족 미팅은 라인 통합 행사를 뒷받침한다. 이런 식의 연계는 언제든 프레젠테이션을 다시 볼 수 있는, 적시의 기회를 프로스펙트들에게 확실하게 제공한다. 그리고 매번 행사는 커지고, 프로스펙트는 자신이 이 사업에 합류하는 것이 옳다는 사회적 검증을 더 많이 하게 된다.

타이밍은 매우 중요하다. 가족 미팅이 매달 첫 번째 주 목요일에 열린다면, 라인 통합 미팅은 세 번째 주 목요일로 정한다. 라인 통합 미팅이 첫 번째 주 화요일이라면, 패밀리 미팅을 세 번째 주 화요일로 정한다. 이렇게 하면 프로스펙트를 초대할 수 있는 큰 미팅들 사이에 2주 이상 기다릴 필요가 없다.

프로스펙트를 등록시키고 홈 미팅에 초대한 후 다음 모임까지 3~

4주를 기다리게 하면 그는 중도 탈락할 가능성이 높다. 처음에 느꼈던 사업에 대한 흥분은 시들해지고 다른 일들로 관심이 옮겨간다. 미팅의 파이프라인을 적절하고 확실하게 설치해서 프로스펙트가 항상 다음 단계로 타고 올라갈 수 있게 하라.

미팅에 대한 최종적인 생각

어떤 사업자들은 미팅 장소나 진행에 대한 비용을 회사가 부담해야 한다고 생각한다. 절대 그렇지 않다. 이것은 당신의 사업이고 당신의 수입이다. 미팅을 준비하고 진행하는 것은 당신의 책임이고, 그 비용은 자기 사업을 하는 데 드는 일반적인 비용이다. 손님은 무료로 참가하고 각 사업자들이 최소한의 비용을 지불한다면, 부담할 수 있는 선에서 리크루팅 과정에 도움이 되는 행사를 치를 수 있다.

사업이나 제품에 대한 관심을 불러일으키기 위한 미팅이라는 행사의 개념은 1970년대에도 유효했고, 지금도 유효하고, 2025년에도 유효할 것이다.

제대로 구조화된 미팅은 장기적인 보장을 위한 깊이 있는 사업을 구축하는 데 가장 좋은 방법이다. 이제 다음 장에서 깊이 있게 사업을 구축함으로써 지속적인 안정성을 창출하는 방법을 알아보자.

11

How to Build
a Multi-Level
Money Machine

11장

깊이 있는 사업 구축

깊이 있는 사업 구축

어떤 사람들은 거대한 조직을 만들고 수십 년 동안 수동적 잉여소득을 올리는 반면, 또 어떤 사람들은 몇 달마다 라인을 강화하고 재구축하기 위해 맹렬하게 일한다. 그 차이는 라인 구축과 라인 몰고 가기에 있다.

라인을 구축하는 사람들은 원칙을 따라 엄밀히 일을 한다. 그들의 성장은 지속적인 성장을 만들어 내는, 복제할 수 있는 행동들을 바탕으로 한다. 라인을 몰고 가는 사람들은 과장된 광고로 사업을 선전한다. 과장 광고를 끈질기게 계속하지 않으면, 매달 새로 등록시키는 사람보다 그만두는 사람의 수가 더 많다.

블록 쌓기

라인을 구축하는 방법은 이렇다. 먼저 기초를 다지고 그 위에 꾸준히 라인을 구축하면서 역경들을 견뎌낼 수 있는 구조를 만든다.

라인은 블록을 쌓으면서 구축하는 데 블록 쌓기란 지금까지 우리가 이야기한 내용들이다. 즉 PBR 열기, 사업 설명회 열기, 제3자 도구 사용하기 그리고 모든 전략은 부를 창출하는 공식을 따라 하기다. 블록 쌓기 과정에서 모든 결정을 내리는 기준은 어떻게 하면 10단계, 50단계 아니 100단계 깊이까지 복제될 수 있는가이다.

라인 구축과 라인 몰고 가기의 차이

담합을 하기 위해 이 회사 저 회사를 끊임없이 옮겨 다니는 '네트워크 마케팅 중독자들' 중에 이런 사람들이 많다.

'거물 해리'는 그의 사업자들 중 다수가 그만두고 자신의 수입이 줄어드는 현실에 부딪힌다(그가 담합을 통해 받던 보장된 수입은 종료되기 직전이다.). 그는 자연스럽게 현재의 프로그램은 인기가 식었으니 '인기 있는' 다음 프로그램을 찾기 시작한다.

그는 자신이 회사를 찾고 있다는 소문을 내기 시작하고, 해리를 영입하면 금방 회사를 유명하게 만들 수 있다고 생각하는 어리숙한 회사 사장은 어디에나 있게 마련이다. 협상 끝에 거래가 진행되면서 돈이 오고간다.

해리는 즉각 리크루팅을 위해 비즈니스 잡지 광고를 내거나 광고용 우편물을 보내기 시작한다. 그의 광고의 표제는 다음과 같다.

성공한 거물이 ABC회사로 이직한 이유를 알아보세요!
흐름을 잡으십시오!!!
그들이 전화하기 전에 먼저 다운라인에게 전화하세요!

해리는 시간대가 다른 곳까지 전화를 하며 하루 12~14시간씩 일한다. 늘 그랬던 것처럼 열광적으로 과대 광고를 하며, 프로스펙트들에게 넘치는 보상과 정상에 오르게 해줄 것을 약속한다. 신청자들이 줄을 선다.

서로의 관계를 발달시키지도 않고, 블록을 쌓지도 않고, 회사나 제품에 대한 충성심도 없다. 당연히 가입자들의 90%는 두 번째 주문을 하지 않는다. 판매량이 하락하기 시작하고 해리는 다시 같은 과정을 반복한다.

좋은 뜻으로 시작한 사람들도, 인식하지 못한 상태이긴 하지만, 종종 라인 몰고 가기에 기대기도 한다. 그들은 복제를 제대로 이해하지 못하고, 성장을 하지 못하는 자기 그룹 사람들의 무능에 실망한다. 그래서 더 후원에 힘쓰고 격려하기 위해 자기 사람들 밑으로 사람들을 연결한다. 월말에는 다음 직급으로 올라갈 자격을 얻기 위해 판매액을 늘리려고 홍보를 왕성하게 한다. 사람들에게 직급을 올리기 위해 제품을 더 많이 주문해서 쌓아 놓으라고 권유하기도 한다.

프레젠테이션을 해야 하고, 미팅도 준비해야 하고, 훈련도 해야 한다. 그들은 결국 자기 팀을 위해 모든 것을 해야 하는 네트워크 마케팅 '만능 일꾼' 이 된다. 그들이 조금이라도 느슨해지면 모든 것은 무너지기 시작한다.

유명인을 내세워 모집하기

나는 지난 20년간 이런 일이 벌어지는 것을 무수히 많이 목도했다. 회사가 유명한 대변인을 고용하고, 대변인은 사업자로 가입을 하든가, 혹은 자기 회사를 차린다.

사업자들은 모두 유명인이 리크루팅에 미칠 어마어마한 효과에 열광한다. 주로 이런 경우 주요 언론 광고를 통해 사업 초창기에 좋은 위치를 선점해야 한다고 사람들을 부추긴다. 유명인의 후광 효과로 새로운 사람들이 끊임없이 밀려들어 회사에 등록을 할 것이기 때문이다. 최악의 경우 텔레비전 광고에도 나오고 선두 세대 조합이 만들어진다. 수천 명의 선두 사업자가 쏟아져 들어온다. 하지만 결국은 어떻게 되는가?

유명인은 사업이 실제로 어떻게 구축되는지 전혀 모르고, 사업 구축을 위해 일을 하려는 시도조차 하지 않는다. 사실 유명인은 아마도 사업자들이 그의 이름을 믿고 사람들을 끌어들이면 근사하게 잉여 소득을 받을 수 있다는 말에 속았을 것이다.

이들은 네트워크 마케팅에서 부를 창출하는 공식을 전혀 따르지 않고 있다. 또한 복제 과정에 정반대되는 과정을 밟고 있다. 네트워크 마케팅에서 이런 방식이 성공으로 끝난 경우는 없다.

이 같은 라인 몰고 가기는 장기적인 네트워크 마케팅 조직을 구축하는 것과 아무 상관이 없다. 하지만 대부분의 사람은 이것을 깨닫지 못한다. 그들은 그저 계속해서 쳇바퀴를 돌며 마침내 에너지가 소진되고 나면 그만둔다. 그러고 나면 네트워크 마케팅을 포기하거나, 이것은 안 되는 사업이라고 생각하거나, 아니면 자신이 제대로 된

'인기 있는' 회사를 선택하지 못한 것이라는 결론을 내린다. 어떤 경우든 비극적인 결말이다. 네트워크 마케팅에 대한 실망은 사업이 어떻게 제대로 굴러가는지에 대한 이해와 훈련의 부족에서 비롯된다.

나 같은 구식의 사람들이 사업을 시작했던 과거에는, 이 사업은 라인을 단단히 지키고 깊이 있게 구축하는 방법을 이해하는 간단한 공식 같은 것이었다. 모두들 한 단계씩 오르는 분리 독립(브레이크어웨이) 방식의 프로그램 일을 했고 그것은 단순한 과정이었다. 지금은 바이네리, 매트릭스, 혼합 플랜들이 나왔고 이런 수많은 보상 플랜상의 과정이 과거에 비해 약간은 덜 명확하다. 하지만 결국 여전히 문제는 복제와 리더의 육성이다.

라인 지키기

과거 그 시절에는 사람들이 라인이 3~5단계까지 깊어지거나 라인 자체가 깨지기 전까지는 떠나지 않는다고 말하곤 했다. 사실 사업자는 절대 라인을 떠나서는 안 된다. 그러나 그가 맡는 역할은 바뀐다.

처음에는 그날그날 진행되는 라인 구축 일을 하고, 새로운 등록자의 빠른 출발을 위한 훈련을 시키고, 첫 프레젠테이션 일을 돕고, 기본을 가르치는 일을 한다. 여기서부터 상담 단계의 일을 한다.

이제 매일매일의 일에서 벗어나 훨씬 더 중요한 역할을 하게 된다. 라인의 리더와 매월 상담을 한다. 상담 일에 대해서는 다음 장에서 더 자세히 다룰 것이다. 이제 라인의 성장이 본격적으로 이루어지는 단계에 이른다.

결국 라인의 가장 상급에 있는 사람은 최고 단계인 핀 직급까지 스스로 올라가야 한다. 이때는 지속적인 상담이 필요할 수도 필요하지 않을 수도 있다. 그리고 다음은 라인에 동기를 부여해 주는 존재가 되는 것이다. 결국 '성공'한 누군가의 살아 있는 표본이 되고, 조직에서 사람들에게 자극을 주는, 능력 있는 사람이 된다.

지역에서 열리는 라인 통합 미팅에서 매년 한두 번씩 발표자로 초빙될 수도 있고, 또는 사업자들이 주관하는 큰 규모의 가족 행사에 내빈으로 참석할 수도 있다.

이런 역할들 중 하나로 늘 후원을 해야 한다. 훈련을 하다가 사업자들의 기본이 무너졌을 때는 상담을 하고, 상담을 하다가 라인이 단단해지면 라인에 자극을 주는 존재로서 역할을 한다.

라인을 단단히 지킨다는 것은 잘 '완성되었다'는 뜻으로 진정한 잉여소득을 제공하는 라인을 가리킨다. 그 라인과 함께 일하지 않더라도 라인은 계속해서 성장하고 수동적인 소득을 제공하는 것이다. 그 라인에 핵심 리더들이 충분히 있을 때만 가능한 일이다.

네트워크 형성에서 대부분의 사람이 실패하는 이유는 리더들을 발굴하고 함께 일하는 데 실패하기 때문이다. 실패한 사람들은 그룹의 회원 숫자에 대해, 그리고 그들의 판매액에 대해서만 걱정하고 리더들에게는 신경을 쓰지 않는다. 그들은 자신의 수입 단계와 관련된 일만을 하거나, 자신이 등록시킨 사람들만 신경 쓴다.

네트워크 마케팅의 상위 단계에서 성공하려면 그들이 어떤 단계에 있든 상관없이 리더들을 발굴하고 그들과 함께 일해야 한다. 사실 사업을 깊이 있게 구축할 때는 수입과는 상관 없는 일에 많은 시간을 쓰게 된다. 이렇게 하는 것이 라인을 단단히 지키는, 정확한 방법이다.

깊이 있게 (조직의 아래 단계에서 후원을 받는 사람들과) 일해야 안정성이 구축된다. 폭넓게(개인적으로 등록시킨 사람들과) 일해야 수입이 보장된다. 거대한 수동적인 소득을 창출하려면 양측에 모두 힘써야 한다.

하지만 안정이 먼저이고 그 다음이 구축이다. 상담을 통해 라인을 단단히 안정시키고 그 다음에 고무하거나 동기를 불어넣는 역할로 옮겨가야 한다. 라인이 단단하게 안정되면 일을 멈추고 잉여 소득으로 넘어가든가 아니면 수입을 늘리기 위해 새로운 라인 구축에 돌입한다.

라인의 많은 판매액이나 사업자 수에 현혹되어서는 안 된다. 높은 수준의 판매액이나 숫자는 라인을 몰고 가는 사람들에 의해 쉽게 만들어질 수 있다. 라인의 사업자 수는 블록의 기초를 탄탄히 만들어서 증가시켜야 한다.

솔선수범

이 사업에서 최고의 의무는 스스로 성공하는 것이다. 그리고 나서 두 번째 의무는 하위 라인 사람들의 성공을 만들어가는 것이다. 대부분 사람은 이것을 혼동한다.

사실 자신이 직접 핀 직급에 오르지 않고서는 그 직급에 오르는 방법을 보여줄 수 없다. 수많은 사람을 성공시키면 자신도 성공할 것이라고 생각하는 것은 의미가 없다. 듣기에는 좋을 수 있다. 보기에도 좋다. 하지만 그런 일은 일어나지 않는다. 실제로 먼저 성공을 해야만 한다. 그래서 먼저 자신의 무기 발사에 집중하고, 보상 플랜상의 위치를 상승시키고, 그 다음에 사람들에게 상담을 해준다. 단계마다 행동의 모범을 보이고 다음 단계의 성공은 어떻게 성취할 수 있는지 보여준다.

절대 사업자가 스스로 할 수 있는 일을 대신 해주어서는 안 된다. 당신은 일에서 벗어나기 위해 일을 하는 것이다.

당신의 목표는 자기 그룹의 사람들이 최대한 빨리, 최소한 연간 5천 달러 이상의 수익을 올릴 수 있도록 라인을 구축하는 것이다. 연간 5천 달러 수입은 대부분의 사업자에게는 이익도 손해도 보지 않는 손익분기점이다. 마케팅 자료들을 구매하고 자기 개발 프로그램에 투자하고 행사들에 참여하기 위해서는 그 정도의 돈이 필요하다. 이 정도 수준에 이르면 사업을 하기 위해 투자한 돈은 없고, 이후부터 벌어들이는 것은 모두 이익으로 남는다. 그리고 행사들에 참여할 수 있고 개인적인 성장을 할 수 있기 때문에, 이 과정에서 가장 중요한 동력이 발동하기 시작한다. 그들이 리더가 되는 것이다.

대부분 처음부터 고위직인 핀 직급을 후원하는 게 아니라 안으로부터 성장시키는 것이다.

당신이 추구하는 과정은 다음과 같다.

당신의 하위 라인에 새로 합류한 사람들이 주당 10~15시간 일하는 것으로 시작한다. 기초부터 차근차근 일을 하고 복제를 만들어낸다. 최대한 빨리 손익분기점까지 끌어올린다. 그들은 주요 행사에 참석하고 그들 중 한 사람에게 마법 같은 일이 벌어진다. 스스로 자신의 선을 넘어서는 것이다.

불현듯 그들이 깨닫는 순간이 온다. 이 사업과 회사가 자신을 위해 존재하며 성공할 때까지 포기하지 않겠다는 결심을 한다. 어떤 역경에 부딪혀도 장기적인 안목을 가지고 끝까지 버티겠다고 다짐한다. 그들의 신념은 매우 강해서, 아직 많은 돈을 벌지 못한다 해도, 아무 것도 그들을 단념시킬 수 없다.

새로운 확신과 신념은 리크루팅 활동에서 드러나고 결과도 확연히 달라진다. 성장은 가속을 더한다. 이제 네트워크 마케팅에서 주당 15시간 일을 하면서 그들의 정규직에서 50~60시간 일하는 것만큼 의 수익을 올리는 수준까지 이른다.

나는 이때 다니는 직장을 그만두지 말고, 일주일에 하루 저녁 더 시간을 내서, 주당 4일 혹은 5일까지도 일을 하라고 권한다. 나는 그들이 빚을 다 갚을 때까지 일을 하기를 바란다.

최대한 빨리 빚을 갚게 하는 것이 내가 새로 등록시킨 신참들을 위한 나의 목표 중 하나다. 그래서 수입이 정규직 수준에 이르러도 직장을 그만두라고 하지 않는다. 그렇게 해야 수입을 두 배로 올릴 수 있다. 직장에서 봉급을 받고 거기다가 네트워크 마케팅 사업에서 같은 정도의 수입을 올리는 것이다.

너무 일찍 직장을 그만두게 하면 안 된다. 사업을 시작할 때 대부분 의 사람은 무일푼 상태였다. 따라서 연봉 4천 달러의 직업과 연봉 4천 달러의 네트워크 마케팅 사업을 맞바꾼다면 그들은 여전히 무일 푼 신세다.

팀 멤버들이 신용 카드 대금을 갚고, 자동차 할부금을 다 지불하고, 순자산을 쌓는 데 어느 정도 투자를 하도록 격려한다.

담보 대출은 제외하고 부채가 없으면서 직장에서의 연봉보다 더 많은 돈을 벌면, 그때 직장을 그만두고 사업에 온전히 전념하라고 권유한다.

정말 신나는 일은 네트워크 마케팅 사업을 정규직으로 했을 때는 주당 25시간만 일하면 된다는 사실이다. 월 수만 달러에서 수십만 달러까지 벌면서 주당 25시간 이상은 일하지 않아도 된다. 그 이유는 다음과 같다.

이 사업에서 주로 일을 하는 시간은 저녁 7시에서 10시까지다. 대부분의 사람은 월요일에서 금요일까지 직장에서 일하기 때문에 낮 시간에는 할 수 있는 일이 별로 없다. 일하기 가장 좋은 시간은 화요일과 목요일 저녁 7시에서 10시 사이다. 그런데 미팅을 시작할 수 있는 가장 늦은 시간은 저녁 8시. 미팅을 진행하는 데 적어도 2시간은 걸리기 때문이다. 따라서 미팅을 아무리 늦게 시작해도 10시면 끝난다.

그래서 화요일과 목요일 저녁이 가장 적합하다. 수요일 저녁은 많은 사람들이 교회를 가기 때문에 적합하지 않지만 일을 할 수는 있다. 월요일 저녁은 한 주일을 시작하는 날이기 때문에 그렇게 좋지는 않지만, 어쨌든 역시 일을 할 수는 있다. 금요일과 토요일 밤도 대부분 사람이 즐기는 밤이기 때문에 그렇게 좋은 날은 아니다. 일요일 밤은 전통적으로 적절하지 않지만 토요일 오후는 일하기 아주 좋다.

여기 제시한 미팅을 위한 요일들은 일반적인 지침일 뿐이다. 나는 노동절에도, 그리고 새해 첫날에도 미팅을 열어 본 경험이 있다. 충분히 큰 꿈을 가진 사람은, 어떻게 해서든 사람들을 미팅에 참석시키는 방법을 찾을 것이다.

일반적으로 일을 할 수 있는 날은 네 번의 저녁과 한 번의 오후다. 만약 당신의 라인의 사업자가 4일 저녁 동안 3시간 반씩 일을 한다고 가정해 보자. 그러면 14시간이 된다. 토요일 오후의 또 다른 4시간을 더하면 18시간이 된다. 그러면 주당 25시간에서 7시간이 남는데, 이 시간에는 앞으로의 새로운 라인을 구축하기 위해 프로스펙팅을 하거나 사소한 서류 작업들을 하고, 남은 시간에는 리더들과 상담을 하는 데 활용한다. 서너 개의 라인과 일을 한다고 가정하면(나는 세네 개 라인을 한 번에 운영하는 것이 가장 적절하다고 권유한다.) 많아야 25시간 일하는 것이다.

주중 나머지 시간 동안 그들이 할 수 있는 일은 자기만의 라이프스타일을 누리는 것이다. 정오에 일어나 발코니에 앉아 물 위를 떠다니는 요트를 바라보며 허브 티를 마신다. 나가서 점심이나 저녁을 사먹고, 쇼핑을 하고, 테니스를 치고, 친구들을 만나고, 자원 봉사를 하거나, 아니면 난생 처음으로 아이들의 방과 후 축구 경기를 보러 간다. 원하는 라이프스타일을 마음껏 즐기는 것이다.

이렇게 되면 두 가지 효과가 있다. 하나는, 그저 자신의 라이프스타일을 즐기는 것만으로 자기 조직의 사람들에게 엄청난 동기를 부여한다. 그들도 그런 라이프스타일을 동경하기 때문이다. 그리고 부유한 삶은 수많은, 적합한 프로스펙트를 끌어들인다. 왜냐하면 당신의 라이프스타일, 조화와 균형 있는 삶을 보면 그들도 역시 그것들을 누리고 싶어지기 때문이다. 그러면 더욱 더 많은 사람을 당신 곁으로 끌어당기게 된다. 사업을 오래 하면 할수록 일은 더욱 쉬워진다.

하나의 라인과 이 과정을 밟아나간다면 당신은 2~4년 안에 고위직인 핀 직급에 오를 수 있다. 그리고 당신의 조직 내의 사람들은 이전보다 더 많은 돈을 벌게 되고 그들은 절대 조직을 떠나지 않는다. 이것이 단단하게 안정된 조직이다. 이것을 두어 번 하면 상당한 수입을 올리게 된다. 여섯 번에서 여덟 번 하면 세계에서 가장 부유한 사람이 되고, 많은 사람이 부러워하는 라이프스타일을 누리게 된다. 이제 그 정도 위치에 올랐을 때 필요한 리더십 전략을 살펴보자.

12

How to Build a Multi-Level Money Machine

12장

그룹 내
리더십 공장 만들기

그룹 내 리더십 공장 만들기

몇 년 전 나는 리더십에 대한 책의 한 장을 저술해 달라는 요청을 받았다. 리더십에 대한 정의를 내리는 내용이었는데 나의 정의는 다음과 같았다.

**리더십은 사람들이 대개는 하고 싶어하지 않는 일을
자발적으로 하도록 이끄는 능력이다.**

군에서 리더는 부대원들이 참호에서 나와 적의 야영지를 향해 돌격하도록 고무한다. 회사에서 리더는 직원들에게 권한을 주어 중요한 거래처를 잃지 않게끔 즉각적인 행동을 취하도록 독려한다. 네트워크 마케팅 조직에서 리더는 사람들이 두려움을 극복하고 그룹 앞에서 말할 수 있도록 용기를 북돋우거나, 새로 등록한 사업자가 자신의 첫

정장이나 넥타이를 사게끔 독려할 수 있어야 한다.

어떤 경우든 대개는 하고 싶어 하지 않는 행동이지만, 특별히 리더십의 영향으로 인해 어떻게든 자발적으로 했다.

나는 이것이 그 사람이 리더와 접촉함으로써 믿음과 존경심이 증가했기 때문에 가능하다고 생각한다. 리더는 리더십 기술과 자질을 보여주는 것 이상의 많은 일을 해왔다. 그들이 이끄는 개인들의 긍정적인 성장을 도왔다.

리더는 자신을 따르는 사람들이 자기 자신을 믿게끔 도와주고, 무엇을 생각할 것인지가 아니라 어떻게 생각할 것인지를 가르침으로써 이 일을 가능하게 한다.

과거의 리더십 모델은 사람들에게 무엇을 생각할지를 가르쳤다. 군의 경우 비밀 경찰, 수많은 민간인 학살, 히틀러 치하의 독일이 그 예에 해당된다. 사람들에게 무엇을 생각할지(그리고 그 생각들 중 하나는 절대 권위에 이의를 제기해서는 안 된다는 것이다.) 단순히 주입한 것이 믿음이 되었고 사람들은 그것을 따랐다. 이런 예들은 리더십의 부정적인 가능성을 보여준다

안타깝게도 오늘날 대부분의 사람은 무엇을 생각할지 알려주는 이를 열심히 찾고 있다. 사람들은 자신이 좇을 전문가와 자신이 합류할 운동을 찾아 전 세계를 뒤진다. 오늘날 범죄 조직, 종교, 추종 집단이 그토록 많아진 현상이 이것을 증명한다.

사람들은 ESPN과 다른 스포츠 프로그램을 보면서 자기 지역의 쿼터백에 대해 무엇을 생각할지를 배운다. 정치에 대해 무엇을 생각할지를 배우기 위해 말만 번드르르하게 하는 사람이 라디오 방송에서

하는 소리에 귀 기울인다. 누가 혹은 무엇이 인기 있고 유행인지 알기 위해 사회면 칼럼을 읽는다. 전 세계의 교육 기관은 어떻게 생각하는지를 가르치는 곳에서 암기할 사실들을 전파하는 곳으로 바뀌었다.

진정한 리더는 이러한 환경을 부당하게 이용하지 않는다. 그들은 조심스럽게 자신이 이끌 사람들을 고르고, 자신을 위한 생각에 관심이 있는 사람들만을 선택한다. 그들은 사람들이 문제를 해결하는 기술을 개발할 수 있는 상황을 만든다. 그리고 이런 기술은 생각을 키우고 자신에 대한 믿음을 쌓게 한다.

> **진정한 리더는 리더에 대한 사람들의 믿음을 키우는 것이**
> **아니라, 따르는 사람 자신에 대한 믿음을 키운다.**

리더들은 그들을 따르는 사람들이 자기 자신에 대한 자신감과 존경을 키우게 한다. 그리고 그들이 독립적으로 생각할 수 있도록 돕는다. 이 같은 자유로운 생각과 새로 발견한 자신감으로 스스로 리더로서의 길을 갈 수 있도록 만든다. 리더들은 더 많은 리더를 낳는다. 이것이야 말로 진정한 리더십에 대한 검증이다.

나는 네트워크 마케팅에서 대부분의 사람이 실패하는 가장 큰 원인은, 조직에서 리더들을 발굴하고 그들과 일하지 못하는 것이라고 말해 왔다. 같은 이유로 스폰서 업라인에서도 리더들을 찾아 그들과 함께 일해야 한다. 그들은 도움을 얻을 수 있는 최고의 원천이다. 스폰서 업라인의 리더들과 동반 관계를 확립했을 때, 당신은 당신의 그룹에서 더 많은 리더를 만들 수 있는 리더십 특성을 발휘하고, 하위 단계로 내려가면서 리더들은 같은 과정을 복제할 것이다. 당신의 목표는 '리더십 공장'을 만드는 것이다. 매달 보상 플랜에서 자신의 직급을 올리는 리더 무리들이 배출되는 곳이 리더십 공장이다.

리더로서 당신의 가장 중요한 역할은 팀이 모방할 수 있는 적절한 행동의 모범을 보여주는 것이다. 그리고 이것은 당신이 하는 그대로 사업을 하는 방법을 가르칠 때 가장 잘 이루어진다.

적절한 행동을 보여주고 사람들이 동시에 배우고, 행하고, 가르치게 하는 것이다. 홈 미팅을 하는 법을 가르치는 훈련 교실을 여는 것이 아니라, 사업자의 거실을 빌려 그를 위한 미팅을 개최한다. 3자 전화 회담에 대해 훈련하지 말고, 그들과 직접 3자 전화 회담을 한다.

월간 상담

이것은 조직의 리더들과 잠재적인 리더들의 지속적인 성장을 위해 매달 진행하는 과정이다. 상담 일은 다음과 같다.

당신은 지금 회사의 브론즈 디렉터 직급에 있고 다음 단계인 실버 디렉터를 바라보고 있다고 하자. 당신은 스폰서 라인 중 바로 상위에 있는 실버 디렉터와 상담할 것이다. 당신이 실버 디렉터가 되었는데, 당신의 스폰서가 여전히 실버 디렉터라면 더는 그에게 상담을 의뢰하지 않을 것이다. 그의 스폰서인 골드 디렉터에게로 가게 된다(앞에서도 이야기했듯이 골드 디렉터가 되는 방법을 알고 싶다면 이미 그 직급에 오른 사람과 이야기를 해야 한다. 골드 디렉터가 되고 싶다면 골드 디렉터와 상담을 해야 하는 것이다.). 당신은 당신보다 높은 직급에 있는 업라인 인물과 상담을 해야 한다.

그래야 모든 사람에게 상담할 상대가 있게 되고, 최고 직급에 있는 사람은 수천 명의 사람과 다 상담을 하지 않아도 된다. 스폰서 라인이 그랬듯 이, 당신은 바로 아래 하위 직급에 있는 리더들과 일하고, 그들은 그들의 하위 직급에 있는 리더들과 일하고, 그들은 또 그들의 하위 직급 리더들과 일한다. 결국 스폰서 라인에서 한 단계 혹은 두 단계 위로 올라가면 당신을 기꺼이 도와주고 함께 일할 누군가를 찾을 수 있다.

이것은 당신의 스폰서가 당신과 같은 직급이라고 해서 그가 나쁜 리더라거나 사업을 잘 모른다는 뜻은 아니다. 그가 당신의 빠른 성장을 도왔다는 뜻일 수도 있다.

스폰서들은 자신의 직급이 올라가기 바로 전에 자기 보다 낮은 직급의 사람들을 자신의 직급으로 올려놓는 경우도 종종 있다. 그러니 직급만으로 스폰서를 판단하거나 비난해서는 안 된다. 당신이 지금의 위치에 오르도록 도와줬다는 사실을 감사하게 생각하고, 스폰서 라인에서 적절한 사람에게 상담을 한다. 당신의 일은 그런 사람의 경험으로부터 배우는 것이다. 그는 이미 당신이 할 실수들을 똑같이 경험했을 것이다. 따라서 그는 당신의 학습곡선에서 많은 시간을 단축시켜줄 수 있다. 그는 당신의 성공에 대한 기득권을 가지고 있는 사람이다. 마음을 열고 지도를 받을 수 있는 자세를 갖추어라.

상담은 제대로 했을 때만 도움이 된다. 당신이 상담을 의뢰하는 사람에게 제대로 된 정보를 주어야 한다. 활성적인 핵심 라인은 두 개뿐인데 라인을 12개나 그릴 필요는 없다. 그렇지 않으면 상담은 엉터리에 그치고 당신이 받는 조언은 도움이 되지 않을 것이다.

이제 실제적인 상담을 어떻게 진행하는지 살펴보자. 우리는 필요한 관련 정보들을 모은다(나의 〈복제 국가Duplication Nation〉 훈련 프로그램에서 포괄적인 상담 양식 샘플을 찾을 수 있다.). 누군가에게 상담을 할 때 그의 직급, 그의 그룹에 사업자들이 얼마나 있는지, 라인을 몇 개나 가지고 있는지, 평균 판매액은 얼마인지 그리고 여러 가지 다른 변수를 알아야 한다.

리더십 통계학

당신이 신경 써야 할, 가장 중요한 변수들 중 두 가지는 리더가 있는 라인의 수와 조직 내의 전체 리더 수다. 나에게 이 두 가지는 미래의 성장을 결정하는 가장 중요한 통계 자료다. 라인에는 15명의 사람이 포함되어 있을 수 있다. 하지만 그중에 리더가 아무도 없다면 그 라인은 세 달 안에 한두 명으로 축소되거나 영원히 사라져버릴 것이다.

어떤 라인은 두 사람으로 이루어졌는데 둘 다 리더라면 그 라인은 한 달 후에 40~50명으로 성장할 수 있다. 리더가 리더를 낳는다. 그러니 상담할 때 가장 먼저 살펴보아야 할 요인이 조직 내 리더의 숫자다.

리더들은 잘 따른다

리더십에 관한 문제를 다루면서 조직 내에서 시스템을 존중하고 따르는 것이 얼마나 중요한지 다시 한 번 짚고 넘어가고자 한다. 위대한 리더들은 따라야 할 때가 있다는 것도 안다.

리더들은 심지가 굳은 사람들이기 때문에 누군가를 따르는 것이 쉬운 일이 아니다. 하지만 리더는 시스템을 성스러운 영역으로 여겨야 한다. 아주 사소한 것일지라도 시스템을 바꾸면 조직 내에 시스템을 바꿔도 된다는 분위기를 형성할 수 있다. 그러면 하위 단계에서도 시스템을 바꿀 것이고, 4단계 아래로 내려가면 시스템은 더는 존재하지 않게 된다.

물론 때로는 시장 상황이 시스템을 바꿀 수 밖에 없게 만들기도 한다. 그렇게 해야 할 때는 다음과 같이 문제를 해결한다.

당신이 회사에서 가장 높은 핀 직급에 올랐고 당신의 바로 하위 단계에 다섯 명의 최고 핀 직급자가 있다고 하자. 당신은 시스템에서 일부를 바꾸고 싶다. 지금 사용하고 있는 책의 후원 과정에 대한 부분을 빼내고 다른 자료로 대체하고 싶다. 나라면 연차 리더십 회의나 가끔 진행되는 최고 리더들이 참석하는 행사에서 문제를 제기할 것이다.

나는 '다이아몬드 위크엔드'라는 행사에서 그런 식으로 문제를 해결했다. 공식적인 회사 행사가 아니었기 때문에 다이아몬드 직급 사업자들이 비용을 부담하는 행사였다. 다이아몬드 직급 사업자들이 모여 편안하게 이야기할 수 있는 기회를 갖는, 짧은 휴가인 셈이다. 우리는 그 행사가 있기 전에 모든 참석자에게 제안하는 내용의 책자를 보내고 읽어보라고 한다. 그리고 모였을 때 그 책자에 대한 내용을 토론하고 새로운 자료를 준비해서 시행하게 한다.

시스템을 바꿀 수 있는 방법은 이것뿐이다. 조직 전체의 내부에서 합의하에 바꾸는 것이다. 그런 방식으로 변경된 내용은 시스템의 온전함을 보호한다. 그리고 시스템은 당신의 잉여수입의 온전함을 보호한다.

이제 장거리에 있는 라인을 후원함으로써 잉여소득을 다각화하는 방법을 살펴보자.

13

How to Build
a Multi-Level
Money Machine

13장
장거리 라인 구축하기

장거리 라인 구축하기

．
．
．
．
．
．
●

　새로 등록한 사업자들이 가장 먼저 묻는 질문들 중 하나는 "XYZ 시에서는 언제 미팅을 할 계획이에요? 그곳에 제가 아는 사람들이 많아요."와 같은 것이다. 이것은 현실도피적인 사고방식이다. 지금 당장 활동할 수 있는 자기가 살고 있는 지역에서 사업을 구축하지 않고, 먼 도시에서의 사업에 대한 환상을 갖는 것이다. 그렇게 해야 일을 뒤로 미룰 수 있기 때문이다.

　분명히 알아야 할 것은 자기 지역의 라인들이 주요 수입원이 되어야 한다는 것이다. 지속적으로 성장하는 강하고 견실한 지역 조직을 가져야 하고, 항상 자기가 살고 있는 지역에서 시작해야 한다.

　이것이 가장 쉽고 가장 비용 대비 효율성이 높은 라인 구축 방법이다. 깊이 있게 구축하기 시작하면 라인이 다른 주까지 확대되기 시작한다. 하위 7~8단계까지 내려가면 8~10개의 다른 주에도 연결되는 것은 이상한 일이 아니다. 하지만 처음에는 견고한 지역 기반으로부터 시작해야 한다.

장거리 라인에 대한 개념부터 확실히 하자면 오후 5시에 약속된 장소로 출발해 늦지 않게 도착해서 저녁 8시에 미팅을 시작할 수 있는 거리라면 지역 기반 라인이다. 이 정도면 시간이 소모되고 불편하지만 지역 라인과 같은 방식으로 처리할 수 있다.

장거리 라인을 구축해야 하는 타당한 이유들은 많다. 하지만 제대로 운영되지 않으면 문제점들도 드러난다.

장거리 라인을 후원하고자 하는 이유들 중에는 지나치게 열성적인 정부 규제 기관의 담당자들, 부정적인 언론, 경제적인 여건, 중요 인물들의 손실, 자연 재해 등이 포함된다. 이런 요인들은 당신의 수입이 한 지역의 그룹에만 한정돼 있을 경우 극적인 영향을 미친다.

예를 들어, 당신이 사는 주의 열성적인 검찰총장이 주지사 선거 출마를 준비하면서 언론의 주목을 받을 기회를 노리고 있다. 그는 사악하고 탐욕스럽고 약탈적인 네트워크 마케팅 회사들 중 하나와 전쟁을 벌이는 것이 가장 좋은 방법이라고 생각하고, 당신의 회사를 고를 수도 있다. 그리고 당신의 회사를 공격하면서 2주 동안 매일 기자 회견을 연다.

기자 회견이 매일 밤 뉴스에 방송되면 당신의 수입은 어떻게 될 것이라고 생각하는가? 또한 지역 신문 기자가 네트워크 마케팅은 모두 사기에 불과하다는 편향된 관점으로 폭로성 시리즈 기사를 썼는데, 당신의 회사가 지역 신문 1면에 2주 연속으로 실린다면 역시 같은 결과가 벌어질 것이다.

모든 라인이 지역을 기반으로 하고 한두 사람 아래 결부되어 있다면, 그들이 다른 기회를 찾아 떠난 뒤 당신은 어떻게 할 것인가? 자연재해가 닥쳤다면 어떻게 할 것인가? 내가 겨울에 거주하는 이곳 플로리다 남부에서는 허리케인 앤드류가 덮친 후 복구에 수 년이 걸리는 것을 보았다. 이런 문제들은 장거리 후원을 통해 당신 자신을 보호하고 수입을 다각화해야 하는 타당한 이유가 된다.

장거리 라인 구축의 혜택들도 있다. 당신이 나처럼 여행을 좋아한다면 전국 아니, 전 세계의 아름다운 곳을 돌아다니고 싶어할 것이다. 장거리 후원은 여행 자금을 대고 세금 우대를 받는 아주 멋진 방법이다. 아름다운 도시와 나라들을 돌아다닐 수 있고 그곳에서 새로운 친구들을 사귈 수 있다. 당신의 회사에 적극적인 해외 지사가 있다면 전 세계를 지배하는 사업으로 발전시킬 수 있다.

장거리 라인 구축의 단점은 다음과 같다.

첫째, 당연히 경비가 많이 든다. 당신이 사는 곳에서 열리는 오픈 미팅에 프로스펙트를 초대하는 데는 비용이 별로 들지 않는다. 새로 구축하는 장거리 라인을 관리하려면 주말 동안 2,400km를 날아갔다 와야 하고 천 달러를 쓰는 것은 일도 아니다. 그래서 먼저 견고한 지역 그룹을 만들어야 한다. 지역 라인에서 발생하는 수익으로 장거리 라인 개발에 투자할 수 있다.

내가 사람들에게 다니던 직장을 바로 그만두지 말라고 조언하는 이유 중 하나가 여기에 있다. 대부분의 사람은 월 몇 천 달러만 벌면 하던 일을 금방 그만두고 싶어한다. 새로 찾아낸 수입원으로 생활을 하는 것보다는, 직장을 유지하면서 월급으로 생활비를 충당하고, 사업을 통해 번 돈은 장거리 라인을 위해 투자하는 것이 훨씬 유리하다. 장거리 라인은 더 많은 투자가 필요하지만, 더 풍성한 수입과 안정을 가져다 주기 때문에 그럴 만한 가치가 있다.

장거리 라인과 일할 때의 또 다른 단점은, 사업자들이 어려움에 부딪혔을 때나 승리를 축하할 때와 같이 필요한 순간에 일상적으로 만날 수 없다는 것이다. 하지만 요즘은 전화 요금이 매우 저렴하고, 인터넷 전화도 할 수 있고, 다양한 채팅 프로그램도 많다. 맥 컴퓨터가 있으면 아이챗을 통해 서로 얼굴을 보며 대화를 할 수도 있다. 따라서 의사소통은 점점 문제가 되지 않는다.

그리고 한 가지 매우 큰, 숨겨진 장점이 있다.

네트워크 마케팅의 가장 알려지지 않은 비밀은
장거리 라인들이 가장 강력한 라인들이라는 사실이다.

대부분의 사람은 반대로 생각한다. 지역에 대부분 자신의 사람들이 있기 때문에 지역의 조직이 가장 강력하다고 생각한다. 행사에서 많은 사람을 자주 만나고, 제품을 가지러 혹은 판매 도구를 빌리러 집으로 방문하는 사람들도 항상 있다.

사실은 지역의 라인이 가장 종속적인 관계다. 4,800km 떨어진 라인의 사람은 제품이 떨어졌다고 해서 당신에게 전화를 하지 않는다. 빌릴 수 있는 여분의 사업자 자료 패키지가 있는지 물어보려고 전화하지도 않는다. 그들의 가망성 높은 새로운 프로스펙트를 위해 프레젠테이션을 해 달라고 부탁하지도 않는다. 그들은 대신 빌려줄 사람이 없다는 것을 알기 때문에 충분한 재고를 유지한다. 스폰서가 멀리 있기 때문에 자연스럽게 자급자족을 배운다.

장거리 라인의 또 다른 장점은 어쨌든 지역 라인들과 일할 때 해야 하는 일을 하도록 당신을 강제한다는 것이다. 즉 일을 하지 않으면서 일이 굴러가게 하는 것이다.

새로운 라인 시작하기

3시간 안에 갈 수 없는 거리의 라인은 장거리 라인으로 규정한다. 대부분의 장거리 라인은 비행기나 기차를 타거나 오랜 시간 운전을 해야 도달할 수 있는 거리에 있다. 이런 라인들과 일하기 위한 공식 같은 과정이 있다. 이런 절차를 기꺼이 따를 각오가 되어 있지 않은 사람에게는, 나는 장거리 라인 후원은 권유하지 않는다.

우리 회사에는 사업자가 빠른 출발 훈련을 하도록 돕는, 작은 소책자가 있다. 나는 장거리에 있는 신참들에게 그 소책자를 다음 날 도착하도록 배송한 뒤, 그 책자를 다 읽고 나면 바로 나에게 전화를 하라고 한다. 이 책자는 그들에게 절차적 훈련 방법, 후보자 명단 작성 방법 등을 익히도록 돕는다. 그들은 모든 훈련을 다 끝냈으며, 명단을 작성했으며, 기꺼이 스스로 핵심이 된다.

그다음에 나는 전화, 이메일을 통해 그들을 돕고 주간 팀 리더십 전화 회의를 시작한다. 나는 제3자 도구 활용의 중요성을 강조하고, 그들에게 결정을 내리지 못하는 프로스펙트가 있을 때 3자 전화 회담을 함께 한다. 또한 후보들이 있을 때는 전 세계 어디에나 있는 사업 설명회의 네트워크를 활용하게 한다.

물론 그들은 언제 내가 가서 사업 설명회를 열거나 훈련을 제공할 건지 알고 싶어 할 것이다. 하지만 나는 그들이 자기 과제를 다 끝냈을 때만 기꺼이 그렇게 할 것이다. 나는 자신의 무기 발사를 실행하는 핵심 사업자들이 최소한 15~20명은 되기를 바란다. 이는 충분한 규모다. 내가 날아갔을 때, 그들은 행사에 참석할 것이고, 모든 것이 제대로 굴러가기 시작할 것이다.

그리고 다시 만나기 전까지 그들이 도달해야 할 기준점을 제공한다. 정기적인 사업 설명회에 어느 정도의 참가 인원을 모집할지 도전적인 목표를 정해 주고, 그 목표를 이루었을 때 다시 그들을 만나러 간다. 이런 과정을 따르면 다른 시장으로의 여행이 돈만 드는 소모적인 일이 아니라 투자가 된다.

장거리 라인은 당신에게 도달할 목적지를 제공하기 때문에 지역 라인보다 더 강력하다. 전국에 그리고 전 세계에 친구를 만들어 주고, 수입원을 다각화함으로써 당신의 수입을 보호한다.

14

How to Build
a Multi-Level
Money Machine

14장

인터넷의 힘을
활용하기

인터넷의 힘을 활용하기

인류 역사에서 지금까지 인터넷보다 인류에게 더 큰 영향을 미친 것은 없다. 나는 이것이 농업 혁명이나 산업 혁명 그리고 전화, 전신, 컴퓨터를 모두 합친 것보다 더 큰 영향을 미쳤다고 생각한다. 인터넷은 세상에서 가장 중요한 세 가지를 완전히 바꿔 놓았다. 바로 의사소통하는 방법, 제품과 서비스를 구매하는 방법 그리고 정보를 배우고 획득하는 방법이다.

네트워크 마케팅과 인터넷 사이에는 놀라울 정도로 유사점이 많다. 둘 다 사업이 구축되는 방법에 있어서 혁명으로 여겨진다. 둘 다 소비자를 교육하는 것에 관련된 일이다. 그리고 둘 다 중개인을 없애고 소비자에게 권한을 주어 생산자로부터 직접 제품을 구매하게 한다. 따라서 두 매체를 결합하면 놀라운 일이 벌어진다는 사실을 알아야한다.

이번 개정판 이전에는 인터넷이 가져온 기술들을 복제할 수 있을 만큼 충분히 폭넓게 사용하지 않았다. 하지만 기술은 신속하게 발달해 왔고 매우 폭넓게 채용되어 왔다. 이제 이런 발전들은 당신의 사업의 성장을 돕는 동시에 복제될 수 있다. 그 방법들을 알아보자.

의사소통

이메일은 많은 사람에게 의사소통을 위한 최고의 방법이 되었다. 아흔 살 된 할머니도 손자, 손녀들의 사진을 이메일로 주고받는다. 따라서 이메일은 당신의 그룹 사람들과 연락을 유지하는 의사소통 도구로서 복제될 수 있다. 이메일을 쓰지 않는 사람의 숫자는 무시해도 될 정도로 미미하다.

대부분의 네트워크 마케팅 회사는 이메일 주소 데이터베이스를 가지고 있고 그들의 팀에 정기적인 소식을 보낸다. 이것은 즉각적이고 쉬우며 비용이 적게 든다.

훈련

우리는 여전히 우리 팀을 위한 주간 리더십 훈련 전화 회의를 한다. 하지만 동시에 온라인으로도 진행한다. 따라서 전 세계에서 장거리 전화 요금을 지불할 필요 없이 로그인할 수 있다. 우리는 또한 월간 제품 훈련 인터넷 생방송도 온전히 온라인으로 진행한다.

예를 들어 이메일처럼, 기술은 매우 빨리 발달해서 복제는 더는 문제가 되지 않는다. 대역폭(인터넷이 특정 시간 내에 보낼 수 있는 정보량. 흔히 초당 비트로 측정됨 - 역주) 문제는 해결되었고, 마우스만 클릭하면 전 세계에서 누구나 온라인 프레젠테이션에 접속할 수 있다.

개인 공개 채팅방을 만들 수도 있고 인터넷 사이트에서 손님을 채팅에 초대할 수도 있다. 그룹이 한곳에 모여 가장 높은 핀 직급 사업자에게 궁금한 것을 물어볼 수도 있다. 이런 채팅방이나 채팅 서비스를 해외의 라인들과 의사소통하는 데 사용할 수 있다. 물로 스카이프(SKYPE, 인터넷 전화 - 역주)도 사용할 수 있지만, 나는 스카이프는 통화 음질이 떨어지고 전화 회의를 하기에는 혼선이 생기는 것 같다. 내가 요즘 많이 사용하는 것은 고투미팅닷컴(GoToMeeting.com) 서비스다.

우리는 우리 조직을 위해 매우 폭넓은 웹사이트도 운영하고 있다. 여기에서 훈련용 오디오 자료, 비디오 자료, 사업 계획서 및 다른 서류들의 PDF 다운로드 자료들을 얻을 수 있다. 또한 곧 개최될 훈련 행사와 전 세계적인 사업 설명회 네트워크에 대한 일정 및 자료도 볼 수 있다.

훈련 행사를 위해 떠나기 전에 네트워크마케팅타임즈닷컴(www.NetworkMarketingTimes.com)에 대해 알아두어야 한다. 포괄적인 네트워크 마케팅 사이트로 내가 만든 훈련 자료들을 판매한다. 나는 이 사이트에 기사를 기고하고 또한 '다단계 석세스(MLM Success)' 블로그를 운영한다. 이 사이트를 방문하면, 내가 작성한 무료 이메일 소식지인 〈네트워크 마케팅 리더십 리포트〉를 구독하길 바란다.

프로스펙팅

자, 여기가 위험한 부분이다. 인터넷은 리크루팅을 위한 굉장한 기회를 제공한다. 하지만 염려스러운 문제들도 있다.

첫째, '네트워크 마케팅 멍청이'의 급증이다. 이들은 인터넷 곳곳에서 사람들에게 스팸 메일을 보내고, 모든 토론 사이트와 채팅방, 네트워크 사이트에 불쾌한 글을 올리고, 대체적으로 자신을 공공연한 골칫거리로 만든다.

인터넷은 사람들을 만나고 새로운 친구들을 사귈 수 있는 멋진 곳이다. 앞에서 이미 얘기했듯이 프로스펙트를 발굴하는 가장 좋은 방법은 사람들을 만나고 친구들을 새로 사귀는 것이다. 하지만 여기에는 옳은 방법과 틀린 방법이 있다. 물리적 공간에서의 규칙들이 사이버 공간에서도 똑같이 적용된다.

만약 슈퍼에서 줄 서 있는 사람을 만났는데 그 자리에서 당신의 사업 기회를 홍보한다면 그 사람을 성공적으로 끌어들이기는 힘들다. 채팅방에서 이제 막 만난 누군가에게 공격적으로 다가가는 것도 마찬가지다. 다른 사람에 대한 존경심이나 우려를 표명하지 않고, 예의를 지키지 않고, 필사적으로 사람들과 접촉한다(실제로 사람들은 그렇게 한다.).

온라인에서 성공하려면 온라인 관계에 있는 사람들에게 오프라인의 사람들에게 하는 것처럼 접근해야 한다.

나가서 새로운 사람들을 찾는다. 새로운 친구를 사귀면 그들을 프로스펙트 명단에 넣는다. 그리고 새로운 라인을 만들려고 할 때 프로스펙트 명단을 들여다본다. 최고의 후보자들을 뽑아서 사업적인 태도로 접근한다.

온라인에서 사람을 만날 수 있는 최고의 장소들은 오프라인에서와 같다. 당신과 공통점이 있는 사람들을 만날 수 있는 사이트를 찾는 것이다. 에이오엘(AOL), 야후(Yahoo), 엠에스엔(MSN, 마이크로소프트의 상업 네트워크 중 하나)에는 같은 관심사를 공유하는 사람들의 인터넷 커뮤니티와 하위 그룹들이 있다. 우표 수집하는 사람들, 자동차광들, 벨리 댄서들에서 라켓볼을 치는 사람들까지 다양하다. 당신이 좋아하는 커뮤니티에 가입하면 된다.

그다음에 당신의 관심사를 다루는 독립된 웹사이트를 찾는다. 키워드 검색하는 난에 당신의 취미를 치면 수십, 수백 개의 사이트가 뜬다. 채팅 방, 신입 그룹, 글을 올릴 수 있는 게시판 등이 있는 사이트를 찾는다. 그리고 가입한다.

정보를 제공하고, 대화를 하고 그냥 사람들을 사귄다. 더 깊은 관계로 진전될 수 있도록 온라인 관계를 발전시킨다. 그러고 나면 오프라인에서처럼 사업 기회를 알리기 위해 친구에게 접근해도 어색하지 않은 때가 온다.

웹 2.0과 사회관계망 사이트(SNS)

인터넷에서 가장 폭발적으로 증가한 것은 사용자 생성 콘텐츠와 마이스페이스(Myspace), 페이스북(Facebook), 유튜브(YouTube)와 같은 사회관계망 사이트(SNS)다.

이런 사이트를 통하는 것 역시 사람들을 만날 수 있는 좋은 방법이다.

앞에서 언급한 다른 사이트들처럼 친구들을 사귀고 관계를 발전시키는 목적으로 사용해야지, 느닷없는 프로스펙팅 메시지로 공격해도 되는 새로운 희생물로 여겨서는 안 된다.

그리고 내가 염려스러워 하는 두 번째 문제점이 여기 있다. 사람들은 이런 온라인을 통한 방법이 기본을 대체해도 되는 것으로 생각하는 경향이 있다. 인터넷은 미팅과 직접 만나서 얘기하는 접촉을 대신할 수는 없다. 그리고 집에서 샤워 가운을 입고 슬리퍼를 신은 채, 거대한 규모의 그룹을 구축할 수는 없다.

사회관계망 사이트(SNS)는 그 특징을 살리는 방식으로 접근해야 한다. 사람들을 만나고 관계를 발전시키는 통로일 뿐이다. 관계를 발전시키다 보면 당신의 제품과 기회를 원하는 사람들을 자연스럽게 만나게 된다. 이런 사이트들은 그저 사람들을 만나고, 지인 시장을 넓힐 수 있는 또 다른 방법으로 생각해야지, 당신의 리크루팅 사이트로 연결하는 링크를 게시하는 곳으로 활용해서는 안 된다.

나는 온라인으로 관계를 발전시켜서 한 달에 여러 명을 가입시키고 그들의 스폰서가 된다. 흥미로운 사실은 나는 리크루팅을 위한 웹사이트조차 운영하지 않는다는 점이다! 그리고 나는 지난 2년 반 동안 우리 회사에서 가장 수입이 많은 사업자의 자리를 차지해 왔다. 우리 회사에는 웹사이트를 만드느라 수천 달러를 지불하고도, 내가 버는 수입의 일부만 버는 사람들도 있다. 그러니 네트워크 마케팅 사업자가 되기 위해 웹사이트를 만들어야 할 필요는 없다고 생각한다.

우리 회사는 다른 회사들처럼, 최근에 개인이 그대로 복제해서 쓸 수 있는 마스터 사이트를 만들었다. 당신의 회사에 이런 제도가 있다면 그것을 활용하면 된다. 하지만 웹사이트가 없다면 이메일 계정과 팀에서 같이 쓰는 사이트만 있어도 일하는 데 아무 문제가 없다.

우리가 팀으로서 활용하기에 좋은 것들 중 하나가 이런 팀 사이트다. 우리는 짧은 오디오 자료와 사업 설명회 내용을 녹화한 비디오 자료를 올려 놓는다. 먼 곳에 있는 사람들에게 우리는 이 사이트의 링크를 보내고, 그들이 자료를 보고 나면 이어지는 작업을 한다.

단순하게 복제를 할 수 있게 운영하는 것이 중요하다. 인터넷은 우리가 조심해야 할 또 다른 위험으로 우리를 인도할 수도 있다.

지난 주에 우리는 웹 마켓을 넓히기 위해 사회관계망 사이트(SNS)를 어떻게 활용할 것인지에 대한 짧은 훈련을 하는 주요 행사를 가졌다. 다이아몬드 직급 사업자들 중 한 명이 이 행사 이후 팀원들로부터 어디에 웹사이트를 만들지, 자동 메일 보내기는 어떻게 설치해야 하는지, 블로그를 만드는, 가장 좋은 방법은 무엇인지 등등을 묻는 메시지 폭격을 받았다고 나에게 메시지를 보내왔다.

아무것도 하지 않아도 된다. 우리는 마이스페이스, 페이스북과 취미에 관련한 몇몇 사이트에 프로파일을 만들라고 권한다. 내가 이 글을 쓸 때 강하게 부상하는 곳은 트위터(Twitter)다. 트위터는 최신 알림 내용을 140자까지 올릴 수 있는 소형 블로그다. 이 사이트는 사업에 매우 적합하며, 사람들은 사업과 관련한 메시지에도 개방적이다. 하지만 다른 사이트들과 마찬가지로 당신을 팔로우하게 만들려면 게시글이 흥미롭고 가치가 있어야 하며, 불쾌하게 구입을 권유하여 사람들을 괴롭혀서는 안 된다.

소셜 미디어에서 활동을 시작했다면 페이스북과 마이스페이스에서 나를 찾아 친구 신청을 하라. 그리고 내가 페이스북에서 운영하는 다단계 마스터 그룹(MLM Mastery Group)도 찾아라. 트위터에서 http://twitter.com/Randy_Gage/ 로 팔로우할 수도 있다.

요점: 인터넷은 의사소통과 훈련에서 더욱 생산적인 결과를 가져올 수 있다. 그리고 웹 마켓 확대에도 도움을 준다. 하지만 온라인에서 일하는 데 하루 20분 이상을 사용하면 너무 많은 시간을 투자하는 것이다.

규칙은 다음과 같다. 취미와 관심사를 위해 온라인 사이트를 방문하는 시간은 사업 구축을 위해 써야 하는 주당 15~20시간에 들어가지 않는다. 그것은 만화책, 공상과학, 모험 경주에 대해 이야기하며 친구들과 커피를 마시는 시간들과 같다. 그 친구들과의 대화 도중, 친구들이 어려움을 토로하면 당신은 이 사업이 그들의 어려움을 도와줄 수 있다는 것을 알기 때문에 도움의 과정에 돌입할 수 있다. 하지만 커피를 마시며 잡담하는 시간을 일하는 시간에 포함하지 않듯이, 인터넷을 서핑하고 사람들과 채팅하며 사업 이야기를 한 것을 일하는 시간에 포함하지는 않는다.

앞에서 얘기했듯이 인터넷은 우리의 사업 방식을 바꾸고 있다. 프로스펙팅, 의사소통, 그리고 훈련 과정에서 인터넷의 힘을 활용하면 우리 일은 앞으로 더욱 수월해질 것이다. 기본에서 벗어나지 않도록 주의만 하면 된다.

15

How to Build
a Multi-Level
Money Machine

15장

가장 중요한
자원을 개발하기

Chapter

15

가장 중요한 자원을 개발하기

사실상 사람들은 누구나 거대한 네트워크 마케팅 조직을 구축할 수 있는 능력을 가지고 있다. 하지만 대부분의 사람은 그렇게 하지 않는다.

이것은 말도 안 되는 일이다. 현실적으로 자기 자신이 스스로의 고용주가 되고, 자신의 시간을 스스로 통제하고, 함께 일할 사람을 선택하고, 무한한 잠재 수입원을 가지며, 자신이 다른 사람들에게 권한을 줄 수 있다는 사실을 깨달으며 일찍 잠자리에 들기를 바라지 않는 사람이 어디 있겠는가?

그렇다면 왜 사람들은 이 일을 하지 않는 것일까?

나는 사람들이 성공을 하기 위해 반드시 스스로 해야만 하는 일을 기꺼이 하지 않기 때문이라고 생각한다. 바꾸어 말하면 그들은 스스로 성공적인 사람이 되지 않는 길을 선택한다.

나는 이 일을 시작하기 전에도, 네트워크 마케팅 입문서는 반드시 자기 개발 문제를 다루고 있다는 사실을 알았다. 그리고 조직이 얼마나 빨리 성장하는지는 자기 자신의 성장 속도와 직접적으로 관련되어 있다는 것을 알게 됐다.

솔직히 나는 왜 어떻게 관련되어 있는지 모른다. 하지만 정확히 그대로 이루어진다는 사실은 안다. 당신의 네트워크는 당신이 빨리 성장하는 만큼 커진다. 이는 내가 값비싼 대가를 치르고 어렵게 얻은 교훈이다.

나는 세미나 청중에게 종종 세 가지 이유 때문에 이 사업을 하게 됐다고 농담처럼 이야기한다.

① 돈을 벌려고
② 돈을 벌려고
③ 돈을 벌려고

청중이 웃고 나도 웃지만 이것은 농담이 아니었다. 내가 이 사업에 입문한 것은 부자가 될 수 있는 유일한 기회라고 생각했기 때문이었다. 그래서 나는 많은 돈을 벌기 위해, 돈만을 목적으로 삼고 일을 하기 시작했다. 내가 취한 모든 행동은 돈을 벌기 위한 계산된 것이었다. 그 결과 나는 돈을 벌지 못했다.

그 당시에는 몰랐지만 나의 이기적이고 속 좁은 행동들은 사람들을 멀어지게 했고 실질적으로 내가 돈을 버는 것을 방해했다. 그 결과 내가 얻은 것은 수많은 좌절과 거절 그리고 더 줄어든 은행 잔고였다. 다행히도 이것이 결국에는 더 좋은 결과를 불러왔다.

성공하지 못한 나는 겸손해졌고 그래서 다른 사람들에게서 배우는 사람으로 바뀌었다. 더욱 중요한 것은, 이 사업에서 성공하고 싶다면 그것 외에는 다른 방법이 없었다는 사실이다.

그래서 나는 이 사업에서 성공한 사람들과 친구가 되기 위해 의식적으로 노력했다. 어떻게 사업을 일구어가는지, 나는 모르지만 그들은 아는 그 비결을 배우고 싶었다. 처음에는 정말 당황스러운 일이었다.

내가 이야기해 본 리더들은 모두 각자만의 다른 방법으로 사업을 하는 것처럼 보였다. 미팅을 여는 사람들도 있고, 우편을 통해 조직을 만든 사람들, 일대일로 만나는 사람들, 소매 판매에만 집중하는 사람들도 있었다.

대부분의 사람은 자신의 성공이 무엇 때문인지 정확하게 짚어 이야기할 수 없다는 것을, 광범위하게 연구한 뒤에야 알 수 있었다. 더욱 중요한 것은 그들은 내가 찾는 종류의 성공이 아닌, 자기 자신만의 성공을 이루어냈음을 내가 깨달았다는 사실이다.

그들은 내가 그 당시에 꽤 많다고 생각한 수입을 올리고 있었지만, 누구도 일선에서 물러났거나 진정한 잉여소득을 올리는 사람은 없었다. 대부분은 상당한 수입을 벌어들였지만 하루에 10~14시간을 일했다. 이런 사실들을 통해 나는 진정한 복제의 중요성을 깨닫게 됐고, 나의 복제 가능한 시스템을 만들게 되었다.

하지만 그런 시스템을 만든 주된 목적은 나의 성공이나 나의 시스템을 따르는 사람들의 성공을 위해서가 아니었다.

이 사업에서 성공은 좀 더 깊은 무언가로부터 온다. 그것은 내가 의식적으로 노력해서 친구가 되었던 리더들로부터 배운 것이다. 그들은 모두 각자만의 다른 접근법을 가지고 있는 것처럼 보였지만,

나는 그들 모두가 가지고 있는 공통점을 발견했다.

배움, 자기 개발 그리고 자기 성장에 대한 열정이다.

그 사람들은 오디오 테이프를 듣고, 책을 읽고 세미나를 들었다. 그들은 하루 중 특정한 시간을 할애해 자기 개발에 투자했다. 그들은 더 크게 성공할수록 더 많은 시간을 자기 자신에게 투자했다.

이것은 나에게는 놀랍도록 새로운 개념이었다. 나는 평생 세미나에 참석해 본 적이 없었다. 그런 것이 있다는 사실조차 몰랐다. 나는 추리 소설과 정치 관련 책들을 읽었지만, 자기 개발서라는 범주가 있다는 것도 몰랐다.

리더들과 어울릴 때 그들은 늘 『생각하라, 그러면 부자가 되리라 (Think and Grow Rich)』, 『카네기 인간관계론(How to Win Friends and Influence People)』, 『크게 생각할수록 크게 이룬다 (The Magic of Thinking Big)』와 같은 책들에 대해 이야기했다. 그들은 존경하는 어조로 이 책들에 대해 논했다. 이 책들은 보고 또 보는 그들의 오랜 친구와 같은 존재였다. 마침내 나는 '그 비결'을 찾아냈다!

이것이 각자 다른 접근법을 가지고 있는 리더들이 공통으로 가지고 있는 한 가지였다.

이것이 내가 모범으로 삼고 나의 사람들이 복제할 수 있는 것이었다.

이 사업에서 진짜 비결이라는 것이 존재한다면, 그것은 바로 이것이다. 어느 정도의 위치에 혹은 특정한 목표에 이르고자 한다면, 그 위치 혹은 그 목표에 이른 사람과 같은 사람이 되어야 한다.

재능은 당신 안에 숨은 채 드러나기를 기다리고 있다. 그 재능이 밖으로 나오게 해야 한다.

태어난 이후 접해온, 그 모든 부정적이고 결핍된 프로그래밍을 제거하고 자연적인 본질로 돌아가야 한다. 당신이 습득한 것들은 의심, 두려움, 불확실이다. 이제 그런 것들에서 벗어나야 한다.

보편적인 법칙을 믿는가?

당신이 일반적인 보통 사람이라면 믿을 것이다. 세상사 만물을 지배하는 인과법칙, 불변의 확고한 원칙들이 지배하는 중력과 원심력, 그리고 다른 법칙들을 의심하지 않을 것이다. 야구공을 치면 공은 앞으로 날아간다. 어떤 물건을 던지면 그것은 땅으로 떨어진다. 씨를 심어야 자라서 식물이 된다.

다음 질문: 당신은 당신의 삶과 사업을 지배하는 똑같은 보편적인 법칙을 믿는가? 여기서 흥미로운 일이 벌어진다. 대부분의 사람은 우주를 지배하는 이런 법칙들은 믿으면서, 자기 인생에서 벌어지는 일들은 우연이고, 기회고, 운이라고 생각한다.

정말 흥미롭다.

어떤 사람이 길을 가다가 차에 치이는 것을 보면 사람들은 생각한다. "왜 멍청하게 자기가 가는 길을 살피지 않는 거지?" 만약 도로를 건너기 전 아무것도 보지 못했다가 자동차에 치이면 '운이 나빴다'고 치부한다.

달과 별, 행성의 자전, 기후, 자연, 진화, 수학과 물리는 보편적인 법칙의 지배를 받는다는 것을 믿는다. 그러나 회사에서 해고당했을 때, 사람들과의 관계에 문제가 생겼을 때, 중독에 빠졌을 때 혹은 사업의 결과가 안 좋아 고통을 겪을 때 사람들은 운이 안 좋아서, 또는 우연히 그렇게 됐다고 설명하거나 혹은 다른 합리화를 시도한다.

자신들이 무고한 피해자임을 나타내는 이유를 대는 것이다.

당신은 얼마나 자주 피해자가 되는가? 당신은 정말로 무고한가?

이것은 흥미로운 주제다. 이 사업을 하는 사람들이 토로하는, 한탄 섞인 불만은 대부분 "나와 같은 사람들을 좀 더 찾을 수 있었으면 좋았을 텐데…"이다. 안타깝게도 그들의 문제는 그 정반대에 있다. 그들은 정확히 자기와 같은 사람들을 끌어들였다.

나는 이것을 직접 겪은 경험을 통해 안다. 이 사업을 처음 시작했을 때 나는 흥분했고, 그 흥분의 힘으로 몇 사람의 스폰서가 되었다. 그러다가 그 흥분이 사라지자, 나는 후원하는 일을 멈추었고 세네 명의 사람에게 전화를 걸어 내가 돈을 벌 수 있는 일을 하라고 재촉하는 모든 노력을 다했다.

몇몇 이유 때문에 그들은 나의 열정을 공유하지 않았다. 나는 이해할 수 없었다. 나는 그들에게 이 사업을 소개하고 그들의 스폰서가 됨으로써 내 역할을 다했다고 생각했다. 이제 그들이 자신들의 역할을 다해야 할 차례인데 그러지 않는다고 생각했다. 그들은 이 과정을 복제해야 했고 나의 성공을 보장해야 했다. 그들의 성공은 그들의 다운라인의 몫이라고 생각했다.

그들이 나와 같은, 시스템을 이해하는 진지한 사람을 몇 명만 리크루팅하면 복제는 확실히 이루어지는 줄 알았다. 새로운 사람들이, 나와 같은 사람들이라면, 일을 시작해서 스폰서에게 보상을 하고, 결국에는 자신도 보상을 받을 것임을 믿는 것이 자기 역할임을 깨달을 것이라고 생각했다.

나의 전략의 밑바탕에는 두 가지 요소가 깔려 있었다. 그것은 두려움과 자격이었다.

나의 두려움은 거절과 실패에 대한 것이었다. 그로 인해 나는 어느 정도 성공한 사람에게는 접근하지 못했다. 그래서 나와 같은 사람들에게만 접근했다. 빨리 부자가 된다는 나의 메시지를 받아들이기 쉬운, 두려워하는 사람들 말이다.

나는 경험이 없고, 잘 속아 넘어갔으며, 성공의 기초인 원칙들을 조금도 알지 못했다. 네트워크 마케팅은 성공의 지름길이고, 시스템을 속이는 길이고, 일을 다 할 필요 없이 부자가 되는 방법이라고 생각했다.

나는 '이 지름길을 찾았고 당신과 그것을 공유했다. 당신은 이제 다른 사람들을 찾아 이것을 복제하고, 당신에게 가장 먼저 소개해준 내게 마땅히 보상을 함으로 갚아야 한다.' 라고 생각했다.

불행히도 나의 접근법은 순전히 나의 두려움을 바탕으로 했기 때문에, 나와 똑같은 사람들, 즉 두려워하는 사람들만 끌어들였다. 그리고 그들은 나와 똑같았지만 같은 결과를 복제하지 않았다(만약 그들이 그랬다면, 나는 여전히 돈을 벌었을 것이다. 두려워하는 사람들과 일을 해도 조직은 계속해서 성장했을 것이다.).

실제로 그들은 나에게서 본 행동들을 복제했다. 더 정확하게 표현하자면 행동의 부족을 복제했다.

나는 처음 모집한 사람들을 후원했고 그리고 나서 관리자 방식으로 일을 했다. 우리 집에서 훈련을 하고, 전화를 수없이 많이 걸고, 바쁘기만 하고 별로 쓸모는 없는 일들을 했지만 실제로 후원한 것은 없었다. 그들은 이것을 복제한 것이다.

나의 조직은 회사 내에서 가장 훌륭한 서류 가방, 파일 시스템, 플라스틱 서류 파일을 가지고 있었다. 안타깝게도 3개월째에 들어섰을 때 조직에는 11명만 남고 모두 떠났다. 나의 수입은 18달러 정도였고, 미팅과 기름값 등 총경비로 월 100달러를 쓰고 있었다.

나는 왜 나 같은 사람들을 끌어들이지 못했는지 불평하고 투덜거렸다. 하지만 사실은 나 같은 사람들을 끌어당겼던 것이다. 나는 두려움으로 가득 차 있고, 하루 종일 바쁘기만 하면서 쓸모는 없는 일을 하고, 믿을 만한 프로스펙트에게는 두려워 말을 걸지 못하는 사람들로 가득한 조직을 만들었다. 나는 권리를 박탈당했다고 느꼈고 내가 겪는 불공평함을 한탄했다.

권리라는 것은 웃긴 문제다. 어제 권리에 대한 글을 읽었는데, 누가 쓴 글인지는 기억이 나지 않지만, 이런 내용이었다. "세상이 당신을 부양할 의무가 있다고 생각하지 말라. 세상은 당신이 존재하기 전에도 이미 있었다."

하지만 그때 내가 아는 것은, 일이 잘 풀리지 않고 있다는 것과 누군가 책임을 져야 한다는 것뿐이었다. 그 책임자가 나일 수도 있다는 생각은 전혀 하지 못했다.

나는 제품이 너무 비싸서, 나의 스폰서가 너무 멍청하거나 게을러서, 혹은 내가 사는 도시의 사람들이 네트워크 마케팅과 잘 맞지 않아서라고 생각했다.

나는 실패의 원인을 찾기 위해 여기저기를 살폈지만 거울을 들여다보지는 않았다.

사업에 투자하는 방법과 새로운 기술을 배우는 훈련 세미나에 참석했지만, 그저 나에게 책과 오디오 자료를 팔려는 수작이라 생각하고 무시했다.

리더들이 후원 활동과 후속 조치들에 대해 이야기하는, 회사 주관 행사들에 참석했지만, 그들은 나에게서 돈을 뜯어가려고만 하지 '비결'은 알려주지 않는다고 생각하고 무시했다.

적당히 요령을 피우는 버릇에서 벗어날 수 있는 동기부여 프로그램에 참석했지만, 통로 쪽 뒷줄에 앉아 있다가 잘난 척하는 이야기를 한다고 느끼면 바로 자리를 떴다.

나는 스폰서 라인에 있는, 거의 모든 성공한 사람과 이야기를 나눴다. 그들은 내게 긍정적인 책들을 읽고, 오디오 테이프를 듣고, 매일 아침 긍정과 시각화 연습을 하라고 얘기해 줬다. 나는 그런 것들은 채식주의자들의 영향을 받은 풍조라고 생각했기 때문에 무시했다.

나는 다 이해했다. 내가 이해할 수 없었던 한 가지는 '나는 왜 그렇게 많은 실패를 하며, 왜 나보다 더 많이 성공한 운 좋은 사람들로부터 공감과 지지를 얻지 못하는가' 였다. 나는 그들은 분명 실패한다는 것을 잊어버렸기 때문이라고 짐작했다.

사실은 그 반대였다. 그들은 대부분 내가 처해 있던 결핍과 한계에서 벗어났지만, 내가 그들을 다시 그 속으로 끌고 들어가는 것을 거부했다. 그들은 내가 변화할 만큼 마음이 열려 있지 않다는 사실을 정확히 파악했기 때문에 쓸쓸히 미소 지으며 나의 '피해자' 상황을 인정했다. 그리고 빨리 나에게서 벗어나고 싶어했다. 그들이 성공의 비결을 나에게 숨기고 있다는 나의 음모 이론이 어느 정도는 사실임을 여기서 알 수 있다.

당신도 짐작했듯이 이때부터 변화가 일어났다.

오늘 내가 이 책을 쓸 수 있는 것도 그 때문이다. 그 당시 이야기를 더 하고 싶지는 않다. 그러자면 책 한 권을 더 써야 할 것이다. 그리고 고장 난 관계들, 파산에 가까웠던 경제 상태, 치료 요법, 그리고 범죄 현장에는 항상 한 사람이 있었다는 단서를 마침내 발견하기 전까지 겪었던 수많은 실패에도 변화가 일어났다.

내가 나 자신을 변화시키자 나는 내 그룹과 회사와 그리고 세계를 변화시켰다. 혹은 그렇게 보였다. 내가 아는 것은 내가 바뀌자 결과들도 바뀌었다는 것뿐이다. 내가 한 인간으로서 성장할 때마다 나의 사업과 나의 행복 또한 더욱 자랐다.

나는 네트워크 마케팅이 성공을 위한 지름길이 아니라는 사실을 발견했다. 기업의 무한 생존 경쟁의 사고방식은 엉터리이고 네트워크 마케팅이 안정을 확립할 수 있는 참된 길이라는 사실을 깨달았다. 하지만 안정은 열심히 일하고, 진정성을 가지고 행동하고, 한 인간으로서 끊임없이 성장할 때 얻을 수 있는 것이다.

결국 핵심은 무엇일까?

네트워크 마케팅은 성공의 지름길이 아니다. 성공에 지름길이란 없기 때문이다. 하지만 네트워크 마케팅은 당신이 일의 원칙들, 공정함, 가치를 나눠주는 일을 실천한다면 놀라운 성공을 거둘 수 있도록 해주는 한편, 다른 많은 사람을 같은 성공에 이르도록 도와주는 매개체다.

하지만 이 모든 것은 자기 개발로부터 출발한다. 기꺼이 성공한 사람들과 같은 사람이 되고자 하는 것이다.

자기 개발을 하는 것은 중요하다. 사업을 하면서 다른 수준의 성공에 이를 때마다 사업을 하는 데 필요한 기술들이 달라지기 때문이다.

내가 참여하는 프로그램에서 옥시프레쉬(Oxyfresh)의 회장 리처드 브루크(Richard Brooke)가 강사로 발표를 했는데, 내가 그 주에 들은 이야기들 중 가장 심오한 말을 했다. 그가 했던 말을 여기에 옮기자면, 그가 했던 말 그대로 정확하게 기억할 수는 없지만, 그 요지는 다음과 같다. 그는 그의 회사를 개인 미용 및 위생용품 회사로 위장한 리더십 공장으로 묘사했다.

내가 개인의 자기 개발은 이 사업에 은밀히 스며들어 있는 구성요소라고 얘기한 것과 같은 뜻이다. 많은 사람은 개인의 성장이 네트워크 마케팅을 통해 얻을 수 있는 최고의 혜택이라는 사실을 깨닫거나 이해하지 못하고 있다.

물론 돈은 좋은 것이고, 자동차는 멋지고, 여행과 우정, 사회적 신분과 동지애도 훌륭하다. 하지만 네트워크 마케팅을 돋보이게 만드는, 다른 어떤 사업들보다 단연 뛰어나게 만드는 것은 개인적 성장 요인이다. 네트워크 마케팅을 통해 발전시킨 리더십 기술은 개인 성장에서 엄청난 부분을 차지한다.

네트워크 마케팅에서 관리 기술도 배운다. 거대한 조직을 관리하게 되고, 많은 경우 연 매출 기준으로 백만 달러 혹은 수백만 달러 규모의 회사를 관리하게 된다. 직원들도 없고, 서류 작업도 많이 없고, 수백만 달러 사업을 운영할 때 따라오는 전통적인 골칫거리도 없다. 하지만 매일매일 관리해야 하는, 성공적인 거대한 사업을 운영한다. 그리고 그 일을 수월하게 하는 기술을 습득할 수 있다.

수년 간 나의 사업에 도움이 된, 다음의 철학을 명심하라.

사람을 관리하는 것이 아니다.
사람들을 끌어가고 일을 관리하는 것이다.

　자신의 사업을 구축하면서 가장 중요한 것은 매일 자기 개발을 위한 시간을 따로 내어 꾸준히 노력하는 것이다. 당신의 회사가 '이 달의 책'이나 '이번 주의 CD' 같은 것을 제공한다면, 이 프로그램에 참여하는 것이 가장 좋다. 가능하다면 스폰서 라인이 제공하는 프로그램에 참여하는 것이 좋다. 시너지 효과를 가져올 수 있고 조직의 다른 사람들을 지휘할 수 있기 때문이다. 그러나 회사나 스폰서 라인이 그런 프로그램을 가지고 있지 않다면, 자기 자신의 것을 확립해야 한다. 나는 이런 식으로 준비해 나갔다.

　나는 하루에 자기 개발을 위한 시간 15분으로 시작했다. 〈역동적인 하루를 위한 비밀(Secrets of a Dynamic Day)〉'이라는 오디오 테이프(이 자료는 지금 베스트셀러가 되었다)를 나 자신을 위해 녹음했다. 이 테이프는 집을 나서기 전 나의 마음을 집중시키려는 목적으로 만든 것이었다. 사실 그 사람의 하루는 아침에 집을 나서기 전에 만들어진다고 생각한다. 그래서 나는 오디오 테이프를 들으며 15분 동안 나의 목표 카드를 다시 읽고, 내가 어디에 위치해 있으면, 내가 성취하고 싶은 것이 무엇이고, 내가 자료들을 건넸던 사람들이 누구이고, 자료들을 건네줄 수 있는 새로운 사람들이 누구인지 생각하고, 그날 내가 해야 할 일들을 전반적으로 정리한다.

　이제 와서 고백하는 것이지만 매일 아침 그 테이프를 듣는 일은 정말 고역이었다. 사실 나는 이불 속에서 끝까지 버티다가 겨우 일어나, 어디를 가든 늦고, 필사적으로 고속도로를 달려 이미 도착했어야 할 곳을 향해 달려가기도 하는 사람들 중 하나였다. 나는 매일 아침 집중하기 위해 그 테이프를 들어야만 했다.

처음에는 정말 힘들었지만 며칠이 지나자 내 자신이 전보다 정돈되었음을 알 수 있었다. 시간 여유가 생기기 시작했고, 약속 장소에 늦지 않게 도착했고, 더 많은 성과를 거두기 시작했다. 아침의 명상 시간이 나의 생산력에 긍정적인 영향을 미치는 것을 보면서 나는 자기 개발 시간을 30분으로 늘렸다.

테이프를 듣고 명상이나 기도, 혹은 운동이나 자기 개발을 촉진하는 일들을 했다. 그러니까 나의 정신과 몸, 영혼을 살찌우는 일을 했다. 그 결과 나의 수입은 두 배로 뛰었다. 나는 매우 생산적인 사람이 되었고, 자신감이 굉장히 커졌으며, 목적 의식이 명확해졌다. 이에 따라 마법 같은 일들이 일어나기 시작했다.

나의 수입, 관계, 영성과 내 삶의 모든 다른 영역에 미친 영향은 자기 개발 시간의 증가를 더욱 촉진했다. 현재 나는 한 시간 혹은 그 이상을 자기 개발에 할애한다.

그 시간에는 전화도 받지 않고, 초인종을 눌러도 나가지 않고, 이메일도 확인하지 않는다. 30분 동안의 심장 강화 운동 시간은 기도와 명상의 시간이 되기도 한다. 그리고 나서 약간의 운동을 하고 그날의 단어를 읽고, 스트레칭을 한다. 그 결과 나는 나의 의식이 최고조에 이르렀을 때에만 사람들과 상호 교감을 나누게 되었다. 그 순간 흥미로운 일이 벌어진다.

내가 세상 속으로 나아가면 나는 나와 같은 수준의 의식을 가진 사람들을 끌어당긴다. 과거의 나는 피해자였고 항상 피해 의식을 가진 사람들만 끌어들였던 반면에, 높은 수준의 의식을 가진 지금의 나는 역시 높은 수준의 의식을 가진 사람들의 마음을 끌어당긴다.

본질적으로 자기 개발 프로그램을 통해 내가 했던 것은 나 자신을 변화시키는 일이었다. 나는 내 자신이 마음에 들지 않아서 매일 나 자신을 위해 끈질기게 노력했다. 매일 조금씩 조금씩 나아지기 위해 노력했다.

2년이라는 세월이 지나자 나는 완전히 새로운 사람이 되어 있었다. 그로부터 1년 후 나는 또 완전히 새로운 사람이 되었다. 그때부터 6개월 후 나는 또 다시 완전한 '변신'을 했다. 개인의 성장은 네트워크처럼 기하급수적으로 이루어진다는 사실을 알게 됐다.

당신이 성장하면 당신의 네트워크도 동시에 성장한다. 당신이 다른 나라의 언어를 배우면 당신의 네트워크는 더욱 나아진다. 당신이 요가를 배우면 사업에 도움이 된다. 수학 공부를 계속하고, 목수일 또는 바구니 짜기를 배우면 당신의 사업에 도움이 된다. 안주하는 삶에서 벗어나 하는 어떤 노력이든 당신을 더 강하고 더 나은 사람이 되게 하고, 그에 따라 더 강하고 나은 사업의 결과를 낳게 된다.

나는 아침에 자기 개발 시간을 갖는다. 밤에 해도 되고, 상황에 따라 시간을 나누어서 해도 된다. 나는 개인적으로 아침 시간이 더 적합했다. 나가기 전에 동기를 부여해 주고 그날그날을 생산적으로 보낼 수 있게 만들어주기 때문이다. 당신에게 가장 적합한 시간을 선택하면 된다.

성공은 조직 내의 사람들을 변화시키거나, 스폰서 라인을 바꾸거나, 회사를 옮긴다고 오는 것이 아니라는 사실을 내가 알게 되기까지 오랜 시간이 걸렸다.

성공은 나 자신을 바꾸는 데서 온다.

성장하는, 역동적인, 권한을 주는 조직을 가지고 싶은가? 간단하다. 자기 자신이 성장하는, 역동적인, 권한을 주는 사람이 되면 된다!

16

How to Build
a Multi-Level
Money Machine

16장

종합 정리

Chapter

16

종합 정리

이 모든 내용을 종합해서 나아가 거대한 네트워크, 즉 자신만의 네트워크 마케팅 사업을 쉽고 빠르게 성장시키는 방법에 대한 나의 생각을 공유하고 싶다.

큰 꿈을 가진 사람이라면 당신은 다른 사람을 지도할 수 있고, 주당 10~15시간을 기꺼이 투자할 수 있고, 실제로 네트워크 마케팅에서 성공할 수 있다.

당신은 박사 학위를 받은 사람일 수도, 나처럼 고등학교 중퇴자일 수도 있다. 당신은 충분한 필요 자금을 가지고 있을 수도, 아니면 나처럼 이 사업을 시작하기 위해 돈을 빌려야만 할 수도 있다.

당신은 보상 플랜을 분석하고 이 직업을 조사하고 회사를 실사할 수도 있다. 하지만 궁극적으로 그런 것들은 당신이 어떤 사람이고 어떤 일을 하는 사람인가의 문제보다 중요하지 않다.

믿기 어렵겠지만 당신의 회사는 그리고 이 직업조차도 기회가 아니다. 당신이 기회다. 당신의 회사와 네트워크 마케팅은 당신의 타고난 재능을 발휘하도록 해주는 매개체일 뿐이다.

당신은 기회다. 하지만 그것을 증명하기 위해서는 필요한 절차를 밟아야 한다. 뒤로 미루거나 분석만 하는 덫에 빠지기는 쉽다. 대부분의 우리는 쉽게 그런 생각들의 포로가 되는 수많은 부정적인 프로그래밍을 가지고 있다. 실제로 네트워크 마케팅은 성공할 수 있는 사업이고, 최신의 유통시스템이며, 개인의 성장과 충만한 라이프스타일을 가능하게 하는 힘을 주는 매체임을 증명해왔다.

새 자동차를 사고, 꿈의 집을 짓고, 백만장자들을 만들어낸 사람들은 너무 많아서 셀 수조차 없다.

배우자와 함께 공동의 목표를 향해 일을 함으로써, 얼마나 많은 사람의 부부 관계가 강화되거나 또는 깨지지 않고 보호되었는가? 그리고 얼마나 많은 엄마(그리고 아빠)가 다른 사람들에게 아이를 맡기지 않고 직접 아이들을 키우게 되었는가?

사업자를 해 본 적도 없는, 얼마나 많은 사람이 네트워크 마케팅 회사에서 공급하는 제품들 덕분에 삶의 질을 향상시켰는가? 체중을 감량하고, 영양 결핍을 해소하고, 에너지를 축적하고, 월 전화요금을 아껴서 더 좋은 곳에 사용한 허다한 경우는 말할 것도 없다.

네트워크 마케팅을 통해 번 돈과 자유로 얼마나 많은 사람이 더 많은 기부를 했는가? 미래의 대통령, 질병의 치료법을 발견하는 의사, 우리를 목성에 데려갈 우주선을 만들어 내는 사람은 아마도 오늘날 네트워크 마케팅을 하는 부모가 번 돈으로 낸 학비로 대학 교육을 받은 사람이 될 것이다.

네트워크 마케팅을 하면서 부자가 되지 못한 사람이 수만 명에 달하는 것은 사실이다. 그것이 문제는 아니다. 그들에게도 잠재적인 가능성은 있기 때문이다. 그 가능성을 받아들이느냐 아니냐는 그들의 선택이다. 제품이 자신들의 삶의 질을 향상시킨다는 사실을 발견한다면, 긍정적이고, 목표가 있고, 꿈을 꾸는 사람들과 함께 공동체 의식을 발전시킨다면, 그들의 삶은 처음 가입했을 때보다 더 나아졌을 것이다.

대부분의 사람은 제품으로부터 도움을 받는다. 개인적인 성장의 덕을 보는 사람들도 있다. 진지하게 이 일에 임한 사람들은 부자가 된다. 나는 당신이 이 세 가지를 모두 이루기를 바란다. 내가 이 책을 쓰는 이유도 그것이다. 내가 받은 많은 축복에 대한 보답으로 내가 아는 최고의 방법들을 공유하고 돌려주는 것이다.

내가 여기서 대략적으로 그린 구체적인 단계들을 따라간다면 당신은 거대한, 권한을 주는, 그리고 기하급수적으로 성장하는 조직을 실제로 구축할 수 있다. 네트워크 마케팅과 내가 가르친 시스템은 미지의 상품이 아니다. 어디에서나, 실제로 작동되고 있다.

나는 마케도니아의 스코페에서 '사업자 출발' 미팅을 열었고, 크로아티아의 자그레브에서 리더십 교육을 실시했다. 오스트레일리아의 시드니에서 훈련 세미나를 열었고 슬로베니아의 류블랴나에서 사업 설명회를 열었다. 수천 명이 이 일을 해 왔고, 수백만 명 이상이 이 일을 하고 있다.

어디서나 원칙들은 같다. 원칙은 문화, 경제 상태, 시간까지도 초월

한다. 꿈이 가진 힘은 인류가 활용할 수 있는 가장 놀라운 힘이다. 전기 발전기, 원자력 발전소, 핵폭탄까지도 이에 비하면 아주 작은 것이다. 당신을 멈추는 유일한 장애물은 아침에 거울을 통해서 보는 당신 자신이다.

필요한 것은 자기 자신에 대한 세 가지 투자다

첫째, 헌신에 투자하라. 성공을 할 만큼 충분한, 그리고 성공을 성취하기 위해서라면 무엇이라도 할 수 있는 헌신이 필요하다.

둘째, 시간을 투자하라. 물론 주당 10~15시간을 할애한다는 것은 쉬운 일이 아니다. 쉬운 일이었다면 누구나 했을 것이다. "학교가 끝나면 할 거야." 혹은 "휴일이 지나면 시간이 날 거야."라고 이야기한다면, 이 일을 받아들이지 못하는 심리 상태에 있으면서 자신에게 거짓말을 하는 것이다. 진정으로 가치가 있다고 믿는다면 지금 당장 행동에 옮길 것이다.

시간을 낸다는 것은 희생을 포함한다. 하지만 2~4년 희생해서 평생의 자유를 얻는다면 내 판단에는 아주 좋은 투자다.

부탁하건대 제발 아이들을 이 사업을 할 수 없는 핑계로 삼지 말라. 아이들은 이 사업을 해야 하는 이유가 되어야 한다. 2년 동안 일주일에 하루 저녁 시간을 아이들과 보내지 못했지만 그 후에는 매일 함께 있어주며, 모든 학부모 모임과 학교 연극, 축구 대회, 작은 리그 대회 등에 참가할 수 있게 된다면 그럴 만한 가치가 있다.

또한 종교를 이 사업을 할 수 없는 핑계로 삼지 말라. 나는 당신에게 꼭 이 말을 해야겠다. 나는 일 때문에 장거리 이동을 하느라 저녁 예배와 일요일 예배를 못 드린 적이 몇 번 있었다. 그때 나는 혼자서 예배를 보았다. 내 믿음으로는 가난한 삶은 전혀 영적이지 않기 때문이다. 사실 우리는 가난은 죄악이라고 가르친다. 당신의 창조주도 당신이 건강하고, 행복하고, 번영하기를 원하실 것이다. 이는 당신의 타고난 권리다.

내가 지금 번영을 누리는 것은 선택들을 했기 때문이다. 그리고 나는 교회의 위원회에서 봉사를 하고 있고, 이사회 회장이며, 대부분의 사람보다 더 많은 십일조를 한다. 나는 종교를 핑계 삼지 않았고 오히려 활동을 해야 하는 이유로 삼았다.

셋째, 돈을 투자하라. 투자금에 대한 보상 혹은 수익이 네트워크 마케팅보다 더 불균형한 일은 없을 것이다. 그래도 무언가를 투자해야 한다.

사업을 구축하기 위한 자료들도 필요하고, 자기 개발을 위한 자료들도 필요하다. 그리고 행사들에도 참석해야 한다. 돈이 부족하면 텔레비전을 팔아라! 어차피 텔레비전 없이 사는 것이 더 바람직하다. 당신이 자기 자신에게 투자하지 않는다면 누가 당신에게 투자하겠는가?

투자에 대해 한 마디 더 하자면, 큰 사업을 구축하려면 다니던 직장을 그만두지 말았으면 한다는 것이다. 초창기에는, 유쾌하지는 않겠지만 주간에 출근하는 직장을 유지함으로써 사업에서 생기는 수익은 모두 사업에 재투자할 수 있도록 한다. 다른 모든 것도 그렇듯이 초기의 약간의 희생은 미래에 훨씬 큰 보상을 가져다 준다. 네트워크 마케팅에서는 만족 지연의 법칙이 작용한다. 2~4년 동안 자신에게 투자하면 평생 누릴 수 있는 보상을 수확할 수 있다.

수입이 늘어나면 돈을 관리하는 방법을 배워서 진정한 부를 창출하라. 네트워크 마케팅 업계에는 수백만 달러를 벌었지만 파산한 사람들이 많이 있다. 세금을 내고, 미래를 위해 투자하고, 순자산을 늘리는 방법을 배워야 한다.

마지막으로 당신 그룹의 모범 사례가 되어라. 열심히 일하고, 사람들을 후원하고, 제품을 사용하고, 즐겁게 일하라! 당신의 그룹이 복제할 수 있도록 진실성의 모범이 되고 윤리적으로 일해야 한다. 왜냐하면 그들도 그렇게 할 것이기 때문이다!

사업을 하면서 결정을 내려야 할 때는 자신에게 이 단순한 질문을 던져보면 된다. 이것이 나의 꿈에 가까워지게 할 것인가? 혹은 꿈에서 멀어지게 할 것인가?

당신은 기꺼이 대가를 치러야만 한다. 즉 행동을 취하라는 뜻이다. 날마다 부단히 긍정적으로 꿈을 향해 나아가야 한다. 계속해서 자료들을 사람들에게 나누어 주고, 자기 개발을 실천하고, 행사에 참석하고, 배울 수 있다면 당신은 정말로 꿈을 이룰 수 있다.

나는 당신이 꿈을 꾸게 하기 위해서가 아니라, 꿈을 이루는 것을 돕기 위해 이 책을 썼다. 그리고 당신을 바꾸기 위해서가 아니라 내가 배운 것을 당신과 공유함으로써 당신이 진정한 자아를 찾을 수 있도록 하기 위해서 이 책을 썼다. 나의 친구여, 여행을 즐겨라. 당신은 이제 막 도전과 모험 그리고 성장의 마법의 카펫에 올라탔다.

즐거운 모험이 되길!

랜디 게이지

| 저자 소개 |

랜디 게이지보다 네트워크 마케팅에서 당신의 성공을 도울 수 있는 자격을 더 잘 갖춘 사람은 지구 상에 없을 것이다. 그의 『복제 국가 Duplication Nation』(이전의 제목은 『네트워크 마케팅에서 최소한 연간 십만 달러 벌기 How to earn at least $100,000 a year in Net working Marketing』였다.)는 네트워크 마케팅 업계에서 가장 많이 팔리는 훈련용 앨범이고, 『무한 경쟁에서 탈출하기 Escape the Rat Race』는 최고의 리크루팅 도구다. 그의 자료들은 15개 이상의 언어로 번역되었고 전 세계적으로 수백만 개가 팔렸다.

랜디는 슬로베니아, 크로아티아, 불가리아, 마케도니아 같은 나라에 네트워크 마케팅을 도입하는 일을 도왔다. 그는 회사의 마케팅 부사장을 지냈고, 수많은 회사를 대상으로 컨설팅을 했다. 또한, 보상 플랜을 짜고, 마케팅 자료들을 만들고, 복제할 수 있는 시스템들을 개발했다. 랜디는 이 업계의 뛰어난 회사들의 훈련을 담당했고 35개 이상의 나라에서 연설을 했다.

코칭 프로그램과 개인 컨설팅을 통해 랜디는 수많은 회사의 최고 소득자들을 도왔다. 그는 오늘날 살아 있는 사람들 중 네트워크 마케팅 백만장자들을 가장 많이 훈련한 사람임에 틀림이 없다. 하지만 가장 중요한 것은 랜디는 실제 경험을 통해 배운 것들을 가르치며, 사업자로서 수백만 달러를 벌고 있다는 사실이다.

랜디는 수천 개의 훈련 프로그램을 실행했고 수천 번이 넘는 사업 설명회에서 연설을 했다. 몇 년 전, 그는 창고에 처박혀 있던 화이트보드를 다시 꺼내어 처음부터 다시 시작해서 순식간에 그의 회사 내에서 전 세계 최고 소득자의 자리에 올랐다. 그는 현재 시장에서 무엇이 효과가 있는지 알고 있으며, 현 상황에서 어떻게 하면 엄청난 성공을 거둘 수 있는지 가르쳐 줄 것이다.

랜디는 돈을 벌 만큼 벌었고, 도전을 위해 그리고 자신이 등록시킨 사람들을 후원하기 위해 일을 계속하고 있다. 그는 일과 삶의 완벽한 균형을 영위하고 있다. 일을 하지 않을 때 그는 사우스 플로리다 카니보어스 팀에서 3루수로 뛰고, 자전거를 타고, 자동차를 타거나 만화책을 모으며 시간을 보낸다. 그가 죄책감을 느끼면서도 즐기는 것들은 공상과학 소설, 크리스피크림 도넛, 리얼리티 TV 프로그램 〈프로젝트 런웨이〉다. 랜디는 마이애미 해변, 시드니, 파리를 오가며 거주한다.

www.RandyGage.com

랜디 게이지 말고 누가 담대하게 『네트워크 마케팅 사업을 쉽고 빠르게 성장시키는 방법』을 쓸 수 있었으며, 그런 내용을 담을 수 있었을까? 오직 랜디만이 해낼 수 있는 일이었다. 몇 안 되는, 진정한 열성적인 네트워크 마케팅 장인들 중 한 사람이 쓴 위대한 책이다.

– 존 밀튼 포그(John Milton Fogg) 『세상에서 가장 위대한 네트워커(The Greatest Networker in the World)』 저자

랜디 게이지는 영원한 네트워크 마케팅 조직을 구축하는 몇 안 되는 장인들 중 한 명이다. 이 단순하지만 강력한 입문서는, 명예와 온전함을 갖춘 당신만의 경제적 자유를 얻을 수 있는 방법과 그것을 얻어야 하는 이유를 보여준다.

– 리처드 브루크(Richard Brooke) 옥시프레시 월드와이드 회장 겸 최고 경영자

신참 사업자나 리더 누구나 따를 수 있는 빈틈없는 단계적인 점검표다. 이 점검표는 무엇을 할 것인지뿐만 아니라 왜 해야 하는지도 알려준다.

– 톰 '빅 알' 슈라이터(Tom 'Big Al' Schreiter) KAAS 출판사

네트워크 마케팅에서 성공을 위해 노력한다면 학습곡선에서 수년을 단축시킬 수 있다. 그대로 적용만 한다면, 당신의 사업을 추진시키고, 회사의 수당체계에서 초고속으로 최고 수준으로 올려주는 귀중한 보석 같은 정보가 담겨 있다. 이런 속도의 성공을 원하지 않는 사람이 누가 있겠는가?

– 아트 벌레이(Art Burleigh) 30년 경력의 MLM 베테랑, 최고 생산자

네트워크 마케팅에서 성공하고자 한다면 반드시 가져야 할 책이다. 우리 팀원들에게 늘 추천한다. 랜디 게이지만큼 말과 행동이 일치하는 사람은 없다.

– 줄리 미르(Julie Mirr) & 팀 베리 박사(Dr. Tim Berry) 앤젤 터프라이즈 다이아몬드 디렉터

이 책은 당신의 사업을 변화시키는 데 도움을 줄 것이다. 반드시 읽어야 할 책이다.

– 로버트 버트윈(Robert Butwin) 『현명한 네트워킹(Street Smart Networking)』 저자, MLM 수백만 달러 소득자

훌륭하다! 네트워크 마케팅의 과학적인 측면에 상당한 기여를 했다. 네트워크 마케팅을 진지하게 배우고자 하는 사람들이 서고에 반드시 구비해 두어야 할 책이다.

– 아트 조나크(Art Jonak) 네트워크 마케팅 마스터마인드 행사 창시자

랜디 게이지의 책 『네트워크 마케팅 사업을 쉽고 빠르게 성장시키는 방법』은 우리 시대의 MLM 바이블이다. 이 책을 통해 전혀 새로운 경지의 부를 쌓을 수 있었다.

– 마크 하몬드(Mark Hammond) 메가 웰스 멘토스 영업 이사

랜디에게 가장 감사한 것은 그는 어떤 일을 할 것인가가 아닌 무엇을 복제할 것인가라는 생각을 우리와 공유했다는 점이다. 그리고 네트워크 마케팅에서 복제와 성공은 같은 말이다.

– 캐시 슈나이더(Kathy Schneider) 상트 세이션 선임 이사

다양한 수입 구조를 창출하는 데 관심이 있는 사람은 반드시 랜디의 새 책을 구해서 봐야 한다. 우리는 랜디의 조언을 듣고 2년이 채 못 되어 주당 10~15시간 일하면서 월 3~4만 달러의 현금 수익을 만들 수 있었다. 그 어느 때보다 지금, 우리 직업은 시간대와 사람의 지렛대 효과의 힘이라는 이 귀중한 정보가 필요하다.

- 빌리 루퍼(Billy Looper), 웨스 앤더스(Wes Anderson) 앤젤 엔터프라이즈 더블 다이아몬드 디렉터

모든 글과 DVD의 모든 내용은 이해하고 실행하기 쉬워요. 당신은 나에게 네트워크 마케팅의 로드맵을 제공해주었어요. 감사합니다.

- 낸시 레이건(Nancy Reagan) 앤 레이건 앤 컴퍼니 회장

17년 동안 이 일을 전업으로 해 왔는데 이 책은 이치에 맞는다. 나의 모든 경험을 종합하는 데 도움이 되었기 때문이다. 열여덟 살짜리 나의 딸이 이 사업에 합류했는데 이 책을 읽은 후 이렇게 말했다. "맞아! 이제 시작해 보자!

- 던 고프(Dawn Gough) 클리니즈 골드 SED

이 업계 최고의 책이다. 큰 사업을 하기 위해 필요한 철학뿐 아니라 모든 실용적인 방법이 담겨 있다.

- 크리스 휴즈(Chris Hughes) 프리페이드 리걸 플래티넘 이사, 백만장자 클럽 회원

수익성이 있는 사업 구축을 바라며 네트워크 마케팅에 뛰어든 신참은 물론, 세밀한 기술을 찾아 크게 성공하고 싶은 능숙한 네트워커에게도 훌륭한 단계적인 설명서다. 나는 랜디의 책에서 많은 기술을 배웠고 우리 팀원들의 성공을 돕기 위해 바로 그들에게 적용해왔다. 그 결과 나는 수당체계에서 최고의 자리까지 올랐다. 당신 리더들의 손에 이 책을 쥐어주어라. 그러면 당신 사업의 폭발적인 성장을 목도할 것이다.

– 수 마짜(Sue Mazza) 에이본프로덕츠 최고 경영진 유닛 리더

내가 지금까지 본 것 중 최고의 네트워크 마케팅 지침서다. 이 책을 다 읽고 난 순간부터 다음 달까지 나 개인과 우리 그룹의 매출액은 125%나 증가했다. 이 책을 통해 사업을 단순하게, 아무 혼란 없이, 조직적으로 일구는 방법을 깨달았다. 리더십에 대한 포부를 가진 모든 네트워커가 반드시 읽어야 할 책이다.

– 마이클 홀름(Michael Holm) LR 헬스 앤 뷰터 시스템스

『네트워크 마케팅 사업을 쉽고 빠르게 성장시키는 방법』은 사업을 하는 데 있어 나에게는 획기적인 책이었다. 나는 나에게 필요했던 기초와 시스템을 만드는 방법을 랜디로부터 배웠다. 이 시스템은 다운라인들이 나의 개입 없이도 따라 할 수 있는 것이었다. 나는 마침내 조직에서 진정한 복제를 이룰 수 있었다. 이 사업 종사자들 모두가 반드시 읽어야 할 책이다.

– 스테파니 스털링(Stephanie Sterling) 상트 세이션 선임 이사

이 책을 모든 진지한 네트워커에게 추천한다. 우리 사업에서 반드시 검토해야 할 내용이다. 농담이 아니라 네트워크 사업에서 성장하고 싶은 사람에게는 반드시 필요한 직접적인 정보들이다.

– 장 프랑수아 뷔오(Jean-Francois Viau) 이뮤노텍 백만장자 클럽

내가 읽은 네트워크 마케팅에 관한 최고의 책들 중 하나다. 나는 나의 네트워크에 있는 수많은 사업자에게 이 책을 추천했다. 그리고 이 책에서 많은 것을 배운 사람들을 수없이 목격했다.

– 프라나야 발(Prahaya Bahl) 암웨이 인디아 엔터프라이즈 1세대

『네트워크 마케팅 사업을 쉽고 빠르게 성장시키는 방법』을 읽은 후 나는 복제 방법, 회사의 도구들을 활용 하는 법, 그룹의 리더들과 일하는 법을 완전히 이해했다! 랜디 게이지는 네트워크 마케팅의 장인이고 서로 다른 회사에 몸담고 있지만 나의 놀라운 멘토였다.

– 매트 보든(Matt Borden) ACN 프레지던트 클럽 TC

정말 감사해요, 랜디. 당신의 인생 경험은 인도네시아 발리에서 수익성 좋은 성공적인 네트워크 마케팅을 구축하는 방법에 대한 나의 방향을 바꾸고 향상시켰어요. 『네트워크 마케팅 사업을 쉽고 빠르게 성장시키는 방법』은 나의 마케팅 바이블이에요.

– 도미니쿠스 우자(Dominikus Uja) PT. 우테크 인도네시아 레벨 7

꿈을 현실로 바꾸려는 사람은 이 책을 서재에 놔두고, 이 책에 있는 원칙들을 적용하고, 종종 참고해야 한다.

– 데니스 윌리엄스(DENNIS Williams) 니켄 로얄 앰배서더

이 책은 항상 나에게 앞으로 나아갈 수 있는 자신감을 주고, 일이 기대에 미치지 못할 때마다 나의 친구가 되어 주었다. 그래서 나는 이 책을 몇 권 사서 나의 리더들에게도 주었다.

– 에드윈 Q. 마마릴(Edwin Q. Mamaril) DXN 인터내셔널 이그제큐티브 시니어 스타 다이아몬드

훌륭한 책 『네트워크 마케팅 사업을 쉽고 빠르게 성장시키는 방법』 덕분에, 나는 크게 감동을 받고 더 높은 핀 직급에 오를 수 있었다. 이 책에 설명된 모든 전략 덕분에 나는 다음 여름이 오기 전까지 다음 단계로 올라가는 길을 열심히 걷고 있다.

– 가이 얀센스(Guy Janssens) 허벌 라이브 GET

이 책을 통해 시스템을 구축하는 방법을 배웠다. 나는 리크루팅 방법을 알았지만, 내가 모집한 사람들을 어떻게 유지해야 하는지 몰랐다. 페이지가 넘어가는 줄 모르고 집중해서 책을 읽었다. 빨리 다음 책이 나왔으면 좋겠다. 랜디 게이지는 영원하다.

– 세드릭 카(Cedric Carr) 디스 인터내셔널 다이아몬드

나는 지난 15년과 훈련 및 리크루팅 분야에서 일해왔다. 전문적인 네트워크 마케터가 되는 문제에 부딪혔을 때 랜디는 가장 기본적인 기초 단계에서부터, 사업뿐만 아니라 인생에서도 성공할 수 있는 기업가의 정신을 실행하는 단계까지 이끌어준다. 인생의 빛나는 성공을 바라보며 이 일을 진지하게 생각하는 사람들은 반드시 읽어야 할 책이다.

– 조지 멜렌데즈(Jorge Melendez) 얼터너티브 뮤직 프로모션즈 선임 이사

이 사업에서 기술들, 해야 할 것들(하지 말아야 할 것들)과 성공을 위한 필수적인 요소들을 랜디 게이지보다 더 잘 알려주는 사람은 없다. 나는 수년 동안 그를 봐왔고 그에게서 배워왔다. 네트워크 마케팅에 대한 그의 이해의 넓이와 깊이, 설명하고 가르치는 그의 능력은 항상 나를 놀라게 한다.

– 존 데이빗 만(John David Mann) 『고-기버The Go-Giver』 저자